Marcelo Gonçalves Rubinstein,
Luís Henrique Maciel Kosmalski Costa e
Otto Carlos Muniz Bandeira Duarte

REDES DOMICILIARES E REDES DE ACESSO À INTERNET

EDITORA
CIÊNCIA MODERNA

Redes Domiciliares e Redes de Acesso à Internet

Editor: Paulo André P. Marques
Produção Editorial: Dilene Sandes Pessanha
Capa: Daniel Jara
Copidesque: Equipe Ciência Moderna

FICHA CATALOGRÁFICA

RUBINSTEIN, Marcelo Gonçalves; COSTA, Luís Henrique Maciel Kosmalski; DUARTE, Otto Carlos Muniz Bandeira.

Redes Domiciliares e Redes de Acesso à Internet

Rio de Janeiro: Editora Ciência Moderna Ltda., 2021.

1. Informática
I — Título

ISBN: 978-65-5842-049-1 CDD 001.642

Editora Ciência Moderna Ltda.
R. Alice Figueiredo, 46 – Riachuelo
Rio de Janeiro, RJ – Brasil CEP: 20.950-150
Tel: (21) 2201-6662/ Fax: (21) 2201-6896
E-MAIL: LCM@LCM.COM.BR
WWW.LCM.COM.BR

05/21

Agradecimentos

Primeiramente, gostaríamos de agradecer a nossas famílias, sem o apoio e compreensão das quais não seria possível a conclusão desta obra. Agradecemos também a nossos alunos, colegas docentes e técnicos administrativos em nossas universidades, pela colaboração e aprendizado permanentes.

O presente trabalho foi realizado com apoio da Coordenação de Aperfeiçoamento de Pessoal de Nível Superior Brasil (CAPES) - Código de Financiamento 001. Também foi parcialmente financiado pelo Conselho Nacional de Desenvolvimento Científico e Tecnológico (CNPq), Comitê Francês de Avaliação da Cooperação Universitária com o Brasil (COFECUB), Fundação Universitária José Bonifácio (FUJB), Fundação Carlos Chagas Filho de Amparo à Pesquisa do Estado do Rio de Janeiro (FAPERJ) e Fundação de Amparo à Pesquisa do Estado de São Paulo (FAPESP) (processos 2018/23292-0, 2015/24514-9, 2015/24494-8, 2015/24485-9 e 2014/50937-1). Um agradecimento especial a Marcus Vinicius Pereira Venanzoni pela edição de figuras do livro.

Prefácio

A interconexão de equipamentos através de um sistema de comunicação digital de alta velocidade foi por muito tempo restrita às operadoras de telecomunicações, às universidades e às grandes corporações. Cada vez mais, a necessidade de interconexão a alta velocidade está presente também dentro dos lares. Os grandes atores que vêm provocando esta demanda por uma rede de computadores de alta velocidade dentro dos nossos lares, aqui denominada de "rede domiciliar", são a Internet, o computador pessoal, os dispositivos móveis portáteis como *notebooks*, *tablets* e *smartphones*, e as aplicações de entretenimento que surgem a cada dia.

O uso da Internet no ambiente domiciliar vem crescendo dia após dia. Hoje, já é uma prática comum acessar de casa a Internet para ler o correio eletrônico, acessar redes sociais ou terminar um trabalho. O uso da Internet pelos filhos para trabalhos escolares também é muito frequente. Jogos distribuídos em rede são também responsáveis pelo sucesso da Internet em casa. De acordo com a pesquisa TIC Domicílios - 2018 [1], realizada pelo Comitê Gestor da Internet no Brasil (CGI.br) [2], 73% dos usuários que utilizavam a Internet o faziam para ouvir música e 35% dos usuários a utilizavam para jogar *on-line*. Já é comum em diversos lares uma "fila" para se usar o computador e acessar a Internet.

Segundo o IBGE na sua Pesquisa Nacional por Amostra de Domicílios Contínua (PNAD Contínua) [3] de 2018, mais de 29 milhões (41,7%) de domicílios brasileiros tinham pelo menos um computador pessoal e mais de 57 milhões (79,8%) tinham acesso à Internet. Em 2001, primeiro ano em que a PNAD passou a pesquisar a existência de computadores pessoais e de acesso à Internet em domicílio, o percentual de computadores pessoais era de 13% e o acesso à Internet estava presente em 9% dos domicílios. De 2001 a 2018, o número de moradias com computadores cresceu de forma superior à constatada para outros bens duráveis investigados. Crescimento ainda maior é observado em relação ao acesso à Internet.

Assiste-se hoje a um crescimento enorme dos acessos em banda larga. Segundo a TIC Domicílios - 2018, 1% dos lares com acesso à Internet ainda utilizava o modem analógico, enquanto que o acesso via DSL (*Digital Subscriber Line*) alcançava 10% dos domicílios e o acesso via modem a cabo ou fibra óptica era utilizado em 39% dos lares.

Portanto, o grande mercado hoje para uma rede domiciliar é o compartilhamento de arquivos, aplicações, impressoras, e, principalmente, do acesso à Internet a alta velocidade. Embora o conceito de redes domiciliares seja bem amplo, as empresas, de uma forma bem pragmática, procuram hoje conquistar este mercado para depois estendê-lo para outras aplicações.

Este livro tem por objetivo apresentar os conceitos e as principais técnicas usadas nas redes domiciliares e nas redes de acesso à Internet. O texto está organizado da seguinte forma. O Capítulo 1 apresenta uma breve introdução às redes domiciliares e às redes de acesso. O Capítulo 2 apresenta conceitos fundamentais de comunicações digitais, como classificações de redes, o modelo IEEE 802, métodos de acesso múltiplo ao meio, multiplexação, meios físicos e técnicas de transmissão. O Capítulo 3 descreve o padrão de redes cabeadas Ethernet. No Capítulo 4, são descritos os padrões de redes sem fio IEEE 802.11 (Wi-Fi), Bluetooth e ZigBee. O Capítulo 5 apresenta os principais padrões de redes domiciliares que não utilizam novos fios, o HomePNA e o HomePlug. Por último, no Capítulo 6, são apresentadas as tecnologias HFC (*Hybrid Fiber Coax*), IEEE 802.16 (WiMAX), DSL e PLC (*Power Line Communications*) para acesso à Internet.

Sumário

Capítulo 1

As Redes Domiciliares e as Redes de Acesso

No final dos anos 1990, o termo Redes Domiciliares (*Home Networking*) surgiu como um novo conceito que iria revolucionar a forma dos cidadãos interagirem e, consequentemente, alterar significativamente as suas vidas. Definir o conceito de redes domiciliares não é uma tarefa simples. A primeira imagem que se pode imaginar é a do desenho animado "Os Jetsons" com uma série de robôs e dispositivos acionados por voz. Outra referência mais sensata seria associar este termo a uma nova onda de marketing relançando o conceito de casa inteligente (*smart house*) ou automação residencial. Em uma residência automatizada, as luzes são automaticamente apagadas quando não se tem ninguém no interior de um cômodo ou a temperatura ambiente é automaticamente ajustada, de acordo com o desejo do morador. Empresários, interessados em conquistar um vultoso mercado, definem uma rede domiciliar como uma rede que permite a interconexão de computadores, dispositivos eletrônicos, aparelhos domésticos de comunicação e também o compartilhamento de acesso à Internet. A solução pragmática de interconectar, a baixo custo e de forma simples, os diversos computadores de uma residência e compartilhar o acesso à Internet é bastante útil e diversos produtos já se encontram disponíveis comercialmente. Uma definição um pouco mais geral para rede domiciliar seria a de um sistema de comunicação que interconecta dispositivos encontrados em residências, normalmente restritos a uma determinada distância, e que tem como objetivo a comunicação, o conforto, a economia de energia, a segurança, a assistência e o lazer. Normalmente, as tecnologias propostas para redes domiciliares visam alcances até 300 metros uma vez que esta distância atenderia, por exemplo, a mais de 95% do mercado dos EUA. Já a rede de acesso à Internet corresponderia ao sistema de comunicação cujo objetivo é conectar dispositivos à Internet, ou mais precisamente a um roteador que faz parte da Internet.

De uma forma genérica, as redes podem ser divididas em redes dorsais (*backbones*), redes de acesso e, na ponta perto do usuário final, redes domiciliares. Portanto, o conceito de rede domiciliar engloba o trabalho domiciliar (*home office*), o lazer (TV, DVD, aparelhagem de som, *home theatre*) e a comunicação (telefone, interfone etc.), assim como a tradicional automação residencial.

É importante ressaltar que a tecnologia de redes domiciliares está diretamente ligada ao consumidor final e tem como objetivo criar uma plataforma de comunicação que permita ao ser humano melhorar a sua capacidade de trabalhar e agir, melhorar sua qualidade de vida e segurança, aumentar o seu tempo de lazer e minimizar os seus custos. Esta tecnologia compreende diversos mercados como, por exemplo, o de dispositivos eletrônicos, o de eletrodomésticos, o das operadoras de telecomunicações, o dos provedores de serviço de Internet, o dos produtores de software e de conteúdos, o de áudio/vídeo etc. O potencial revolucionário da tecnologia de redes domiciliares está na possibilidade de conexão à Internet de qualquer consumidor o tempo todo e, mais que isto, a conexão de qualquer dispositivo ou equipamento disposto em qualquer lugar de uma residência. Este conceito de interconexão de diversos dispositivos com capacidade de processamento embarcada para auxiliar as tarefas humanas foi denominado "computação pervasiva" [4].

A tecnologia de redes domiciliares está ainda em seu período inicial. Uma característica muito particular desta tecnologia é que ela precisa ser simples e de fácil utilização para atender aos usuários não especializados, e atender a uma grande variedade de necessidades e diferentes gostos.

O restante deste capítulo enfoca alguns conceitos de informação, de aplicações, de serviços, de telecomunicações, de Internet etc., de forma a melhor situar o leitor no contexto atual das tecnologias de redes.

1.1 A Integração em Semicondutores

A tecnologia de integração em semicondutores evoluiu de forma extraordinária. Os primeiros semicondutores da década de 1960 integravam 12 transistores em uma pastilha de silício e hoje centenas de milhões de transistores são integrados para se fazer um microprocessador usado em um computador pessoal. Este fantástico crescimento da capacidade de integração ocasionou um enorme aumento na capacidade de processamento dos dispositivos semicondutores. Isto veio acompanhado de uma drástica redução dos custos de fabricação que permitiu a disseminação dos computadores. Os computadores invadiram os lares deixando de ser apenas um instrumento de trabalho para tornarem-se também uma ferramenta de comunicação, lazer, estudo e comércio. Além dos computadores, dispositivos semicondutores com capacidade de processamento estão hoje presentes em toda parte na nossa casa como, por exemplo, nas TVs, nos DVDs, nos refrigeradores, nos brinquedos, nos condicionadores de ar e nas aparelhagens de som.

1.2 A Informação Digital e a Infraestrutura de Telecomunicações

A digitalização das mídias, a comunicação digital global e os enormes avanços obtidos na área de integração de circuitos permitiram o surgimento da tão citada "era da informação" que está revolucionando a forma dos cidadãos interagirem e trabalharem, além de redefinirem alguns fundamentos da economia mundial. A informação, na sua forma digital, é hoje um novo tipo de produto econômico que requer uma infraestrutura de comunicação para transferi-la de forma ágil e eficiente, e dispositivos semicondutores com inteligência para processá-la. A comunicação e a computação tornaram-se os pilares fundamentais da indústria da Tecnologia da Informação. O conteúdo digital, os serviços e os dispositivos semicondutores transformaram-se em um grande mercado dentro da economia da informação.

A infraestrutura de telecomunicações vem crescendo incessantemente. As fibras ópticas passaram a substituir os meios físicos metálicos com as vantagens de menor atenuação, volume e peso e, principalmente, de uma maior banda passante. As operadoras de telecomunicações realizaram vultosos investimentos em infraestrutura de cabeamento óptico. Além disso, enormes avanços foram conseguidos recentemente na tecnologia de comunicações ópticas. A banda passante em uma única fibra óptica já ultrapassa o terabit por segundo com a multiplexação de mais de mil comprimentos de onda em uma única fibra.

O grande sucesso da Internet está permitindo a tão sonhada rede global de telecomunicações. Cresce dia a dia o número de pessoas que acessam a Internet de casa através dos provedores de serviço de Internet (*Internet Service Providers* - ISPs).

Em um passado não tão distante, o acesso domiciliar à Internet era majoritariamente realizado através de linhas telefônicas discadas. Devido à pequena banda passante de 4 kHz do canal telefônico, este acesso é limitado a 56 kbps no sistema convencional ou a 128 kbps no sistema RDSI (Rede Digital de Serviços Integrados). No entanto, o grande sucesso da Internet criou uma forte demanda para acessos residenciais a alta velocidade. As tecnologias que procuram atender a esta demanda de acesso a alta velocidade são o DSL (*Digital Subscriber Line*), o modem a cabo, o satélite, o PLC (*Power Line Communications*) e a comunicação por rádio.

Pode-se dizer de forma simplificada que o cenário hoje é do núcleo da Internet (*backbone*) totalmente cabeado em fibra óptica e com banda passante suficiente para atender demandas para os próximos anos e que o grande "gargalo" são as redes de acesso que são as responsáveis por interconectar o usuário à Internet. Esta dificuldade de prover alta banda passante aos usuários finais é conhecida como o "problema do último quilômetro" (*last mile problem*). Deve ser ressaltado que o problema de oferecer alta banda passante ao usuário final é mais de custo que tecnológico. O custo é enorme devido à altíssima capilaridade existente nas extremidades das redes nas quais se encontram os usuários. Levar a fibra óptica até os usuários finais (*Fiber To The Home* - FTTH) ainda envolve custos elevados. Assim, diversas soluções tecnológicas estão sendo propostas para redes de acesso de forma a oferecer alta banda ao usuário final a um custo mais baixo. As redes domiciliares dizem respeito ao usuário final e por isto são denominadas de "último metro" (*last inch*). Como estão ligadas diretamente ao usuário final as cifras econômicas de mercado são enormes. Uma tecnologia que consiga dominar todo o mercado de redes domiciliares terá como potenciais consumidores a população do planeta e por isto a sua importância.

1.3 As Aplicações

As redes domiciliares visam diversos tipos de aplicações. Dentre as principais aplicações, algumas podem ser destacadas:

- o monitoramento, a automação e o controle residencial. Estas aplicações estão normalmente associadas à noção de "casa inteligente". É possível controlar a iluminação e a temperatura gerando um melhor conforto e uma maior economia de energia. O monitoramento através de sensores de presença e câmeras de vídeo pode ser feito remotamente pela Internet inclusive com a geração de alarmes provendo uma maior segurança. A medição remota de consumo de serviços de utilidade pública é outra facilidade que permitirá maior comodidade e redução de custos. No que se refere aos eletrodomésticos, já existem aparelhos de ar-condicionado que são monitorados e que enviam automaticamente, pela Internet, relatórios de falhas e solicitação de serviço de manutenção preventiva aos fabricantes. Também são vendidos refrigeradores que detectam a falta de alguns produtos e os encomendam através da Internet;

- o compartilhamento de equipamentos, recursos e acesso à Internet. Tal como ocorreu há mais de trinta anos nos escritórios, muitos lares hoje possuem a necessidade de compartilhar equipamentos tais como: impressoras, *scanners* etc. Da mesma forma, pode-se compartilhar arquivos de dados, música e filmes racionalizando o uso dos dispositivos de armazenamento. Outra necessidade premente é o compartilhamento do acesso à Internet, pois já é significativo o número de lares com mais de um computador onde os usuários desejam se servir da Internet ao mesmo tempo;

- a comunicação. Os telefones fixos ou celulares e os intercomunicadores podem usar a rede domiciliar para comunicação. A telefonia IP (*Internet Protocol*) permite diversas linhas virtuais dentro de uma residência onde todas as pessoas podem falar ao telefone ao mesmo tempo. Além disso, computadores pessoais de mesa, computadores portáteis e *smartphones* podem ser interconectados pela rede domiciliar para transferência de dados;

- o entretenimento. Televisores, aparelhos de DVD, filmadoras, câmeras fotográficas e aparelhos de som podem ser conectados à rede domiciliar, permitindo a distribuição de músicas, imagens e filmes dentro da casa. Jogos com múltiplos participantes interconectados por rede são aplicações de lazer muito difundidas e certamente serão aplicações que se beneficiarão muito das redes domiciliares. A TV de alta definição e a TV interativa também deverão usar as redes domiciliares, pois pode-se imaginar telas de plasma em diversos cômodos de uma residência mostrando diferentes programas.

Os requisitos de rede exigidos para as aplicações de monitoração, automação e controle residencial são normalmente fáceis de se atender. O controle de luzes, de sistemas de climatização e o acionamento e o desligamento de uma câmera de vigilância são aplicações que requerem uma baixa taxa de transmissão de dados [5]. O mercado para estas aplicações relativas à "casa inteligente" já começou a se desenvolver.

Por outro lado, as aplicações de entretenimento requerem soluções tecnológicas avançadas para assegurar uma boa qualidade. Aplicações de vídeo e áudio requerem alta banda passante, baixo atraso e baixa variação de atraso. Por exemplo, a transmissão de um vídeo codificado em MPEG-2 exige de 4 a 6 Mbps e em alta definição de 20 a 25 Mbps. É importante ressaltar que o rádio e a TV pela Internet não ficam restritos ao alcance das ondas de rádio das estações difusoras. Assim, uma rádio de qualquer parte do mundo pode ser escutada na Internet. Outra característica importante é que o número de estações deixa de ser limitado uma vez que o atual fator limitante é o congestionado espectro de frequência alocado para a transmissão do sinal das estações. Além disso, a interatividade com o usuário será primordial nessa nova relação que surgirá com a utilização da Internet nesses equipamentos. Por exemplo, ao assistir uma determinada novela, o usuário poderá solicitar a compra do sapato usado pelo protagonista. Muito embora existam hoje poucos equipamentos de entretenimento interconectados por uma rede, pode-se dizer que é um mercado com enorme potencial, ainda no início de seu desenvolvimento, e onde as empresas pretendem investir mais num futuro próximo.

1.4 As Tecnologias Atualmente Disponíveis

As redes domiciliares possuem algumas especificidades. Evidentemente, a rede deve ter um baixo custo e, devido à natureza não profissional da maioria dos usuários, deve ser fácil de instalar e fácil de usar. Embora possa se imaginar as primeiras redes domiciliares limitadas a poucos cômodos da casa, este cenário deve mudar rapidamente com a introdução das aplicações de vídeo e áudio. Portanto, a necessidade de conectividade deverá, em pouco tempo, se estender para todos os cômodos da casa. A tecnologia de rede necessária para atender as atuais demandas, principalmente de banda passante, das aplicações de compartilhamento de recursos e de acesso à Internet pode ser considerada como relativamente simples. No entanto, as soluções de evolução da rede domiciliar para atender os requisitos das novas aplicações de voz sobre IP, música e vídeo não são triviais. Diversos produtos comerciais com diferentes soluções tecnológicas são oferecidos hoje no mercado com suas vantagens e desvantagens. A maioria das tecnologias também propõe evoluções para atender o mercado de aplicações de áudio e vídeo. Portanto, é difícil prever hoje qual a solução tecnológica que melhor se adaptará às redes domiciliares.

As tecnologias de redes que podem ser usadas em domicílio podem ser classificadas em cabeadas, sem fio e sem novos fios. Na tecnologia cabeada, a rede Ethernet é a solução mais convencional, mas a imensa maioria dos lares não possui a infraestrutura de cabeamento necessária e o custo de instalação do cabeamento é alto. A solução sem fio é a grande "vedete" dos últimos anos e vem sendo acompanhada por um enorme sucesso comercial e uma grande diversidade de fabricantes e produtos. Apesar de essa tecnologia ser imbatível para aplicações que se servem de dispositivos móveis, alguns problemas relacionados a desempenho, cobertura e garantia de qualidade de serviço vêm sendo constatados, além do clássico problema de segurança. Além das tecnologias cabeada e sem fio, nos últimos anos, a solução sem novos fios recebeu uma atenção especial. Ela tem como ideia básica usar a fiação de uma infraestrutura já existente, como os fios das instalações de televisão a cabo, telefônicas ou elétricas. Vários fabricantes e organismos de normalização procuram padronizar essas redes que foram denominadas redes domiciliares através da fiação de televisão a cabo (*Home Cable Networks*), redes domiciliares através da fiação telefônica (*Home Phoneline Networks*) e redes domiciliares através da fiação elétrica (*Home Powerline Networks*). A *Home Cable Network Alliance* (HomeCNA), criada em junho de 2001, ainda não apresentou uma previsão para a criação de um padrão para redes domiciliares. Já o consórcio *Cable Television Laboratories* (CableLabs) [6] desenvolveu uma especificação denominada CableHome que não obteve sucesso comercial. Por esses motivos, as redes domiciliares via cabo não serão abordadas neste texto. Dentre as iniciativas para o desenvolvimento de tecnologias de rede domiciliares utilizando as fiações preexistentes, se destacam a criação da *Home Phoneline Networking Alliance* (HomePNA), em 1998, que utiliza a fiação telefônica para estabelecer uma rede domiciliar, e da *HomePlug Powerline Alliance*, criada em 2000, para prover uma tecnologia de redes baseada na fiação elétrica.

Várias tecnologias de redes de acesso também aproveitam a infraestrutura previamente instalada. Enquanto as fibras ópticas não chegam a um baixo custo ao usuário domiciliar, novas técnicas de acesso que utilizam infraestruturas já existentes de televisão a cabo, telefonia e energia concorrem com padrões de redes sem fio como o IEEE 802.16.

Capítulo 2

Fundamentos de Comunicações Digitais

Existem diversas classificações para as redes de computadores. Em termos da extensão geográfica, dividem-se as redes em pessoais, locais, metropolitanas e de longa distância. As redes pessoais (*Personal Area Networks* - PANs) cobrem distâncias muito pequenas, em torno de 10 m, e geralmente são destinadas a uma única pessoa. O Bluetooth é um exemplo de tecnologia de rede pessoal. As redes locais (*Local Area Networks* - LANs) cobrem pequenas distâncias como em um prédio ou em um condomínio. Essas redes geralmente pertencem a uma mesma organização. A Ethernet é a rede local de maior sucesso. As redes metropolitanas (*Metropolitan Area Networks* - MANs) cobrem distâncias maiores, da ordem de até alguns km. As redes híbridas de fibra óptica com cabo coaxial (*Hybrid Fiber Coax* - HFC) e o IEEE 802.16 são exemplos de redes metropolitanas. Já as redes de longa distância (*Wide Area Networks* - WANs) cobrem distâncias muito grandes como de um país ou um continente. As redes WANs estão fora do escopo deste livro.

Várias das tecnologias de redes domiciliares e de redes de acesso utilizam o modelo IEEE 802 [7], que trata da padronização de redes locais, pessoais e metropolitanas. Além disso, cada tipo de rede possui diferentes características em relação ao método utilizado no acesso a um meio compartilhado, ao tipo de codificação e de modulação usados para a transmissão dos dados etc. Esses conceitos são abordados neste capítulo.

2.1 O Modelo de Referência IEEE 802

A primeira rede baseada em pacotes foi proposta em 1970 por Norman Abramson e denominada rede Aloha, que significa "olá" na língua havaiana. Esta rede tinha como objetivo interconectar computadores localizados em diferentes ilhas do arquipélago do Havaí. Diante do uso de um único meio físico (o ar) para a transmissão dos dados pelos diferentes computadores, precisou-se criar um método de acesso múltiplo ao meio adaptado às características específicas de tráfegos de dados gerados pelos computadores.

Em 1972, Bob Metcalfe e David Boggs da Xerox propuseram uma rede local, denominada rede Ethernet, para automação de escritórios, que se destinava à interconexão de computadores. A IBM, também nesta época, propôs uma rede em anel (*Token Ring*) para a mesma finalidade. Diversas outras propostas tecnológicas de redes locais surgiram e foram testadas em empresas e universidades tornando evidente o grande potencial das redes locais. Diante deste cenário, o IEEE (*Institute of Electrical and Electronics Engineers*) criou o Projeto 802 que tem como objetivo a padronização das redes locais e, logo em seguida, das redes pessoais e metropolitanas. A arquitetura do modelo de referência do Projeto IEEE 802 (Figura 2.1) é baseada no modelo de referência de interconexão de sistemas abertos (*Open Systems Interconnection* - OSI) da ISO (*International Organization for Standardization*). A arquitetura do modelo OSI, para simplificar e tornar tratável o complexo problema de comunicação, é dividida em camadas. A cada camada são atribuídas determinadas funcionalidades e a unidade de dados de cada camada recebeu diferentes nomes: bit na camada física, quadro (*frame*) na camada enlace, pacote na camada rede e segmento na camada transporte. O Projeto IEEE 802 tem como escopo as duas camadas mais baixas: a camada física e a camada enlace. A camada enlace foi ainda subdividida em duas subcamadas: a subcamada de controle de enlace lógico (*Logical Link Control* - LLC) e a subcamada de controle de acesso ao meio (*Medium Access Control* - MAC).

A subcamada de controle de enlace lógico, definida na norma IEEE 802.2 [8], provê serviços de comunicação de quadros com controle de fluxo e controle de erros. Essa subcamada oculta as diferenças entre as diferentes propostas de redes do Projeto 802, fornecendo um formato único e uma única interface para a camada de rede. A subcamada LLC é baseada no protocolo HDLC (*High-level Data Link Control*) e provê três tipos de serviços: um orientado a conexão e outros dois sem conexão. Os serviços sem conexão são denominados de datagramas. O nome datagrama foi escolhido por remeter

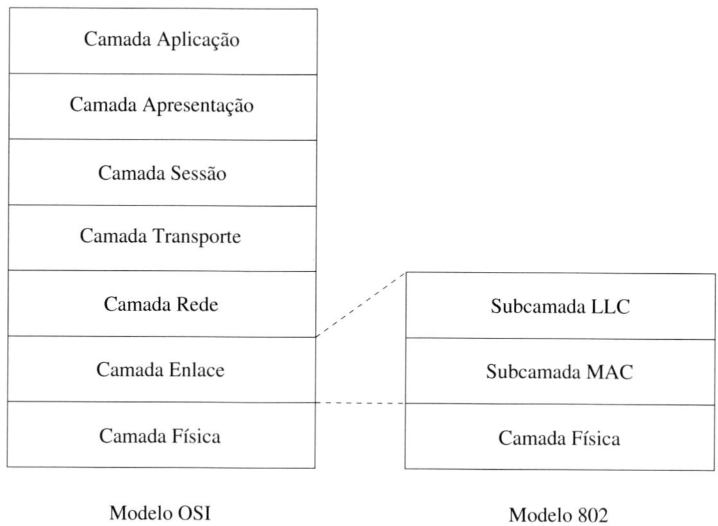

Figura 2.1: Comparação entre os modelos OSI e IEEE 802.

ao serviço convencional de telegrama, porém numa versão mais moderna de transferência eletrônica de dados. Assim como no telegrama, no serviço de datagrama não existe necessidade de uma conexão prévia entre a origem e o destino.

O serviço datagrama não confiável não possui controle de fluxo e de erros. O datagrama com confirmação de recepção pelo destinatário possui recuperação de erros, porém não tem controle de fluxo. O serviço orientado a conexões é confiável e possui além da recuperação de erros, controle de fluxo. O formato do quadro LLC contém os campos ponto de acesso de destino, ponto de acesso de origem e controle. Os campos ponto de acesso de destino e de origem, de 1 octeto cada, identificam os processos de origem e destino. O campo controle, com 1 ou 2 octetos, contém um número de sequência e um número de confirmação, utilizados ou não em função do tipo de serviço.

A subcamada de controle de enlace lógico é a camada mais alta do Projeto IEEE 802 e faz interface com a camada rede. Ela foi proposta na época que o modelo OSI/ISO estava sendo desenvolvido, com o objetivo de tornar as funcionalidades da camada de enlace das redes locais semelhantes a de outras redes de longa distância. No entanto, percebeu-se que a taxa de erros nas redes locais era muito baixa e que o controle de acesso ao meio já oferecia algum controle de fluxo, tornando assim as funcionalidades desta subcamada supérfluas. Portanto, a maioria das implementações atuais omite esta subcamada e o protocolo IP roda diretamente sobre a subcamada de controle de acesso ao meio.

A subcamada MAC lida com o controle do acesso a um meio compartilhado, a montagem de dados em quadros, o endereçamento e a detecção de erros. Já a camada física provê serviços de transmissão e recepção de bits. Nesse nível, são definidas as interfaces elétricas e mecânicas, as características de sincronização e a especificação do meio de transmissão.

A camada física e a subcamada de controle de acesso ao meio caracterizam uma tecnologia de rede pessoal, local ou metropolitana. Cada tecnologia de rede recebe uma extensão numérica. Por exemplo, a rede local em anel com ficha de permissão (*Token Ring*), proposta pela IBM, é denominada IEEE 802.5, a rede local em barramento com ficha de permissão (*Token Bus*) é denominada IEEE 802.4 e assim por diante. De todos os padrões especificados pelo IEEE, alguns merecem destaque por possuírem sucesso comercial e, consequentemente, serem fortes candidatos à utilização em redes domiciliares: o padrão IEEE 802.3, mais conhecido como rede Ethernet, o padrão IEEE 802.11, mais conhecido como Wi-Fi (*Wireless Fidelity*) e o Bluetooth (IEEE 802.15.1). Esses padrões, além de outros do Projeto 802, são descritos nos Capítulos 3, 4 e 6.

2.2 Os Métodos de Acesso Múltiplo ao Meio

Várias redes utilizam um único meio físico que deve ser compartilhado entre diversas fontes de dados. Um dos principais problemas enfrentados nesse caso é coordenar as transmissões das estações dessas redes de modo a utilizar o meio físico de maneira eficiente. O controle de acesso ao meio físico é a principal função da subcamada MAC. É importante ressaltar que uma forma extremamente simples de compartilhar o meio físico é dividir igualmente os recursos por todas as estações. Embora fácil, esta técnica mostra-se muito pouco eficiente em diversos casos. Suponha uma rede com 100 estações e um meio físico com capacidade de 100 Mbps. A divisão equânime da banda passante forneceria 1 Mbps para cada estação o tempo todo. Agora considere que das 100 estações apenas 50 delas estejam ativas e uma delas queira passar um vídeo de 25 Mbps. Embora existam recursos disponíveis a estação que quer transmitir o vídeo de 25 Mbps não poderia fazê-lo, pois só possui 1 Mbps de banda passante enquanto os recursos alocados para as 50 estações inativas permanecem ociosos. Para o cenário descrito uma forma de alocação de recursos "por demanda" é muito mais eficaz que uma "alocação fixa". No entanto, uma alocação por demanda requer alguma técnica que controle ou organize o acesso ao meio físico. Este tipo de técnica é denominado de método de controle de acesso ao meio. A seguir, são descritos os principais métodos de controle de acesso ao meio utilizados em redes domiciliares e em redes de acesso. Estes métodos podem ser divididos em baseados em disputa ou livres de disputa. Os métodos de acesso livres de disputa predefinem atribuições para permitir que estações transmitam sem disputar o meio [9]. Esses métodos geralmente são empregados para prover garantia de atraso fim-a-fim limitado e vazão mínima. Já os métodos de acesso baseados em disputa são mais apropriados a transferências esporádicas de dados.

2.2.1 Os Métodos de Acesso Baseados em Disputa

O método de acesso Aloha [10] foi proposto por Norman Abramson em 1970. As características do cenário da rede Aloha apontavam para a necessidade de se transferir dados entre computadores situados em diversas ilhas do Havaí de forma esporádica. Além disso, o tráfego gerado por aplicações convencionais de dados é do tipo rajada/silêncio (*bursty*). Assim, o compartilhamento do meio físico de maneira determinística determinaria uma forma de alocação fixa de banda passante para cada estação que seria muito ineficiente, pois o meio ficaria ocioso a maior parte do tempo. Portanto Abramsom criou um método de acesso que é o mais simples que se pode imaginar: uma estação deve transmitir se assim desejar. Uma estação que receba um quadro sem erros envia um reconhecimento positivo (*acknowledgment* - ACK) para a estação transmissora. Caso duas ou mais estações transmitam ao mesmo tempo há uma colisão de quadros. Essa colisão pode ser inferida através do não recebimento do ACK em um tempo aleatório T. Neste caso, após a temporização aleatória, as estações devem retransmitir os quadros. As temporizações para a retransmissão dos quadros são aleatórias para diminuir a probabilidade de que estes quadros gerados pela retransmissão venham a colidir mais uma vez. Embora extremamente simples e prático, este método de acesso apresenta uma eficiência baixa, pois a utilização efetiva não passa de 18% da capacidade do canal (meio).

O acesso múltiplo com detecção de portadora (*Carrier Sense Multiple Access* - CSMA) [11] pode ser considerado uma evolução do Aloha. O CSMA usa a detecção de portadora (sinal) antes da transmissão de um quadro para diminuir o número de colisões. A escuta da portadora diminui significativamente a possibilidade de colisão de quadros uma vez que a colisão ocorre somente nos casos onde duas ou mais estações escutam o meio vazio e transmitem. Este efeito ocorre principalmente devido à "memória" do meio físico que corresponde à propagação do sinal no meio. Portanto, existe uma janela de tempo onde pode ocorrer uma colisão uma vez iniciada a transmissão de um quadro. O valor máximo desta janela de tempo está relacionado ao tempo de propagação do sinal na rede. Assim, quanto maior o tamanho da rede maior é o tempo de propagação do sinal de uma extremidade à outra e maior a probabilidade de ocorrerem colisões. Evidentemente a escuta da portadora é tão mais efetiva quanto menor for o tamanho da rede e por isso o sucesso do acesso múltiplo com detecção de portadora para redes locais.

No acesso múltiplo com detecção de portadora e de colisão (*Carrier Sense Multiple Access with Collision Detection* - CSMA/CD), uma estação que deseja transmitir um quadro ouve o meio. Caso o meio esteja livre, a estação transmite o quadro. No caso de encontrar o meio ocupado, a estação continua escutando o meio até que fique livre quando então transmite o quadro. Colisões são detectadas pelos transmissores durante o envio dos quadros. Para garantir que toda estação detecta colisões é necessário que o meio seja ocupado por um tempo igual ao dobro do tempo de propagação no meio. O tempo de propagação deve ser multiplicado por dois, pois é considerado o pior caso de detecção de colisão. Este pior caso ocorre quando uma estação se encontra em uma das extremidades da rede e começa a transmitir e outra estação, posicionada na outra extremidade da rede, ouve o meio livre e começa a transmitir um pouco antes do sinal da primeira transmissão chegar a ela. Logo em seguida haverá colisão percebida por esta segunda estação. No entanto, a primeira estação só perceberá a colisão depois que o sinal se propagar até a mesma. Quando uma estação detecta uma colisão ela para de transmitir o quadro e em seguida envia um reforço de colisão (*jam*) para garantir que todas as estações tomem conhecimento que ocorreu uma colisão. Após uma colisão, as estações cujos quadros enviados colidiram devem retransmiti-los. Para evitar novas colisões, as estações cujos quadros colidiram devem esperar por um tempo aleatório (*backoff*) para tentar acessar novamente o meio físico. O tempo aleatório é uniformemente distribuído em um intervalo que depende do número de colisões que o quadro enviado por uma estação já sofreu. O intervalo de tempo cresce exponencialmente (*exponential backoff*) e seu valor é dado por $[0, T \times (2^n - 1)]$, onde n é o número de colisões já sofridas e T é o dobro do atraso máximo de propagação. Após esse tempo, a estação tenta novamente acessar o meio. Deve ser ressaltado que quanto maior o número de colisões maior é o tempo que uma estação deve esperar para uma nova tentativa de transmissão e este procedimento é um controle de fluxo intrínseco ao método de acesso. Também é importante ressaltar que as retransmissões ocorrem somente quando são detectadas colisões. Não há retransmissões de quadros quando são detectados erros de transmissão e, portanto, a recuperação de erros deve ser feita nas camadas superiores. Esse método de acesso é utilizado nas redes Ethernet e HomePNA (Capítulos 3 e 5).

O acesso múltiplo com prevenção de colisões (*Multiple Access with Collision Avoidance* - MACA) [12] foi proposto para redes sem fio. Diferentemente do CSMA, o MACA não usa detecção de portadora, em função de a detecção diminuir o número de colisões, mas não as eliminar completamente. Além disso, na comunicação sem fio a atenuação do sinal é enorme e nem todas as estações podem estar no alcance uma das outras, ocorrendo o problema do "terminal escondido" [13] que o MACA procura resolver. Esse problema é exemplificado na Figura 2.2, na qual os raios de alcance das estações estão representados por círculos. As estações A e C estão fora do raio de alcance mútuo e alcançam apenas a estação B, enquanto a estação B alcança as estações A e C. Se A começar a transmitir para B, C não detecta essa transmissão de A. Logo, se C começa a transmitir para B, haverá colisão em B.

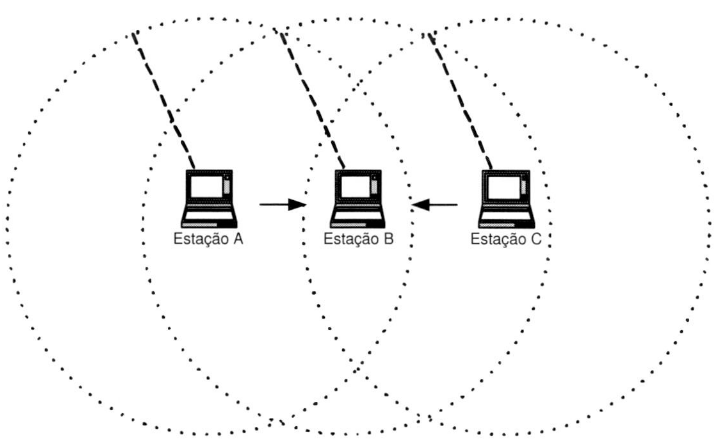

Figura 2.2: Exemplo do problema do terminal escondido.

O MACA utiliza os quadros de controle RTS (*Request To Send*) e CTS (*Clear To Send*) de modo a lidar com o problema do terminal escondido. Uma estação A que deseja transmitir dados para uma estação B envia um pedido de transmissão RTS antes de enviar o quadro de dados. O RTS é um quadro curto que contém o comprimento do quadro de dados que eventualmente será enviado em seguida. Ao escutarem o RTS, todas as estações que se encontram no alcance da estação A irão adiar as suas transmissões pelo tempo necessário para o recebimento do quadro de dados. Por sua vez, a estação B ao receber o RTS que lhe foi destinado, envia um quadro curto denominado CTS para a estação A indicando que está pronta para receber os dados. O CTS também contém o comprimento do quadro de dados a ser enviado. As estações vizinhas de B ao escutarem o CTS também devem adiar suas transmissões até o fim do recebimento do quadro de dados. Portanto, o meio é reservado para a transmissão do quadro de dados, evitando colisões desses quadros. Agora as colisões se restringem principalmente aos quadros RTS que, por serem curtos, podem causar colisões menos graves. Uma colisão de quadros RTS é inferida se o CTS não é recebido pela(s) estação(ões) que enviou(aram) um RTS em um tempo T. Nesse caso, a(s) estação(ões) irá(ão) adiar sua(s) transmissão(ões) usando o mecanismo de *backoff* exponencial binário do CSMA/CD da Ethernet (Capítulo 3).

Ao contrário das redes cabeadas, as redes sem fio apresentam altas taxas de erros devido à sua grande atenuação. As taxas de erro binárias (*Bit Error Rates* - BERs) na rede Ethernet são da ordem de 10^{-9} enquanto nas redes sem fio são comuns taxas de 10^{-6} ou 10^{-5}. Assim, é importante que as redes sem fio façam a recuperação de erros o mais rápido possível, ou seja, ainda nas camadas baixas. O método de acesso MACAW (*Multiple Access with Collision Avoidance for Wireless*)) [14] modifica o método de acesso MACA) através da introdução de ACK. O ACK é usado para informar que o quadro de dados foi recebido corretamente. Dessa forma, caso ocorra algum erro de transmissão, o tempo de retransmissão do quadro com erro diminui, pois não é necessário esperar o estouro de temporizadores de maior ordem de grandeza de camadas superiores, como por exemplo, no caso do TCP (*Transmission Control Protocol*) na camada de transporte. Deve ser ressaltado que as colisões com quadros ACK podem ser facilmente evitadas ao se acrescentar no tempo de reserva do meio o tempo de transmissão de um quadro ACK pela estação receptora dos dados. Assim, o meio só é considerado livre após o término da transmissão do quadro de dados mais o tempo de resposta do ACK.

Diferentemente dos métodos de acesso MACA e MACAW, o acesso múltiplo por aquisição de permissão (*Floor Acquisition Multiple Access* - FAMA) [15], para aumentar a eficiência, usa detecção de portadora como o

CSMA além do mecanismo de RTS/CTS. Além disso, um problema atacado pelo FAMA está relacionado aos atrasos de propagação no meio. Este problema é apresentado a seguir através de um exemplo no qual há três estações denominadas A, B e C e A e B podem se comunicar entre si assim como B e C com o atraso de propagação entre A e B sendo menor do que o atraso entre B e C. Supõe-se que A e C possuem dados para transmitir para B. Primeiro A envia um RTS para B que transmite um CTS para A. Então C transmite um RTS para B, pois em função dos atrasos de propagação, o CTS de B foi recebido por A, mas ainda não foi recebido por C. Se A começa a enviar dados para B, o RTS de C enviado para B irá colidir com o quadro de dados, algo que não deveria ocorrer. A solução para este problema consiste no uso de intervalos de tempo, também denominados espaçamentos entre quadros, entre a recepção de um quadro e a transmissão de outro (normalmente uma resposta). Esses intervalos levam em consideração os atrasos de propagação e de processamento dos quadros e devem ter um tamanho mínimo de modo a garantir que todas as estações estejam a par do estado da transmissão atual. No exemplo anterior, se B tivesse esperado um tempo antes de responder com um CTS, o RTS de C teria chegado causando uma colisão entre quadros RTS e não entre um quadro RTS e um quadro de dados. A ideia dos intervalos é evitar uma colisão severa de um quadro de controle com um quadro de dados.

O método de acesso múltiplo com detecção de portadora e prevenção de colisões (*Carrier Sense Multiple Access with Collision Avoidance* - CSMA/CA) é baseado nos protocolos MACA, MACAW e FAMA. O CSMA/CA escuta a portadora, possui ACK, pode empregar opcionalmente RTS/CTS e utiliza espaçamentos entre quadros específicos. Após detectar o meio livre, a estação deve aguardar um determinado intervalo de tempo (*Inter-Frame Space* - IFS) antes de começar a transmissão. O valor deste intervalo de tempo pode ser determinado pelo tipo de quadro a ser transmitido (quadro de dados, ACK etc.). Quanto menor esse intervalo de tempo maior a prioridade no acesso ao meio. Além disto, para evitar colisões, uma estação deve esperar, além do tempo IFS, um tempo aleatório (*backoff*). No caso de várias estações tentarem transmitir ao mesmo tempo, aquela que tiver o menor tempo de *backoff* irá transmitir primeiro. No processo de *backoff*, a estação sorteia um número aleatório uniformemente distribuído entre zero e o tamanho da janela de contenção (*Contention Window* - CW), evitando assim colisões, e cria um temporizador de *backoff*. Este temporizador é decrementado periodicamente quando o meio está livre por mais de um tempo IFS, ou seja, quando não há nenhuma estação transmitindo. O temporizador é parado quando alguma transmissão é detectada no meio. Quando o temporizador expira, a estação envia o seu quadro. A cada vez que uma estação não recebe um ACK relativo ao quadro enviado, considera-se que a transmissão falhou e o quadro deve ser retransmitido. Para minimizar a probabilidade de ocorrerem futuras colisões, o valor da janela de *backoff* começa com um valor mínimo e a cada transmissão não sucedida é aumentado até um limite máximo predefinido. O CSMA/CA é utilizado no IEEE 802.11 e no HomePlug (Capítulos 4 e 5).

2.2.2 Os Métodos de Acesso Livres de Disputa

Alguns métodos de acesso são baseados em uma estação centralizadora que controla o meio físico, coordenando o acesso de diversas estações ao meio. A centralização permite eliminar as colisões nas transmissões dos dados, porém a estação centralizadora é um importante ponto único de falha.

A varredura (*polling*) é um método de acesso centralizado em uma estação. Na varredura, uma estação central consulta cada estação da rede, convidando-as a transmitir dados. As estações, ao serem consultadas, podem enviar dados a seguir. Em geral, a ordem das consultas-convites é estabelecida por uma lista armazenada na estação controladora. Uma das desvantagens desse método de acesso é a introdução de atraso entre a transmissão da consulta pela estação centralizadora e a transmissão dos dados pela estação consultada. Esse método de acesso é usado no modo PCF do IEEE 802.11, no Bluetooth e no IEEE 802.16 (Capítulos 4 e 6).

A reserva é outro método de acesso livre de disputa, no qual as estações reservam o direito de acessar o meio. Nesse caso, os pedidos de reserva são enviados pelas estações e são processados pela estação central (no caso centralizado) ou pelas próprias estações transmissoras dos pedidos (no caso em que não há uma estação centralizadora), de forma a escalonar o posterior acesso ao meio. Há diversos protocolos que usam esse método de acesso. Dependendo do protocolo, pode haver colisões dos próprios pedidos de reserva. O Bluetooth, o padrão DOCSIS de rede de acesso via cabo coaxial e fibra óptica e o IEEE 802.16 (Capítulo 6) usam reserva do meio compartilhado.

O acesso múltiplo por divisão de tempo (*Time Division Multiple Access* - TDMA) e o acesso múltiplo por divisão de frequência (*Frequency Division Multiple Access* - FDMA) são outros tipos de métodos de acesso utilizados principalmente em redes de acesso. No TDMA, o acesso múltiplo é feito em função do tempo. O tempo é dividido em *slots* e em cada *slot* somente uma estação pode transmitir. O TDMA pode ser usado no padrão DOCSIS e no IEEE 802.16 (Capítulo 6). Já no FDMA, o acesso é feito em função da frequência. Cada estação está associada a uma banda de frequência diferente. O FDMA também pode ser usado no DOCSIS.

2.3 Os Meios Físicos

As informações são transferidas da origem ao destino através de sinais eletromagnéticos. Esses sinais são transmitidos em meios físicos, também denominados meios de transmissão ou suportes físicos. Os meios físicos podem ser classificados em guiados ou não guiados. Nos meios guiados, as ondas eletromagnéticas são confinadas a meios sólidos como o cabo plano, o cabo de pares trançados, o cabo coaxial e a fibra óptica. Em meios não guiados, como o espaço livre, não há confinamento das ondas eletromagnéticas. Cada meio físico possui características próprias em relação a banda passante, atenuação, sensibilidade a ruídos, custo, peso, facilidade de instalação, manutenção etc.

As ondas eletromagnéticas utilizadas para a transmissão de sinais possuem uma série de características fundamentais. O número de oscilações por segundo de uma onda é denominado frequência e indicado por f. O período de uma onda (T) corresponde ao tempo necessário para ocorrer uma repetição do sinal. O período pode ser medido através da diferença de tempo entre dois valores máximos ou mínimos consecutivos e é dado pelo inverso da frequência. A amplitude da onda é o valor máximo do sinal ao longo do tempo. A distância entre dois valores máximos ou mínimos consecutivos é denominada comprimento de onda (λ). A fase de uma onda é uma medida da posição relativa no tempo dentro de um período. A velocidade de propagação das ondas depende do meio físico utilizado e é dada por v. No vácuo, as ondas eletromagnéticas viajam à velocidade da luz, denominada c, de 3×10^8 m/s. Existe uma relação entre v e c dada pelo índice de refração do meio, (n), que é igual a:

$$n = \frac{c}{v}. \tag{2.1}$$

Além disso, existe também uma relação fundamental entre f, λ e v, que é igual a:

$$v = \lambda \times f. \tag{2.2}$$

A propagação de uma onda em meios com índices de refração diferentes pode gerar os fenômenos de refração e de reflexão. Na refração, a onda passa de um meio para outro. A refração ocorre porque a velocidade de uma onda eletromagnética é função da densidade do meio pela qual ela viaja. No vácuo, uma onda eletromagnética viaja à velocidade c. No ar, água e outros meios, as ondas eletromagnéticas viajam a velocidades menores que c. Quando uma onda eletromagnética se move de um meio com uma densidade para outro meio com uma densidade diferente, a sua velocidade muda. Se a mudança ocorre de um meio menos denso para um meio mais denso, a onda irá mudar a direção no sentido do meio mais denso. Já na reflexão, a onda continua no mesmo meio, sem atravessar para o outro. A onda refletida possui um deslocamento de fase de 180 graus em relação à onda incidente.

Na refração, a relação entre o ângulo do raio incidente (θ_1) e o ângulo do raio refratado (θ_2) é dada pela lei de Snell, que pode ser expressa por:

$$\frac{n_2}{n_1} = \frac{sen\theta_1}{sen\theta_2}. \tag{2.3}$$

Na reflexão, o ângulo de incidência é igual ao ângulo de reflexão (θ_1).

A Figura 2.3 apresenta um exemplo desses fenômenos para uma propagação de uma onda de um meio menos denso (menor índice de refração) para um meio mais denso.

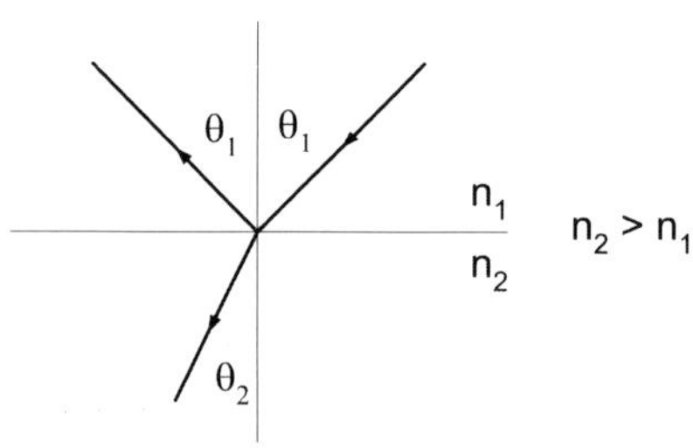

Figura 2.3: Propagação de onda através de refração e de reflexão.

O espectro eletromagnético de frequências pode ser dividido em cinco partes principais. A faixa que vai de alguns Hz a 1 GHz é utilizada para transmissões em pares trançados e cabos coaxiais e também para alguns tipos de transmissões sem fio. Entre 1 e 300 GHz, utiliza-se o termo micro-ondas em função do pequeno comprimento da onda. Entre 300 GHz e 400 THz, encontra-se a faixa do infravermelho. Entre 400 e 750 THz a faixa corresponde à luz visível. O ultravioleta encontra-se na faixa entre 750 THz e 300 PHz. As fibras ópticas utilizam a faixa de 100 a 1000 THz.

Em uma comunicação, vários fatores dificultam a recepção dos sinais, tais como a atenuação, os ruídos e os múltiplos caminhos. A seguir, esses fatores são descritos.

A potência de um sinal cai com a distância em qualquer meio de transmissão. Essa redução na potência do sinal é denominada atenuação. Um sinal recebido deve ter uma potência suficiente para que o circuito do receptor possa detectá-lo e interpretá-lo. Contudo, um sinal muito forte pode sobrecarregar o circuito do transmissor ou do receptor, gerando distorção. O sinal deve manter um nível suficientemente mais alto do que o ruído para ser recebido sem erros. Esta diferença de potência é conhecida como relação sinal/ruído (*Signal to Noise Ratio* - SNR). Devido ao efeito da atenuação do sinal, para vencer longas distâncias é necessário o uso de repetidores. Os repetidores têm a função de receber o sinal, conformá-lo, amplificá-lo e retransmiti-lo. A conformação do sinal é o processo de recuperação da forma do sinal original. A atenuação varia em função da frequência, sendo maior nas frequências mais altas. Isso causa distorção no sinal. Em função disso, técnicas para equalizar a atenuação em uma faixa de frequências são usadas.

Alterações sofridas pelo sinal transmitido entre a transmissão e a recepção são denominadas ruídos. Os principais tipos de ruídos são o ruído branco, a diafonia (*crosstalk*) e o ruído impulsivo. O ruído branco é assim denominado por ser uniformemente distribuído no espectro de frequências. A diafonia corresponde à interferência indesejada que um canal ou circuito de transmissão causa em outro. Esse ruído corresponde à linha cruzada da telefonia. Por último, o ruído impulsivo consiste em pulsos ou picos irregulares de curta duração e grande amplitude. Esse tipo de ruído é gerado principalmente por trovões, centelhamento de relés e *dimmers*.

A propagação dos sinais eletromagnéticos pode ocorrer através de múltiplos caminhos, por exemplo, devido a reflexões do sinal original em obstáculos entre a fonte e o destino. Dessa forma, são geradas múltiplas cópias do sinal que podem chegar em fases diferentes. Essas fases podem atuar de modo construtivo ou destrutivo. Caso essas fases atuem de modo destrutivo, o nível do sinal em relação ao ruído diminui, tornando a detecção do sinal no receptor mais difícil.

2.4 A Multiplexação

Assim como o acesso múltiplo ao meio, a multiplexação também tem por objetivo compartilhar o meio físico. No entanto, a multiplexação pode ser considerada uma forma de compartilhamento do meio físico com uma alocação geralmente fixa de recursos. Desta forma, a capacidade do meio físico é dividida entre diversas fontes de dados e a divisão ocorre na camada física.

A multiplexação pode ser classificada em função da variável usada para separar as fontes. As variáveis mais comuns utilizadas nessa divisão são o tempo e a frequência.

A multiplexação por divisão de tempo (*Time Division Multiplexing* - TDM) divide o tempo de uso do meio físico entre as fontes. Em geral, como a alocação de recursos é fixa, o intervalo de utilização alocado para uma fonte é periódico e o TDM é denominado síncrono. O TDM é usado no IEEE 802.16 (Capítulo 6).

A multiplexação por divisão de frequência (*Frequency Division Multiplexing* - FDM) divide a capacidade do meio físico em diferentes faixas de frequências, cabendo a cada uma das comunicações uma frequência de portadora. Dessa maneira, duas ou mais estações podem transmitir ao mesmo tempo. O FDM é usado no HomePNA (Capítulo 5) e no ADSL (*Asymmetric Digital Subscriber Line*) (Capítulo 6).

2.4.1 A Duplexação

A comunicação entre duas estações pode ser classificada em unidirecional (*simplex*), bidirecional alternado (*half-duplex*) ou bidirecional simultâneo (*full-duplex*).

Muitas vezes a comunicação entre as estações da rede se realiza com o auxílio de um elemento central, sendo que as únicas comunicações permitidas são entre a estação central e as demais estações. Nesse caso, costuma-se dividir as comunicações em canal de subida (*uplink*), que corresponde ao sentido estação para elemento central, e de descida (*downlink*), que corresponde ao sentido estação central para estação, através do uso de métodos de duplexação de modo a compartilhar o meio físico. Evidentemente, uma técnica de acesso múltiplo deve ser também usada no sentido estação para o elemento central. A duplexação nada mais é do que um tipo especial de multiplexação com duas alocações de recursos.

A duplexação por divisão do tempo (*Time Division Duplexing* - TDD) utiliza o tempo para separar os canais de subida e de descida. Nesse caso os dados são transmitidos em um sentido por vez, alternando-se entre os dois sentidos. Geralmente uma mesma faixa de frequências é usada em ambos os sentidos. A TDD é usada no Bluetooth e no IEEE 802.16.

Já a duplexação por divisão de frequência (*Frequency Division Duplexing* - FDD) usa duas faixas de frequências distintas para separar os canais. Logo as comunicações em ambos os sentidos podem ocorrer ao mesmo tempo. A FDD é usada no IEEE 802.16.

2.5 As Técnicas de Transmissão

Para ser transmitida pela rede, a informação binária deve ser codificada ou modulada. As codificações trabalham em banda básica, pois preservam as faixas de frequências originais dos dados. Assim, a informação binária é enviada diretamente no meio físico e a codificação visa aprimorar o uso do meio [16]. Diversos tipos de codificação garantem transições (0 para 1 e 1 para 0) que são necessárias à recuperação do relógio para sincronização da comunicação. Já na modulação há uma transposição de frequência e a informação "modula a portadora".

2.5.1 As Técnicas de Codificação

A codificação mais simples é a NRZ (*Non-Return to Zero*), também conhecida como binária. A codificação é denominada NRZ, pois o sinal (voltagem) não retorna ao nível zero no meio do intervalo de tempo do bit, ou seja, ocupa todo o intervalo de tempo do bit. A codificação NRZ é dividida em unipolar e polar, de acordo com a polaridade dos níveis do sinal. Na codificação unipolar, os dois níveis tem uma mesma polaridade (em geral 0 e +), enquanto que na codificação polar, são usados dois níveis de polaridades opostas (+ e -).

Na codificação NRZ unipolar, um sinal de voltagem positiva é enviado quando da transmissão de um bit 1 e um sinal de voltagem zero é enviado quando o bit a ser transmitido é 0. A Figura 2.4 apresenta um exemplo de codificação NRZ unipolar, no qual a sequência de bits a ser transmitida é 0110. Na figura, o tempo de cada bit está determinado pelas linhas pontilhadas e a amplitude do sinal a ser transmitido em cada tempo de bit está representada no eixo y. Para uma correta interpretação dos sinais, o transmissor e o receptor tem de estar sincronizados. Um dos principais problemas que pode ocorrer no caso da utilização da codificação NRZ é a perda desse sincronismo entre o transmissor e o receptor, principalmente quando do envio de 0s ou 1s consecutivos.

Na codificação RZ (*Return to Zero*), o sinal retorna ao nível zero no meio do intervalo de tempo do bit. No caso da codificação RZ unipolar, um sinal de

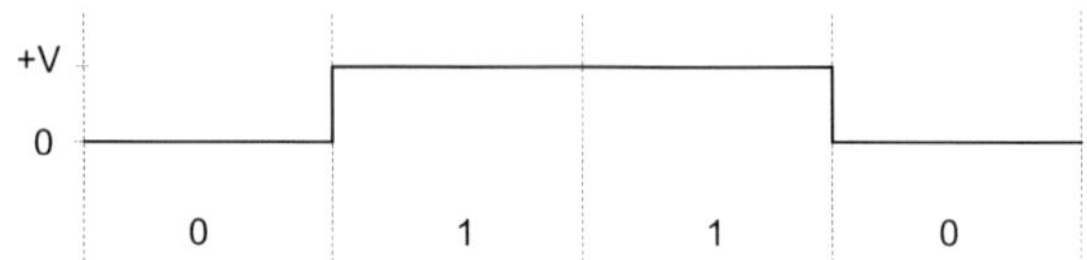

Figura 2.4: Exemplo de codificação NRZ unipolar.

voltagem positiva que retorna a zero no meio do tempo do bit é enviado quando da transmissão de um bit 1 e um sinal de voltagem zero é enviado quando o bit a ser transmitido é 0. Dessa maneira o problema de sincronismo no caso do envio de 1s consecutivos é minimizado, pois garante-se que haja transições nesse caso.

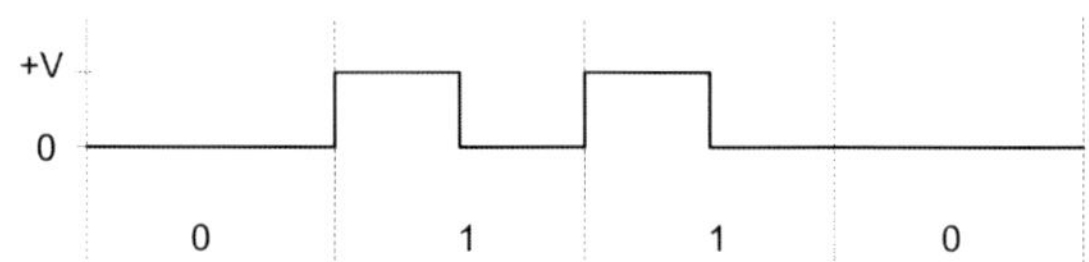

Figura 2.5: Exemplo de codificação RZ unipolar.

Na codificação NRZI (*Non-Return to Zero, Invert on ones*), os dados são codificados através da presença ou da ausência de uma transição no início do tempo relativo a um bit. No bit 1 há uma transição do sinal e no bit 0 o sinal anterior é mantido (Figura 2.6). Nesse caso, o problema de sincronismo também ocorre no envio de 0s consecutivos.

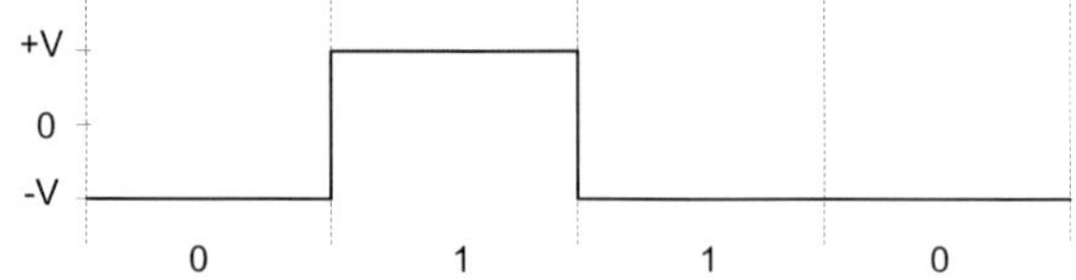

Figura 2.6: Exemplo de codificação NRZI.

Na codificação Manchester, cada tempo relativo a um bit é dividido pela metade. Para enviar um bit 1, na primeira metade é utilizada uma voltagem alta e na segunda metade a voltagem é baixa. Para o envio de um bit 0, a primeira metade está associada à voltagem baixa e a segunda à voltagem alta. Com isso, a cada bit haverá sempre uma transição na metade do tempo relativo ao bit, tornando mais fácil a sincronização do receptor com o transmissor (Figura 2.7). No entanto, a largura de banda exigida pela codificação Manchester é duas vezes maior do que a da codificação binária, em função da existência das transições no meio do bit. Essa codificação é usada na Ethernet de 10 Mbps (Capítulo 3).

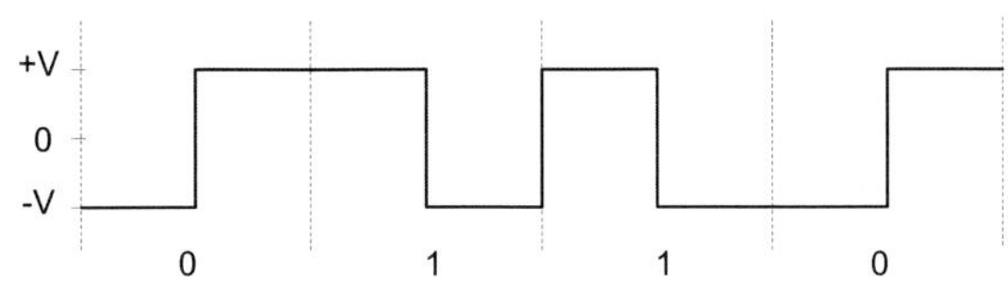

Figura 2.7: Exemplo de codificação Manchester.

Outra codificação muito utilizada é a 4B/5B, na qual grupos de quatro bits de dados são mapeados em grupos de cinco bits devidamente escolhidos de modo a criar transições em quaisquer sequências de bits a serem enviadas. Os códigos de cinco bits são selecionados de maneira a fazer com que cada código não possua mais do que um 0 no início e mais do que dois 0s no final. Dessa maneira, nenhum código de cinco bits pode ter mais do que três 0s seguidos. Essas combinações fornecem transições suficientes para a sincronização dos relógios, como na codificação Manchester. Como os códigos de 5 bits são transmitidos usando NRZI, o código só trata dos 0s. As 16 combinações restantes são utilizadas para fins de controle, por exemplo como delimitador de início de quadro. A Ethernet 100Base-TX, um dos padrões conhecidos como Fast Ethernet, utiliza essa codificação (Capítulo 3). De maneira semelhante, a Ethernet 1000Base-X usa uma codificação 8B/10B.

A codificação PAM (*Pulse Amplitude Modulation*) ou M-PAM usa M diferentes níveis de amplitude para representar os dados. Essa codificação é usada na Ethernet 1000Base-T, na RDSI (Rede Digital de Serviços Integrados) e no DSL (Capítulo 6). A Figura 2.8 apresenta um exemplo de codificação 4-PAM, no qual é transmitida a sequência de bits 01100011. Nesse caso, as sequências 00, 01, 10 e 11 correspondem às voltagens $-V_2$, $-V_1$, $+V_2$ e $+V_1$, respectivamente. Cabe ressaltar que neste caso são enviados dois bits por símbolo (sinal), dobrando-se a taxa de dados em relação à taxa de símbolos.

Por último, na codificação PPM (*Pulse Position Modulation*) ou M-PPM, $\log_2 M$ bits são codificados através da transmissão de um único pulso deslocado no tempo, dentre M deslocamentos possíveis. Um exemplo é a 4-PPM, na qual para as sequências 00, 01, 10 e 11 são usados os símbolos PPM 0001, 0010, 0100 e 1000, respectivamente, onde o 1 representa o pulso e o

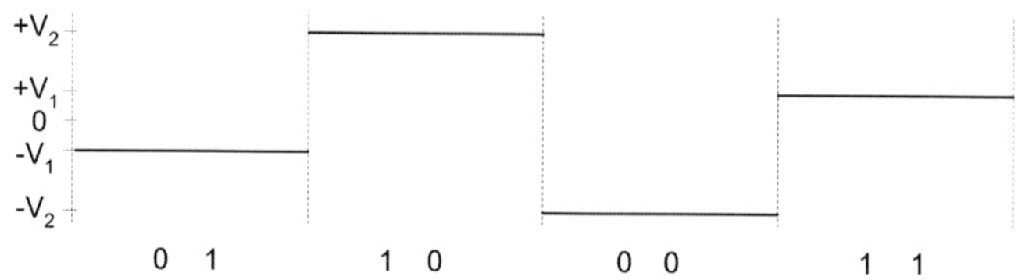

Figura 2.8: Exemplo de codificação 4-PAM.

0 a ausência de pulso (Figura 2.9). Essa codificação pode sofrer problemas de interferência por múltiplos caminhos. A transmissão por infravermelho do IEEE 802.11 (Capítulo 4) usa a codificação PPM.

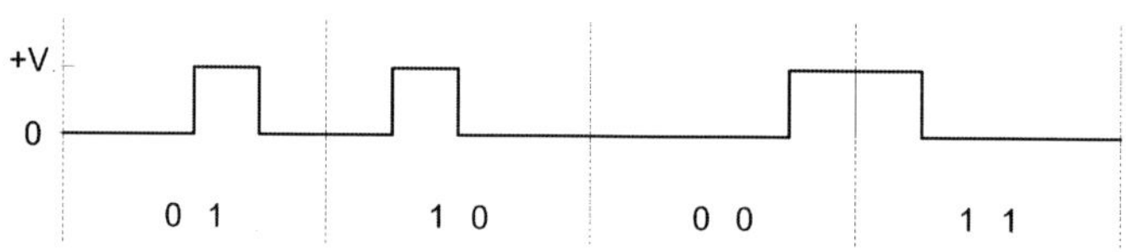

Figura 2.9: Exemplo de codificação 4-PPM.

2.5.2 As Técnicas de Modulação

A codificação em banda básica usa pulsos quadrados para representar a informação. Pulsos quadrados, diferentes de uma onda senoidal, são compostos de diversas frequências. Como a atenuação e a velocidade de propagação no meio variam em função da frequência, o sinal enviado chega ao receptor de forma distorcida. Este efeito indesejado dificulta a decodificação do sinal. Portanto, a codificação em banda básica é mais usada em pequenas distâncias e baixas velocidades. Além disso, alguns meios físicos como a fibra óptica exigem que o sinal transmitido ocupe uma determinada faixa de frequências e ainda podem existir diversas estações que devem acessar um mesmo meio físico compartilhado. A solução para esses problemas é o uso da modulação da informação.

A modulação corresponde a uma portadora que é "modificada" pela informação que se deseja transmitir. A portadora é normalmente uma onda senoidal, que é o sinal analógico fundamental, de frequência mais alta que o sinal que se deseja transmitir. A informação a ser transmitida modifica, ou modula, a portadora em amplitude, frequência ou fase dando origem à modulação em amplitude, frequência ou fase, respectivamente.

A modulação ASK (*Amplitude Shift Keying*) varia a amplitude de uma portadora entre M valores que correspondem a uma sequência de bits. Esse tipo de modulação é denominado ASK M-ário ou simplesmente M-ASK, em função dos M valores. Na sua forma mais comum, a BASK (*Binary ASK*), são usadas duas amplitudes distintas ($M = 2$) para representar os bits 0 e 1, sendo que para o bit 0 a amplitude é zero. Desta forma, não existe um envelope único para o sinal transmitido, mas rajadas de uma onda senoidal intercaladas por períodos sem uma onda (a "amplitude zero"). Há descontinuidades e múltiplas frequências, de forma semelhante aos pulsos quadrados. A Figura 2.10 apresenta um exemplo de modulação BASK, no qual é enviada a sequência 0110.

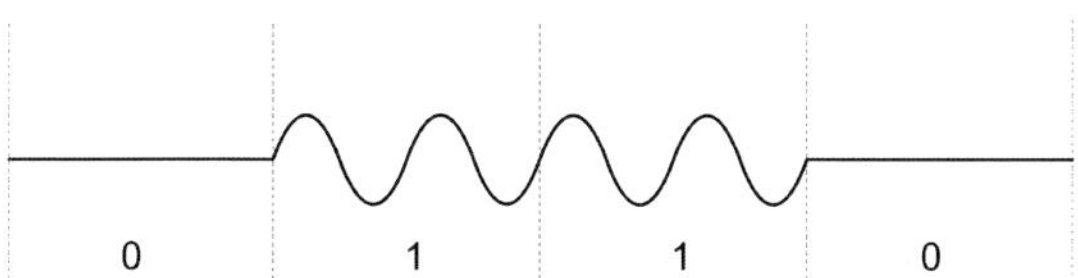

Figura 2.10: Exemplo de modulação BASK.

A modulação FSK ou M-FSK (*Frequency Shift Keying*) varia a frequência de uma portadora de amplitude constante entre M valores relacionados a uma sequência de bits. A BFSK (*Binary* FSK) usa duas frequências distintas para representar os bits 0 e 1 (Figura 2.11). A modulação GFSK (*Gaussian FSK*) é baseada na modulação FSK. Na GFSK, os pulsos passam por um filtro gaussiano de modo a diminuir o espectro de frequência e depois são modulados em frequência. O IEEE 802.11 original e o Bluetooth (Capítulo 4) usam esse tipo de modulação.

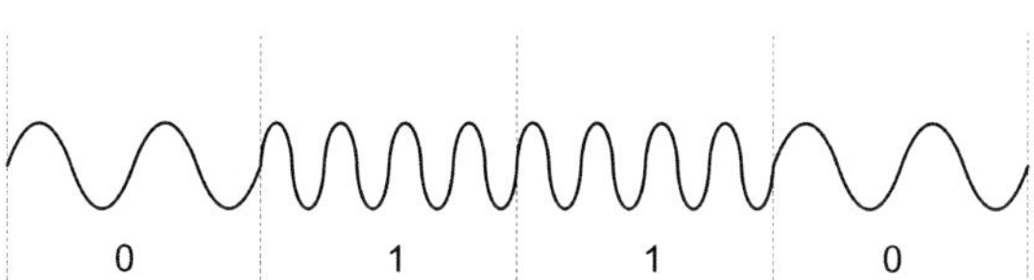

Figura 2.11: Exemplo de modulação BFSK.

Na modulação PSK ou M-PSK (*Phase Shift Keying*), a fase de uma portadora de amplitude e frequência constantes é deslocada, em função de uma sequência de bits, entre M valores igualmente espaçados. A BPSK (*Binary* PSK) desloca a fase em função de transições de sequências de bits. Por exemplo, quando há uma transição de um bit 0 para um bit 1 e vice-versa, a fase é alterada em 180°. Quando não há nenhuma dessas transições, a fase é mantida (deslocamento de 0°). Um exemplo de BPSK é apresentado na Figura 2.12. Já a DBPSK (*Diferential* BPSK) usa dois deslocamentos diferentes de fases para representar os bits 0 e 1. Por exemplo, para um bit 0 a fase é mantida e para um bit 1 a fase é deslocada de 180° (Figura 2.13). A QPSK (*Quaternary* PSK) usa quatro deslocamentos de fases relativos à fase da portadora para representar as sequências 00, 01, 10 e 11; por exemplo 45°, 135°, 315° e 225° (Figura 2.14). A QPSK é mais eficiente que a BPSK, pois transmite dois bits em um único símbolo. De maneira análoga ao DBPSK, a modulação DQPSK usa quatro deslocamentos relativos à fase dos últimos dois bits. Os vários tipos de modulação PSK são usados no IEEE 802.11, no Bluetooth, no HomePlug, no DOCSIS e no IEEE 802.16.

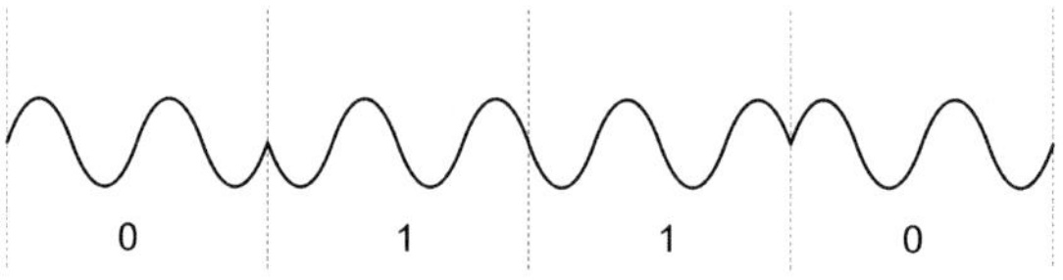

Figura 2.12: Exemplo de modulação BPSK.

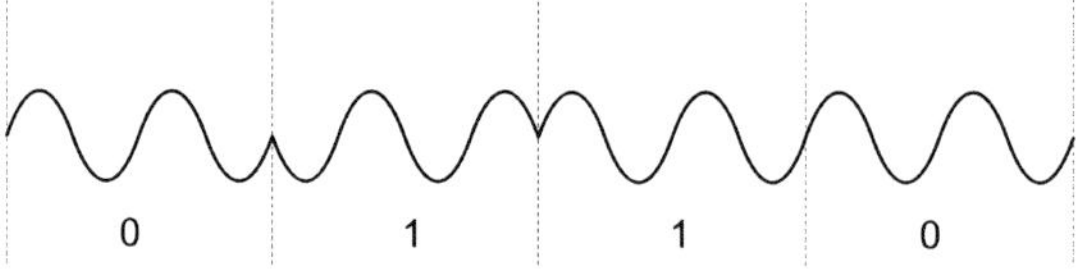

Figura 2.13: Exemplo de modulação DBPSK.

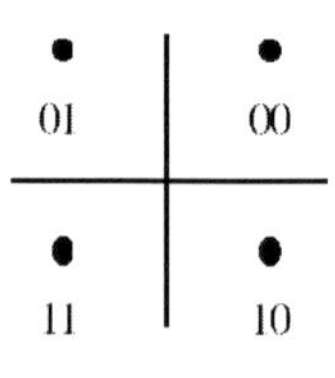

Figura 2.14: QPSK - 2 bits por símbolo.

Na modulação QAM (*Quadrature Amplitude Modulation*), tanto a amplitude quanto a fase podem ser variadas. O nome geral dado a esse tipo de modulação é QAM M-ário ou M-QAM, em função dos M símbolos usados. Quanto maior o número de símbolos, maior a probabilidade de ocorrerem erros devido ao ruído e à atenuação, pois se torna mais difícil a distinção entre os símbolos. A modulação 4-QAM nada mais é do que a QPSK. Exemplos de constelações de 8, 16 e 32 símbolos são apresentados nas Figuras 2.15 a 2.17. A modulação QAM é uma das mais modernas, usada no IEEE 802.11, no HomePNA, no HomePlug, no DOCSIS, no IEEE 802.16, no modem analógico e no DSL.

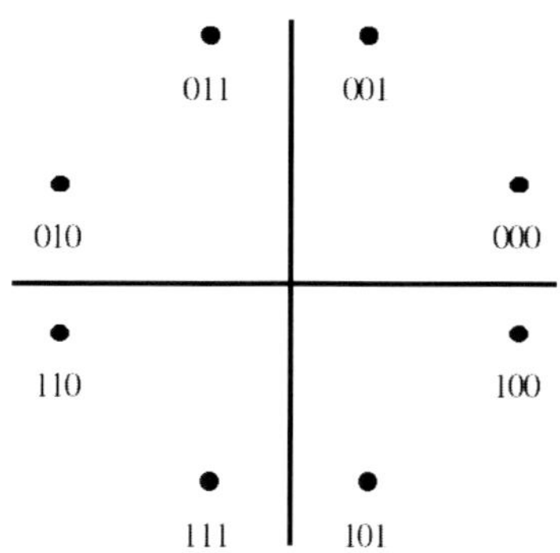

Figura 2.15: 8-QAM - 3 bits por símbolo.

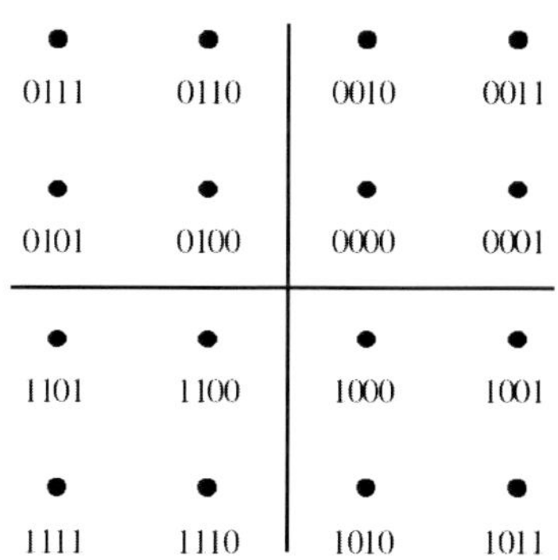

Figura 2.16: 16-QAM - 4 bits por símbolo.

A modulação TCM (*Trellis Coded Modulation*) utiliza as modulações QPSK ou QAM junto com bits redundantes, de modo a realizar uma correção automática de erros (*Forward Error Correction* - FEC). Por exemplo, o padrão

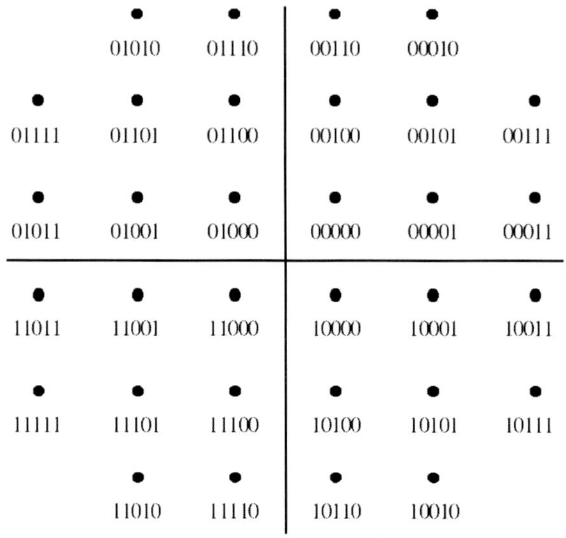

Figura 2.17: 32-QAM - 5 bits por símbolo.

V.32 para modens analógicos utiliza 32 símbolos nos quais no lugar de 5 bits de dados são transmitidos 4 bits de dados e 1 bit de paridade. A modulação TCM é usada no DOCSIS, no IEEE 802.16 e em padrões de modens analógicos.

2.5.3 Outras Técnicas de Transmissão

Outras técnicas de transmissão podem ser usadas em conjunto com as modulações como as técnicas de espalhamento de espectro e a modulação por divisão de frequências ortogonais (*Orthogonal Frequency Division Multiplexing* - OFDM).

As técnicas de espalhamento de espectro (*spread spectrum*) consistem em espalhar um sinal em uma largura de banda superior à exigida pelo sinal original. O objetivo dessas técnicas é minimizar o efeito da interferência em frequências específicas e o efeito da interferência causada por múltiplos caminhos. Apesar de ser ineficiente quanto à utilização da banda para um usuário (rede), a vantagem do espalhamento de espectro é permitir que vários usuários (redes) usem simultaneamente a mesma banda sem interferências significativas entre eles. Desse modo essa técnica torna-se eficiente. Essas técnicas usam sequências denominadas pseudoaleatórias que "parecem" aleatórias, mas podem ser reproduzidas pelos receptores. Existem dois tipos dessas técnicas: o espalhamento de espectro por saltos de frequência (*Frequency Hopping Spread Spectrum* - FHSS) e o espalhamento de espectro por sequência direta (*Direct Sequence Spread Spectrum* - DSSS).

O FHSS utiliza saltos de frequências para implementar o espalhamento. Neste caso, o sinal modula uma portadora que realiza saltos de frequência segundo uma sequência pseudoaleatória. Com isso, permite-se a coexistência de várias comunicações simultâneas em uma mesma área. Cada comunicação é identificada por diferentes padrões pseudoaleatórios ortogonais que correspondem às sequências de saltos da portadora. O FHSS é usado no Bluetooth e nas primeiras versões do IEEE 802.11 (Capítulo 4).

O DSSS consiste na multiplicação do sinal binário original por uma sequência binária pseudoaleatória com taxa de transmissão bem maior que a taxa de transmissão do sinal original. Uma forma de DSSS consiste em realizar um XOR dos dados com a sequência binária. Para cada bit de dados é enviada uma sequência de bits que pode ser a própria sequência no caso do bit de dados ser 0 ou o complemento da sequência no caso do bit ser 1. O número de bits da sequência, também denominado fator de espalhamento, determina a banda passante do sinal resultante. O DSSS é utilizado no IEEE 802.11.

Por último, a técnica OFDM divide o espectro em múltiplas sub-bandas (canais) de frequências bem estreitas, enviando alguns dos bits em cada sub-banda. Diferentemente do FDM, no OFDM todas as sub-bandas são dedicadas a uma única fonte.

Em técnicas convencionais de FDM, o espaçamento entre canais deve incluir uma faixa de guarda suficientemente grande para evitar a interferência entre canais. Com isso, perde-se uma faixa espectral que é inutilizada. No OFDM, as subportadoras chegam a se sobrepor, com uma utilização espectral bem mais eficiente. Para isso são escolhidas subportadoras ortogonais, ou seja, que mantêm uma certa relação matemática de modo que não haja interferência entre elas. Como elas possuem um espectro do formato $[\frac{sen(x)}{x}]$, colocam-se as subportadoras de modo que elas estejam centradas nos zeros das subportadoras adjacentes, conforme a Figura 2.18.

Além disso, é obtida uma maior imunidade a ruídos e interferências que provém do fato dessas subportadoras serem independentes. Assim, se há uma interferência em uma ou mais de suas subportadoras, essas podem ser descartadas e passa-se a utilizar somente as subportadoras restantes para a transmissão dos dados. O OFDM é uma técnica bastante moderna utilizada no IEEE 802.11, no HomePlug, no IEEE 802.16 e no DSL.

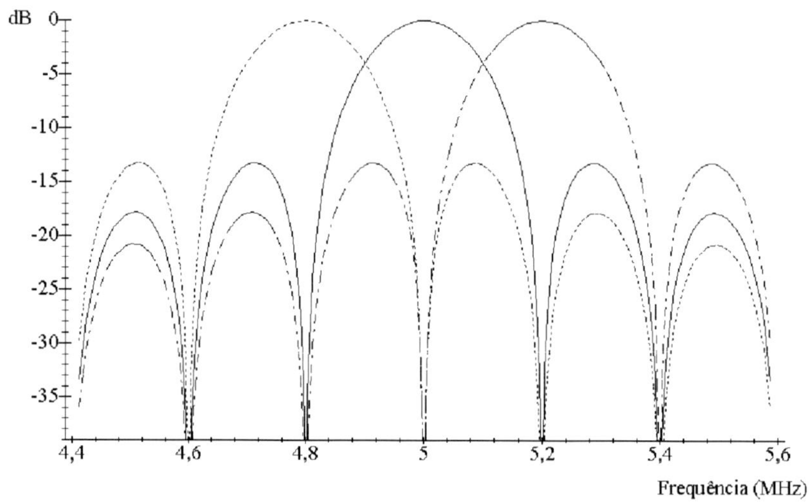

Figura 2.18: Exemplo da densidade espectral de potência de três subportadoras OFDM em 4,8, 5,0 e 5,2 MHz.

Capítulo 3

As Redes Cabeadas

Este capítulo apresenta as principais características dos meios físicos usados em redes cabeadas. Além disso, o capítulo aborda a tecnologia de rede Ethernet, principal solução de redes domiciliares cabeadas.

3.1 Introdução

Cada meio físico possui características próprias em relação a banda passante, atenuação, sensibilidade a ruídos, etc. Os principais meios físicos usados em redes cabeadas são o cabo plano, o par trançado, o cabo coaxial e a fibra óptica.

O cabo plano (*flat cable*) é composto de diversos condutores (vias) metálicos dispostos em paralelo e separados de uma distância fixa. É normalmente usado para comunicações paralelas de curta distância, porém também encontra utilização na rede telefônica interna de algumas residências. Os cabos planos em geral são flexíveis e de fácil manuseio. A principal vantagem do cabo plano é a grande velocidade de transferência obtida devido à transmissão da informação em paralelo. No entanto, a própria disposição paralela dos condutores provoca uma grande atenuação do sinal em altas frequências, o que torna esse meio físico inapropriado para grandes distâncias.

O par trançado é composto de dois fios metálicos (normalmente de cobre) isolados e enrolados em forma de espiral. O trançado dos fios permite diminuir os efeitos de indução de corrente em um dos condutores devido ao campo elétrico criado pelo outro condutor. É o meio de transmissão normalmente usado pela rede telefônica entre o usuário e a central. Além disso, as tecnologias de rede Ethernet mais modernas utilizam o par trançado como meio físico. Nesse caso, a configuração mais comum contém quatro pares trançados por cabo. Esses pares podem ser de dois tipos. O par trançado não blindado (*Unshielded Twisted Pair* - UTP) é o mais utilizado por ser mais barato. O par trançado blindado (*Shielded Twisted Pair* - STP) possui uma blindagem feita com a malha do cabo, que faz com que esse tipo de cabo seja menos sujeito a interferências eletromagnéticas externas. O STP é utilizado em alguns tipos de Gigabit Ethernet. O par trançado é um suporte de transmissão de baixo custo, alta maleabilidade, peso e dimensões reduzidas, fácil manuseio e que permite conexões bastante simples. Sua técnica de produção evoluiu com a finalidade de atender a demanda por maiores taxas de transmissão. Para aplicações de redes locais, as principais categorias de par trançado não blindados definidas pela TIA (*Telecommunications Industry Association*) [17] são apresentadas na Tabela 3.1.

Tabela 3.1: Categorias e capacidades de cabos UTP.

Categoria	Banda Passante (MHz)
3	25
5	125
5e	125
6	250

O cabo coaxial também é composto de dois condutores metálicos. No entanto, no cabo coaxial os condutores estão dispostos em uma forma concêntrica e separados por um dielétrico. A grande vantagem dessa configuração é evitar a irradiação de energia, uma vez que todo o campo elétrico fica confinado no interior do cabo. Dessa forma, o cabo coaxial suporta maiores frequências, apresentando uma característica de frequência de transmissão $\times$ distância muito superior à do par trançado. Além de não irradiar energia (não provoca interferências em outros suportes e equipamentos), o seu condutor externo age como uma blindagem natural a interferências eletromagnéticas externas. O cabo coaxial é utilizado como um meio compartilhado em versões antigas da Ethernet e na rede de acesso HFC (*Hybrid Fiber Coax*), apresentada no Capítulo 6.

A fibra óptica também é utilizada como meio de transmissão. A transmissão em fibras ópticas utiliza pulsos de luz para representar bits 1 e ausências de luz para bits 0. Esses pulsos de luz sofrem reflexão total dentro da fibra e podem se propagar por muitos quilômetros sem sofrer perdas significativas. Em fibras monomodo, existe um único raio de luz (modo) sendo propagado em um determinado instante, enquanto que nas fibras multimodo, vários modos são propagados simultaneamente. É utilizada a faixa de frequências de 100 a 1000 THz, o que significa uma capacidade de transmissão potencial muito grande. A atenuação na fibra é muito baixa, da ordem de 1 dB/km. As fibras ópticas são utilizadas em redes Ethernet e em redes HFC. O fato de a fibra óptica ser composta de material dielétrico traz uma série de vantagens em relação aos meios físicos metálicos. Não existem problemas de aterramento e de interfaceamento nos transceptores e a fibra óptica é totalmente imune a qualquer tipo de interferência eletromagnética. Além disso, o excelente confinamento do sinal luminoso no interior da fibra permite o uso de cabos ópticos compostos de diversas fibras com nível de diafonia praticamente desprezível. Outras vantagens da fibra óptica correspondem ao seu peso e tamanho reduzidos. Contudo, a fibra óptica ainda é cara e emendas e conexões são difíceis de ser realizadas.

3.2 A Ethernet

A tecnologia de rede local Ethernet foi criada em 1972. O nome Ethernet vem de éter luminoso, pois antigamente acreditava-se ser esse o meio onde a radiação eletromagnética se propagava. A partir da Ethernet original, surgiram vários padrões de redes Ethernet que se diferenciam na camada física (em função do tipo de cabo e da codificação) e na subcamada de acesso ao meio (em relação ao uso do CSMA/CD ou de comutação). Todos os padrões aqui mencionados estão descritos na norma IEEE 802.3 de 2005 [18], exceto o padrão 10 Gigabit Ethernet usando par trançado que é descrito na norma IEEE 802.3an [19].

A Subcamada de Acesso ao Meio

A rede Ethernet original é um barramento compartilhado pelas estações. Uma das razões do sucesso da rede Ethernet foi o alto desempenho apresentado pelo método de acesso CSMA/CD (Capítulo 2). De modo a garantir a detecção de colisão, o quadro Ethernet possui um tamanho mínimo. Este tamanho mínimo do quadro Ethernet leva em conta a configuração máxima da rede Ethernet de 2500 m. Nesse caso, o dobro do tempo de propagação é igual a aproximadamente 50 μs. Para a taxa de transmissão de 10 Mbps isto corresponde a aproximadamente 64 octetos (512 bits). Caso ocorra colisão, as estações cujos quadros colidiram devem retransmitir esses quadros após o envio dos reforços de colisão (*jams*) de 32 bits. Após uma i-ésima colisão, o tempo é dividido em *slots* de tempo com tamanho correspondente ao dobro do atraso máximo de propagação (no caso de 10 Mbps, 512 tempos de bit) e a estação sorteia um número aleatório de *slots* de tempo uniformemente distribuído entre 0 e $2^i - 1$. Após esse tempo, a estação tenta novamente acessar o meio. Esse algoritmo de resolução de colisões é conhecido como *backoff* exponencial binário. O valor máximo do número aleatório é dado por 1023 e após 16 colisões, o quadro é descartado e uma falha é reportada para a camada superior.

A lógica de transmissão de um quadro de dados na Ethernet é apresentada na Figura 3.1. Um espaçamento entre quadros (*Inter-Frame Gap* - IFG), de 96 tempos de bit, utilizado antes da transmissão de um quadro não está representado na figura. Essa lógica está descrita no Capítulo 2.

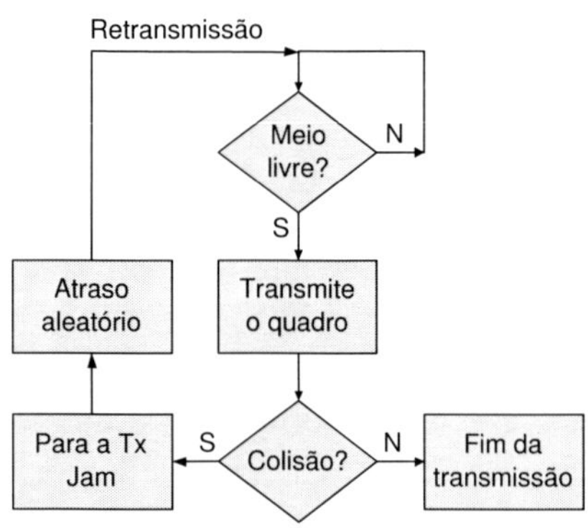

Figura 3.1: Lógica de acesso ao meio na Ethernet.

O formato do quadro Ethernet contém os campos preâmbulo, endereços de destino e de origem, tipo, dados e sequência de verificação de quadro[1] (Figura 3.2). O preâmbulo de 8 octetos contém o padrão 10101010 a cada octeto, exceto pelo último que contém o padrão 10101011. A codificação Manchester (Capítulo 2) desses octetos produz uma onda quadrada, de modo a permitir

[1]Pode existir uma extensão de portadora após o campo de verificação de quadro, como apresentado adiante no Gigabit Ethernet.

a sincronização entre os relógios do receptor e do transmissor. Os endereços de destino e de origem possuem 48 bits cada. O IEEE controla parte desse endereço através dos identificadores únicos de organização (*Organizationally Unique Identifiers* - OUI) de 24 bits. Cada organização fabricante de placas Ethernet possui um identificador e varia os outros 24 bits de modo a fornecer placas com endereços Ethernet diferentes. Além disso, caso o bit mais significativo (dos 48 bits) seja 1, trata-se de uma transmissão em *multicast* ou em difusão, sendo que o endereço com todos os bits iguais a 1 é usado para difusão. O campo tipo indica o protocolo que será usado pela camada imediatamente superior à subcamada MAC Ethernet. O campo dados possui um tamanho mínimo de 46 octetos e um máximo de 1500 octetos. Caso os dados a serem enviados sejam menores que 46 octetos um enchimento é utilizado para formar o tamanho mínimo de quadro de 64 octetos do endereço de destino à sequência de verificação de quadro e, assim, garantir a detecção de colisão. Os dados passados para a camada rede incluem o enchimento (se existente). Nesse caso, o tamanho do pacote da camada rede permite que os dados sejam separados do enchimento. Um quadro menor do que 64 octetos é descartado pelo receptor. O campo sequência de verificação de quadro contém uma verificação cíclica de redundância (*Cyclic Redundancy Check* - CRC) de 32 bits, conhecida como CRC-32. O CRC protege o endereço de destino, o endereço de origem, o tipo, os dados e o enchimento. Para a codificação, utiliza-se o polinômio gerador

$$\begin{aligned} G(x) &= x^{32} + x^{26} + x^{23} + x^{22} + x^{16} + x^{12} + x^{11} + x^{10} + \\ & x^{8} + x^{7} + x^{5} + x^{4} + x^{2} + x + 1. \end{aligned} \tag{3.1}$$

Octetos

8	6	6	2	>=46	4
Preâmbulo	Endereço de destino	Endereço de origem	Tipo	Dados	Sequência de verificação de quadro

Figura 3.2: Formato do quadro da Ethernet.

A Camada Física

Os tipos de cabeamentos utilizados pelas redes Ethernet são descritos na forma $<x><sinal><y>$, onde x é a taxa de transmissão em Mbps, $sinal$ é o tipo de sinalização usado e y é o comprimento máximo aproximado do cabo coaxial dividido por 100 (em metros) ou o tipo de meio físico utilizado quando não se trata do cabo coaxial.

Existem quatro tipos de cabeamento utilizados pelas redes Ethernet a 10 Mbps. A Ethernet 10Base5, também conhecida como Ethernet cabo grosso, normalizada em 1980, utiliza uma transmissão em banda básica, topologia em barramento e segmentos de até 500 m. Além disso, essa Ethernet possui no máximo cinco segmentos, cada um com no máximo 30 estações e utiliza um cabo coaxial grosso de 1 cm de diâmetro. Para essa rede, o transceptor é ligado ao cabo através de conectores de pressão "vampiros" (*vampire taps*) e à estação através de um cabo AUI (*Attachment Unit Interface*). Devido ao alto custo do cabo coaxial grosso, dos transceptores, do cabo AUI e dos conectores e ainda devido à pouca flexibilidade do cabo grosso, foi normalizada em 1987 a Ethernet 10Base2 ou Ethernet cabo fino. Nesse caso, utilizam-se segmentos de no máximo 185 m, no máximo cinco segmentos e 30 estações por segmento. Um cabo coaxial de 0,5 cm de diâmetro em uma topologia em barramento é o meio físico. As ligações das estações ao cabo são feitas diretamente com conectores BNC padrão, mais econômicos e mais fáceis de instalar. Porém, problemas associados à identificação de cabos partidos que dificultavam a utilização dessas redes levaram a um novo tipo de Ethernet denominado 10Base-T, normalizado em 1990. Nesse caso, o T indica o uso de par trançado como meio de transmissão. Cada estação está conectada a um *hub* central através de dois pares trançados. Apesar de a topologia física ser em estrela, como todas as estações estão conectadas eletricamente no *hub*, a topologia lógica continua sendo em barramento. O cabo de par trançado é flexível e as conexões são simples e utilizam o conector RJ-45. O alcance máximo do cabo a partir do *hub* é de 100 a 200 m, dependendo da qualidade do cabo utilizado e o número máximo de estações por segmento é 1024. Já a Ethernet 10Base-F utiliza fibra óptica e é uma alternativa cara em função do alto custo dos conectores e dos terminadores. Porém, esse tipo de Ethernet possui excelente imunidade a ruído e tamanho máximo entre segmentos de 2000 m. Além disso, o número máximo de estações por segmento é 1024 e esse meio é mais seguro do que os cabos de cobre pela dificuldade da realização de derivações.

Nenhuma das versões de Ethernet a 10 Mbps utiliza uma codificação binária direta devido a problemas de temporização, principalmente ao receber uma sequência de valores 0 ou 1 consecutivos. Para os receptores determinarem o início e o fim de cada bit sem o uso de um relógio externo, utiliza-se a codificação Manchester (Capítulo 2). Contudo, a largura de banda exigida pela codificação Manchester é duas vezes maior do que a da codificação binária.

3.2.1 A Ethernet de Alta Velocidade

O sucesso da rede Ethernet e a evolução da capacidade de processamento dos microcomputadores tornaram necessário o aumento da taxa de transmissão. Para aumentar a taxa de transmissão de 10 Mbps para 100 Mbps na topologia de cabo coaxial é necessário dividir por dez o tamanho máximo do cabo ou aumentar o tamanho mínimo do quadro para 5120 bits. O tempo necessário para detectar uma colisão na topologia original é de 51,2 μs, a uma taxa de 100 Mbps isto corresponde a 5120 bits. Para manter o tamanho mínimo de quadro (512 bits) a uma taxa de 100 Mbps deve-se diminuir o tempo necessário para detectar colisão para 5,12 μs e isto pode ser conseguido dividindo por dez todos os tamanhos máximos de cabos da rede Ethernet original. Por outro lado, aumentar o tamanho mínimo do quadro Ethernet pode comprometer muito o desempenho de determinadas aplicações. Optou-se por diminuir o tamanho da rede, porém utilizando-se elementos centralizadores com cabos de pares trançados, no lugar dos cabos coaxiais. No caso do *hub*, o método de acesso múltiplo com detecção de portadora e de colisão é utilizado nas estações, mas não no *hub*. O *hub* só detecta colisões e envia os *jams*. Outra opção consiste no uso de uma tecnologia denominada Ethernet comutado. A topologia em estrela usada no Ethernet de par trançado tem a característica de conectar ponto-a-ponto cada estação ao elemento central. Assim, se o elemento central tiver a capacidade de processar e armazenar os dados (comutar) que chegam de uma estação e depois transmiti-los para uma outra estação, ao invés de simplesmente repeti-los (função do *hub*) para as demais estações, a rede Ethernet torna-se escalável. Nesta configuração do elemento central como um comutador (*switch*) de acesso dedicado, os pares trançados não são mais compartilhados e, portanto, não há colisão. As ligações comutadas entre as estações e o elemento central permitem que se possa transmitir por um par e simultaneamente receber por um outro par (*full-duplex*). Como o comutador processa o quadro, ele pode retransmitir apenas para a estação destinatária. Assim, diversas estações podem transmitir e receber ao mesmo tempo aumentando a eficiência da rede.

Devido à técnica de comutação a Ethernet "pode trabalhar a qualquer velocidade" passando a limitação para a banda disponibilizada pelo meio físico ou para a capacidade de comutação do elemento central.

A necessidade de uma taxa de transmissão maior do que 10 Mbps fez com que o IEEE criasse em 1995 a norma Fast Ethernet. As redes Fast Ethernet utilizam par trançado ou fibra óptica como meio. Por questões de compatibilidade com as versões antigas, foram mantidos o formato e os tamanhos mínimo e máximo do quadro. O Fast Ethernet funciona nos modos *half* e *full-duplex*. Com o tamanho mínimo do quadro mantido em 64 octetos, o tamanho máximo da rede deveria ser de 250 m no modo *half-duplex*, a fim de garantir que toda estação detecte colisões. Para o Fast Ethernet com par trançado, a limitação do tamanho da rede em 200 m vem do tamanho máximo do cabo que é de 100 m. Em função do aumento da velocidade, o Fast Ethernet no modo *full-duplex* utiliza um controle de fluxo, de modo a limitar a taxa de uma estação transmissora. Nesse caso, uma estação envia um quadro Ethernet com tipo igual a Controle de MAC (*MAC Control*) para um endereço de *multicast* específico. Toda estação em modo *full-duplex* deve pertencer ao grupo especificado por esse endereço. Isso facilita o envio do quadro, sem que haja necessidade de utilizar o endereço MAC do transmissor dos dados. Esse quadro contém na parte de dados um campo de 16 bits que identifica o comando PAUSE e outro campo de 16 bits denominado tempo de pausa que indica o número de unidades de 512 tempos de bit durante as quais a estação receptora do PAUSE não deve transmitir.

Existem três tipos principais de Fast Ethernet. O padrão 100Base-T4 pode usar os mesmos cabos de pares trançados de categoria 3 muito utilizados no Ethernet 10Base-T. Esses pares não possuem blindagem e são capazes de transportar sinais de 25 MHz. O 100Base-T4 utiliza quatro pares por estação, um para transmissão, outro para recepção e os outros dois intercambiáveis em função do sentido de transmissão. Em função disso, o modo *full-duplex* não é suportado. De modo a passar 100 Mbps em 25 MHz, é utilizada uma codificação ternária em cada um dos três pares utilizados para transmissão. Desse modo, transmitem-se quatro bits a 25 MHz. Essa codificação é conhecida como 8B/6T. Para o Fast Ethernet 100Base-TX, também denominado IEEE 802.3u, são utilizados cabos de categoria 5, capazes de transportar sinais de 125 MHz. Dois pares por estação são utilizados, um para transmissão e outro para recepção. Para passar 100 Mbps na banda de 125 MHz, o código Manchester também não é utilizado pois exigiria uma banda de 200 MHz. O padrão 100Base-TX se serve de um sistema de codificação denominado 4B/5B (Capítulo 2). O Fast Ethernet provê também um esquema de autonegociação para selecionar a velocidade de operação (10 ou 100 Mbps) e o modo de transmissão (*half* ou *full-duplex*). Somente os tipos de Fast Ethernet com par trançado utilizam a autonegociação. Por último, o 100Base-FX usa fibras ópticas de tamanho máximo de 400 m.

Ainda como evolução do Ethernet, foi criado em 1998, o padrão Gigabit

Ethernet. O Gigabit Ethernet utiliza par trançado ou fibra óptica como meio. Assim como no padrão Fast Ethernet, o Gigabit Ethernet mantém o formato do quadro original da Ethernet, incluindo os tamanhos mínimo e máximo do quadro, porém pode ser necessário o uso de uma extensão da portadora. Os modos de operação *half* e *full-duplex* foram padronizados. Embora o preço dos comutadores estivesse bem perto do preço dos *hubs*, o modo *half-duplex* foi criado para manter a compatibilidade com os padrões anteriores. No modo *half-duplex*, devido à detecção de colisões, o tamanho máximo da rede deveria ser de 25 m para um tamanho mínimo de quadro de 64 octetos. Como esse tamanho de rede é muito pequeno, foram necessários dois artifícios para aumentá-lo. Através da extensão de portadora, o hardware adiciona um enchimento, após o CRC, para estender o quadro até 512 octetos. Como o enchimento é retirado pelo hardware da estação receptora, o software não é modificado. Um problema do uso desse enchimento consiste em uma menor eficiência da rede. O outro artifício consiste em enviar quadros em rajadas para aumentar o tamanho da unidade enviada. Nesse caso, o primeiro quadro é enviado normalmente (com extensão, se necessária) e os demais quadros são enviados em rajada (sem usar extensões) até um limite de 65536 tempos de bit mais a transmissão do quadro final. O envio em rajada utiliza símbolos nos intervalos entre quadros para não deixar outra estação obter o meio. O envio de quadros em rajadas é mais eficiente do que usar somente o enchimento. Como o tamanho mínimo da unidade transmitida é de 512 octetos, o tamanho da rede pode ser estendido para 200 m, garantindo a detecção de colisões. Por consequência, o tamanho do *slot* passa a ser de 512 octetos. No Gigabit Ethernet *full-duplex*, o tamanho máximo da rede continua em 200 m. Devido à alta velocidade, o Gigabit Ethernet no modo *full-duplex* também utiliza controle de fluxo.

Os principais padrões Gigabit Ethernet são os padrões 1000Base-T, 1000Base-CX, 1000Base-LX e 1000Base-SX. Para o padrão 1000Base-T, também denominado IEEE 802.3ab, são utilizados simultaneamente os quatro pares do cabo UTP de categoria 5 e a codificação utilizada em cada par é a 5-PAM (Capítulo 2). Essa codificação possui cinco valores, dos quais quatro são usados para dados e um é utilizado para fins de controle e enquadramento. Nesse caso são usados dois bits por símbolo. Como o relógio roda a 125 MHz, o envio simultâneo dos dois bits nos quatro pares permite o funcionamento a 1 Gbps. A transmissão em *full-duplex* utiliza circuitos especiais denominados híbridas. O padrão também usa autonegociação para selecionar a velocidade (10, 100 ou 1000 Mbps) e o modo (*half* ou *full-duplex*). Os padrões 1000Base-CX, 1000Base-LX e 1000Base-SX são conhecidos como 1000Base-X, pois utilizam a codificação 8B/10B. Da mesma forma que no Fast Ethernet, as combinações foram escolhidas de modo a manter a sincronização entre os relógios. Cada código não possui mais do que quatro bits iguais em sequência e mais do que seis 0s ou 1s. O padrão 1000Base-CX usa dois pares trançados de cabos blindados de no máximo 25 m e pode ser usado em *half* ou *full-duplex*. Já os padrões 1000Base-LX e 1000Base-SX trabalham nos modos *half* e *full-duplex* e podem usar controle de fluxo quando no modo *full-duplex*. Para o 1000Base-LX com fibras ópticas monomodo, o tamanho máximo do segmento é de 5000 m. Já para fibras multimodo, o tamanho máximo é de 550 m. O padrão 1000Base-SX possui tamanho máximo de 550 m com fibras multimodo.

O padrão Ethernet de 10 Gbps usando fibras ópticas foi desenvolvido em 2002. Esse padrão funciona em modo *full-duplex*. São preservados o formato e os tamanhos mínimo e máximo do quadro Ethernet. Além disso, uma versão da Ethernet a 10 gigabits para par trançado em modo *full-duplex* foi especificada no final de 2006 pelo comitê 802.3an [19], mantendo também o formato e o tamanho do quadro Ethernet. Em função do custo, esses padrões ainda não são utilizados em redes domiciliares.

As redes Ethernet são um sucesso há mais de 30 anos e tudo indica que continuarão a ser por mais algum tempo. A sua evolução nestes anos foi fantástica, passando do modo CSMA/CD (*half-duplex*) para o modo comutado (*full-duplex*), alterando a codificação para aumentar a eficiência, melhorando o trançado dos pares e o trançado entre os pares para aumentar a banda etc. Nenhuma outra tecnologia permite oferecer velocidades tão altas a baixo custo. Em que pese todas estas qualidades, a utilização da rede Ethernet como rede domiciliar implica a utilização do cabeamento apropriado em topologia em estrela, o que envolve custos de instalação significativos.

Capítulo 4

As Redes sem fio

Atualmente, as tecnologias de redes sem fio são as que apresentam as maiores perspectivas e as que recebem os mais vultosos investimentos em pesquisa e desenvolvimento. Por usar o ar como meio de transmissão, a transmissão sem fio não requer cabeamentos. É extremamente atraente a possibilidade de se ter dispositivos como impressoras, telefones, computadores portáteis etc. interconectados pelo ar, eliminando assim a necessidade do emaranhado de fios que são usados. Em função disso, algumas redes sem fio têm como objetivo principal a eliminação dos fios de interconexão de dispositivos dentro de um alcance limitado.

A luz, o infravermelho e a radiofrequência são os três principais métodos de transmissão no ar. Tanto a luz como o infravermelho possuem a característica de transmissões diretivas, enquanto a radiofrequência permite a difusão, o que a torna singular dentre todas as técnicas existentes, por permitir a mobilidade. Depois do enorme e inesperado sucesso da telefonia celular, há mais de 30 anos, a mobilidade passou a ser requisito fundamental no desenvolvimento de novas tecnologias.

Os dispositivos portáteis proliferam. Telefones, notebooks, tablets, *smartphones* etc. já fazem parte do "vestuário" de muitos cidadãos. Não resta dúvida do apelo comercial que existe para uma tecnologia única que permita gravar um programa de TV no computador, imprimir as fotos da câmera digital fotográfica ou do celular, baixar e tocar músicas ou ainda sincronizar o *smartphone* com um simples comando remoto sem a necessidade de se conectar fisicamente um dispositivo a outro. No caso de ser essencial a interconexão de dispositivos móveis em um domicílio, a tecnologia sem fio passa a ser mandatória. No entanto, a tecnologia sem fio ainda apresenta diversos desafios a serem vencidos. A grande atenuação, o alcance limitado, o espectro de frequências disponível, a interferência, a dificuldade de se atingirem altas taxas de transmissão, a segurança e as reflexões do sinal no interior de uma casa são alguns dos problemas que se colocam hoje em dia. Há necessidade de uma tecnologia sem fio que permita baixo custo, alcance para toda residência, alto desempenho, qualidade de serviço, segurança e baixo consumo de energia. Por isto, disputando o enorme mercado de redes domiciliares, existe hoje uma grande diversidade de propostas com características específicas e que visam determinadas aplicações.

Este capítulo aborda algumas das principais tecnologias de redes sem fio que podem ser usadas em um domicílio, como os padrões IEEE 802.11, Bluetooth e ZigBee.

4.1 Introdução

A facilidade de instalação e o baixo custo estão tornando as tecnologias de redes sem fio muito populares com uso difundido em aeroportos, praças públicas, cafés etc. Uma característica importante, intrínseca e exclusiva das redes sem fio é a mobilidade. No entanto, uma característica negativa associada às redes sem fio é a segurança, uma vez que qualquer dispositivo que esteja dentro do alcance da rede pode, em princípio, obter acesso. Os problemas relativos a esta vulnerabilidade ainda têm provocado uma resistência à sua utilização em alguns ambientes industriais e escritórios profissionais. A seguir são apresentados conceitos básicos relacionados à comunicação sem fio.

O espaço livre é um meio natural para a propagação de sinais eletromagnéticos. Contudo para a transmissão e a recepção de sinais eletromagnéticos através do ar, é necessário o uso de condutores elétricos denominados antenas. Na transmissão, uma antena converte energia elétrica em energia eletromagnética e irradia essa energia eletromagnética no ar. Na recepção, uma antena capta energia eletromagnética do ar e a converte em energia elétrica. Uma única antena pode ser usada tanto para transmissão quanto para recepção. Uma antena irradia potência em todas as direções, porém sem apresentar o mesmo desempenho em todas as direções. Em geral, quanto maior a frequência, mais direcional é o feixe gerado pela antena. A maioria das antenas utilizadas é omnidirecional. Nesse caso, o alcance de transmissão de um sinal cobre uma área aproximadamente circular em torno do transmissor. Como consequência, quando duas estações estão se comunicando, todas as estações na vizinhança devem permanecer "caladas" durante a comunicação [9], de modo a não haver interferência. Essa vizinhança é definida pela união dos dois círculos de alcance das transmissões. Outro tipo de antena denominado direcional pode ser usado para minimizar esse problema. Nesse caso, a área coberta pela transmissão de uma estação pode ser aproximada por um setor circular (Figura 4.1), pois a antena transmissora gera um feixe eletromagnético focado. Em função disso, a reutilização espacial pode ser mais explorada do que nas transmissões omnidirecionais. Além disso, os ganhos de transmissão e de recepção[1] para as antenas direcionais são maiores. Logo, o alcance de transmissão é maior com antenas direcionais.

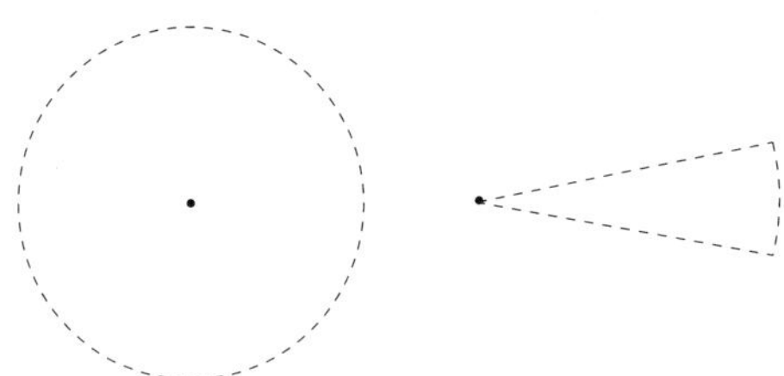

Figura 4.1: Exemplos de modos omni e direcionais de antenas.

Em uma comunicação sem fio, vários fatores fazem com que o sinal recebido seja diferente do sinal transmitido. A propagação de um sinal pelo ar sofre uma atenuação significativa e as características do canal podem variar consideravelmente de acordo com as condições do tempo ou com o número de obstáculos entre o transmissor e o receptor. Diferentemente das comunicações cabeadas, nas transmissões sem fio, a atenuação é uma função complexa da distância e da frequência. Um tipo particular de atenuação que ocorre em transmissões sem fio é denominado perda no espaço livre. Como o sinal se espalha conforme a distância aumenta, há uma atenuação cada vez maior à medida que o sinal se afasta da antena transmissora, pois esse sinal se dispersa por uma área cada vez maior. Vários tipos de ruído são encontrados em comunicações sem fio, tais como o ruído branco, a diafonia e o ruído impulsivo (Capítulo 2). A refração, a reflexão, a difração e a dispersão (espalhamento) também influenciam a recepção dos sinais. A refração e a reflexão foram apresentadas no Capítulo 2. A difração ocorre quando um sinal atinge o canto de um corpo

[1] O ganho de uma antena está relacionado à direcionalidade da antena e não à obtenção de mais potência de saída do que de entrada.

impenetrável que obstrui a passagem do sinal e esse corpo é grande quando comparado ao comprimento de onda do sinal. Nesse caso, o sinal se propaga em diversas direções a partir do canto. O efeito de propagação do sinal a partir do canto é o mesmo na dispersão, exceto que nesse caso o corpo impenetrável é pequeno ou da mesma ordem de grandeza do comprimento de onda do sinal. Tipicamente as ondas eletromagnéticas usadas nas transmissões sem fio se refletem em paredes e móveis em ambientes fechados. Em ambientes externos, os obstáculos à propagação das ondas são prédios, casas, montanhas, carros e outros. Na faixa de micro-ondas, postes de luz e sinais de trânsito podem causar dispersão. Em função dos obstáculos encontrados no caminho, o sinal recebido é uma composição de sinais vindos de diversas direções e de diferentes caminhos, oriundos da reflexão, da difração e da dispersão do sinal transmitido.

Os efeitos da reflexão, da difração e da dispersão na recepção dos sinais variam em função da existência ou não de visada direta entre o transmissor e o receptor [16]. Se não há visada direta, a difração e a dispersão são os meios primários de recepção do sinal. Já no caso de haver visada direta, a reflexão pode ter um impacto significativo.

Partindo para uma visão arquitetural, as redes sem fio são divididas em duas categorias. A primeira abrange as redes com infraestrutura, nas quais toda a comunicação é realizada através de um ponto de acesso (Figura 4.2), como é o caso das redes celulares de telefonia. O ponto de acesso pode estar conectado a outros pontos de acesso através de uma rede cabeada ou de outra rede sem fio. Essas redes de conexão podem também estar interligadas à Internet. A segunda categoria engloba as redes sem infraestrutura, também denominadas redes ad hoc (Figura 4.3), nas quais as estações se comunicam diretamente, não existindo o ponto de acesso. Nas redes ad hoc de comunicação direta os nós podem se comunicar, única e exclusivamente, com os nós que estão dentro do seu raio de cobertura. Por sua vez, nas redes ad hoc de múltiplos saltos, as estações da rede também se comportam como roteadores, permitindo a comunicação entre os nós cuja distância ultrapassa o raio de cobertura, sendo, como consequência, bem mais complexas.

As redes ad hoc apresentam diversas vantagens como, por exemplo, a grande flexibilidade, pois podem ser formadas rapidamente mesmo em lugares ermos, o baixo custo de instalação e a robustez, pois podem resistir a catástrofes da natureza e a situações de destruição por motivo de guerra. Desta maneira, as principais aplicações para as redes ad hoc são em ambientes onde não há qualquer tipo de infraestrutura de comunicação, ou esta seja economi-

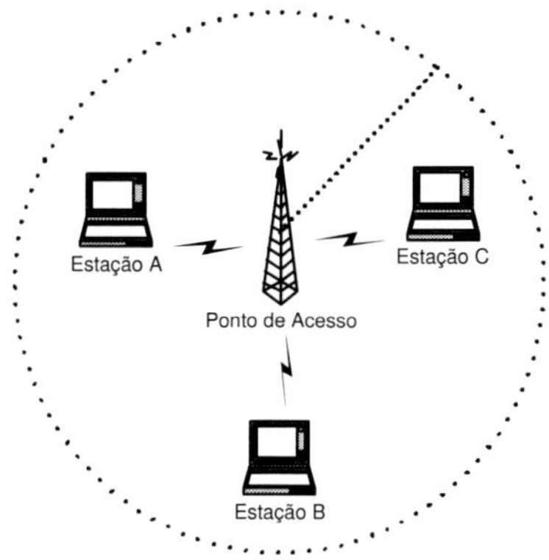

Figura 4.2: Exemplo de uma rede sem fio no modo infraestruturado.

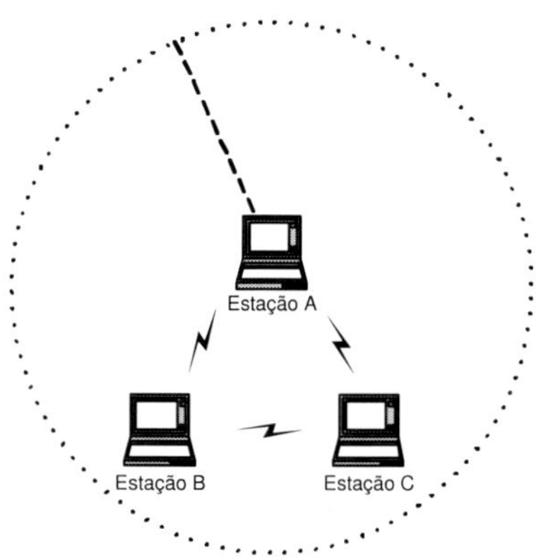

Figura 4.3: Exemplo de uma rede sem fio no modo ad hoc.

camente inviável, ou ainda, caso a infraestrutura existente não seja confiável, como é o caso de operações militares em território inimigo.

Na rede cabeada Ethernet, as colisões são detectadas e, quando isto ocorre, a transmissão é interrompida e retransmite-se o quadro. Nas redes sem fio, não se usa detecção de colisão, devido à grande diferença de potência entre o sinal transmitido e o sinal recebido por uma estação e devido ao fato de que nem todas as estações escutam as outras. A diferença de potência entre o sinal transmitido e o sinal recebido por uma estação é ocasionada principalmente pela atenuação. Com isso, torna-se difícil separar o sinal do ruído e também separar a transmissão da recepção na estação transmissora, pois o sinal da transmissora tem uma potência bem maior do que o sinal recebido na própria transmissora. Além disso, não se usa detecção de colisão, pois a ocorrência de uma colisão no transmissor não significa que houve colisão no receptor, em função da grande e variável atenuação. Outro problema que dificulta a detecção de colisão por uma estação é o problema do terminal escondido apresentado no Capítulo 2. Esse problema ocorre, pois não importa a interferência na estação transmissora, mas sim na receptora. Por essa razão, não se usa CSMA puro em redes sem fio.

Já o problema conhecido como terminal exposto diminui a eficiência das redes sem fio. A Figura 4.4 ilustra um cenário básico onde pode ocorrer o problema do terminal exposto. Considere que a estação B está transmitindo para a estação A. Neste caso a estação C está no raio de alcance de B e, portanto, consegue escutar a transmissão de B para A. Considere, agora, que o nó C deseje transmitir uma informação ao nó D, que está fora do alcance de A e de B. Neste cenário, C, ao escutar o meio, inibirá desnecessariamente a sua transmissão até que B encerre a transmissão para A, pois a transmissão da estação C para a D não causaria colisão em A.

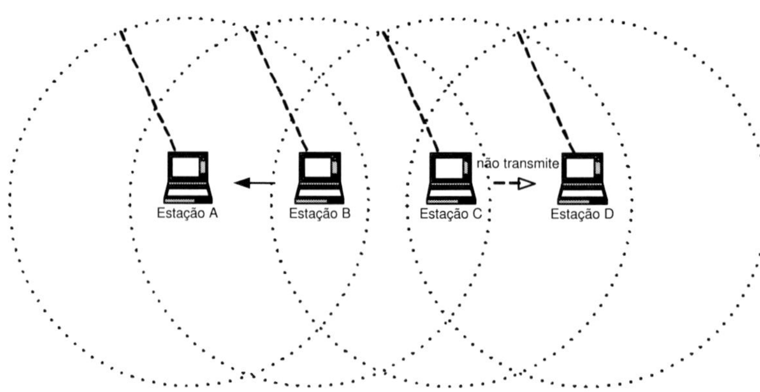

Figura 4.4: Exemplo do problema do terminal exposto.

A taxa binária de erros também dificulta a recepção em redes sem fio. Na rede Ethernet, não ocorrendo colisão é praticamente certo de o quadro ser recebido corretamente pelo receptor. A recuperação de quadros recebidos com erros não é realizada pela rede Ethernet. Esta função quando necessária é deixada para as camadas superiores, mas deve-se ressaltar que a necessidade de recuperação de quadros com erros é raríssima. Nas redes sem fio, a probabilidade dos quadros serem recebidos com erros é bem maior, portanto, para se obter uma certa confiabilidade, deve-se prover a rede sem fio de um mecanismo de reconhecimento de quadros (*acknowledgment* - ACK).

Além dos problemas das redes infraestruturadas e das redes ad hoc de comunicação direta, as redes ad hoc de múltiplos saltos são mais complexas, pois necessitam de mecanismos de roteamento.

Todos os problemas das redes sem fio, anteriormente mencionados, resultam em uma taxa efetiva de transferência bem menor que a taxa de transmissão binária anunciada para o meio físico. Apesar desses problemas, as redes sem fio têm sido cada vez mais utilizadas nas residências, principalmente as tecnologias IEEE 802.11 e Bluetooth.

4.2 O IEEE 802.11

O padrão IEEE 802.11 é a tecnologia de redes que tem obtido maior êxito comercial depois da Ethernet. Essa tecnologia também é conhecida como Wi-Fi (*Wireless Fidelity*) [20], em função do nome da aliança que realiza testes, certifica a interoperabilidade de produtos e promove a tecnologia. Alguns autores denominam o padrão IEEE 802.11 de "Ethernet sem fio". Esta seção mostra o quanto esta denominação é inapropriada, pois as diferenças entre as duas tecnologias são significativas, embora se tenha procurado manter as características do quadro Ethernet e a compatibilidade das aplicações.

A arquitetura do IEEE 802.11 consiste em vários componentes que interagem para prover uma rede local sem fio com suporte à mobilidade de estações de modo transparente para as camadas superiores.

O conjunto básico de serviços (*Basic Service Set* - BSS) é o bloco fundamental de construção na arquitetura de uma rede IEEE 802.11 [21]. Um BSS é definido como um grupo de estações que estão sobre o controle direto de uma única função de coordenação que determina quando uma estação pode transmitir e receber dados.

O padrão IEEE 802.11 especifica dois tipos de redes sem fio: ad hoc ou infraestruturada. Uma rede ad hoc é composta somente por estações dentro de um mesmo BSS. Qualquer estação pode estabelecer uma comunicação direta com outra estação no BSS sem a necessidade que a informação passe por um ponto de acesso. O padrão refere-se a uma rede ad hoc como um BSS independente. Já em uma rede infraestruturada, é utilizado um ponto de acesso que é responsável por quase toda a funcionalidade de rede. De modo a aumentar a cobertura de uma rede infraestruturada, vários pontos de acesso podem ser interligados através de uma rede dorsal (*backbone*) denominada sistema de distribuição (*distribution system*). O conjunto dos pontos de acesso e dos sistemas de distribuição é definido como um conjunto estendido de serviços (*Extended Service Set* - ESS). Um ESS se comporta como uma única rede para as camadas superiores (subcamada LLC e camadas acima). Esses componentes da arquitetura de uma rede IEEE 802.11 infraestruturada são apresentados na Figura 4.5. Além disso, um portal pode ser utilizado para fazer a ligação entre a rede sem fio e uma rede cabeada.

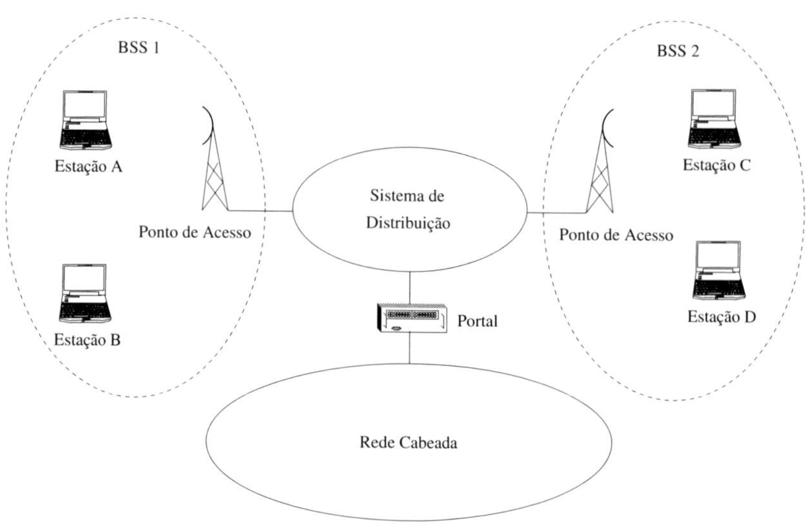

Figura 4.5: Exemplo de uma rede IEEE 802.11 infraestruturada.

A Subcamada de Acesso ao Meio

A subcamada MAC do IEEE 802.11 possui dois mecanismos de controle de acesso ao meio, a função de coordenação distribuída (*Distributed Coordination Function* - DCF) e a função de coordenação centralizada (*Point Coordination Function* - PCF), sendo a função DCF obrigatória e a PCF opcional. Como o próprio nome sugere, a função de coordenação distribuída (DCF) define um controle de acesso ao meio distribuído e a função de coordenação centralizada (PCF) se baseia em um controle de acesso ao meio centralizado em um ponto de acesso. Logo, o mecanismo centralizado só pode ser utilizado em redes infraestruturadas enquanto o mecanismo distribuído pode ser usado em redes infraestruturadas e ad hoc.

A função DCF pode ser utilizada em dois modos. No modo básico, o protocolo de acesso múltiplo com detecção de portadora e prevenção de colisões (*Carrier Sense Multiple Access with Collision Avoidance* - CSMA/CA) é usado para controlar o acesso ao meio. No modo com RTS/CTS, além do CSMA/CA são usados quadros de reserva RTS (*Request To Send*) e CTS (*Clear To Send*).

No modo básico (Figura 4.6), uma estação que deseja transmitir um quadro primeiro escuta o meio. Se o meio estiver livre por pelo menos um período de tempo denominado DIFS (*Distributed Inter-Frame Space*), a estação transmite. Caso contrário, ou seja, se o meio está ocupado, a estação espera o final da transmissão corrente mais um tempo DIFS, no qual o meio deve estar livre. Depois dessa espera, um processo de *backoff* é iniciado. A estação sorteia um número aleatório entre zero e o tamanho da janela de contenção (*Contention Window* - CW) e inicia um temporizador (contador) de *backoff*. O temporizador de *backoff* é decrementado periodicamente quando o meio está livre por mais de um intervalo DIFS, ou seja, quando não há nenhuma estação transmitindo. O período de decremento é dado pelo tempo de *slot* que corresponde ao atraso máximo de propagação dentro de uma rede somado a outros tempos detalhados no cálculo do tempo de *slot*, apresentado mais adiante na camada física. O temporizador é parado se uma transmissão é detectada no meio. Se o meio ficar livre por um intervalo DIFS, a estação retoma o seu temporizador. Quando o temporizador expira, a estação envia o seu quadro.

Uma verificação de redundância cíclica é usada para detecção de erros. Se o quadro parece estar correto, o receptor envia um quadro de reconhecimento (*ACKnowledgment* - ACK) após verificar que o meio está livre por um período de tempo denominado SIFS (*Short Inter-Frame Space*). Por definição, SIFS é menor do que DIFS de modo a priorizar o acesso para transmissão (e a recepção) de quadros de reconhecimento em detrimento de quadros de dados (o cálculo desses parâmetros é apresentado adiante na camada física). Se o transmissor não recebe o quadro ACK, considera-se que a transmissão falhou e o quadro deve ser retransmitido. A estação escalona a retransmissão para o tempo dado pela multiplicação entre o valor do número aleatório sorteado e o tempo de um *slot*. Para minimizar a probabilidade de ocorrerem futuras colisões, a janela de contenção começa com um valor mínimo dado por CW_{min} e a cada transmissão não sucedida é aumentada para a próxima potência de 2 menos 1, até um limite máximo predefinido denominado CW_{max}. Após uma transmissão bem-sucedida, o valor de CW volta a CW_{min}.

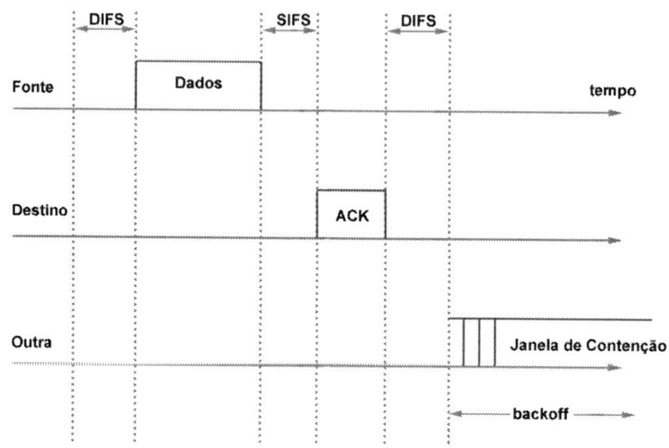

Figura 4.6: Esquema básico de acesso no DCF.

Este mecanismo de *backoff* é semelhante ao utilizado na Ethernet. As estações que obtiveram sucesso na última transmissão são favorecidas, pois possuirão tamanhos de janela de *backoff* menores que as estações que não conseguiram transmitir. Este problema é agravado quando a rede está com uma alta carga, pois a probabilidade de ocorrerem colisões é maior.

Os valores de CW_{min} e CW_{max} dependem de qual camada física é utilizada; por exemplo, para o DSSS, CW_{min} é 31 e CW_{max} é 1023. Caso um número máximo de transmissões seja alcançado, o quadro é descartado. O número máximo de retransmissões depende do tipo e do tamanho do quadro. Por fim, após a transmissão, para evitar a captura do meio, caso a estação tenha mais algum quadro a transmitir, ela espera por um intervalo DIFS e entra na fase de *backoff*.

A lógica de transmissão de um quadro de dados (exceto o primeiro) é apresentada na Figura 4.7. As funções em pontilhado indicam que a colisão não é detectada, mas inferida.

A função DCF no modo com RTS/CTS se baseia no protocolo de acesso ao meio MACAW. Nesse modo, são utilizados o CSMA/CA e quadros RTS/CTS. Com o objetivo de evitar o problema do terminal escondido, são utilizados os quadros RTS e CTS, que armazenam informações referentes à duração das transmissões. Desta maneira, as estações devem enviar, antes de cada transmissão, um quadro RTS e esperar pela resposta da estação destino, que por

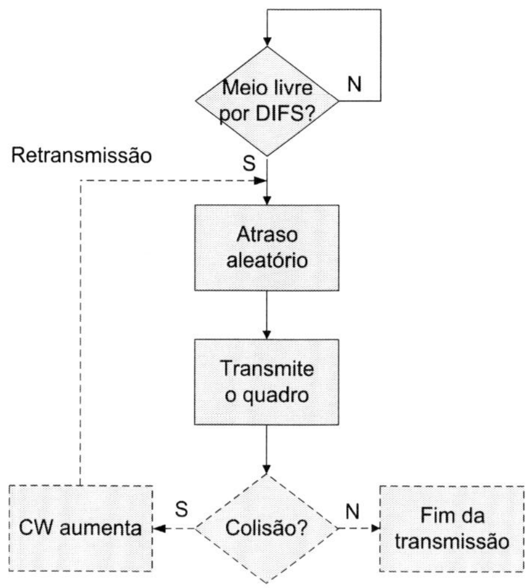

Figura 4.7: Lógica de acesso ao meio no IEEE 802.11.

sua vez deve enviar um quadro CTS, sinalizando que o nó fonte pode iniciar a transmissão, como mostrado na Figura 4.8. Todas as estações que escutarem os quadros RTS ou CTS devem atualizar os valores de seus vetores de alocação (*Network Allocation Vectors* - NAVs), que informam o tempo que o meio estará ocupado (até o fim da transmissão do ACK, de forma diferente do MACA). Na Figura 4.8, o parêntese após o NAV indica o quadro que gerou a atualização do vetor. Para que este mecanismo de vetores de alocação funcione, todos os nós no alcance do transmissor ou do receptor devem ser capazes de entender as informações sobre a duração da comunicação. Por isto os quadros RTS e CTS devem ser transmitidos em uma das taxas básicas da rede. Estas taxas básicas devem ser suportadas por todos os nós da rede, independentemente da taxa de transmissão de dados de cada nó. O padrão IEEE 802.11 define que todos os quadros de controle sejam transmitidos em uma taxa básica da rede, o que faz com que o quadro ACK também seja enviado em uma dessas taxas básicas.

Quando quadros RTS e CTS são utilizados, colisões ainda podem existir devido à diferença entre os alcances de transmissão e interferência. O alcance de transmissão determina que a transmissão é possível dentro de um raio em torno do transmissor. Dentro de um segundo raio denominado alcance de detecção, a detecção da transmissão é possível, ou seja, a potência de transmissão é grande o suficiente para diferenciar a transmissão do ruído. Em um

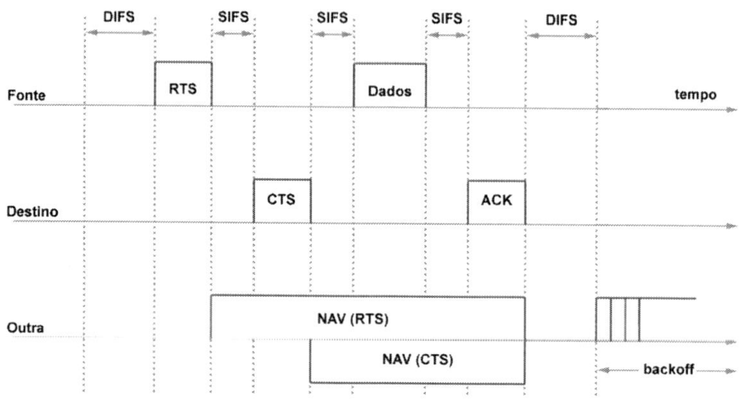

Figura 4.8: O mecanismo DCF com RTS e CTS.

terceiro raio denominado alcance de interferência, que é ainda maior, o transmissor pode interferir em outra transmissão [22]. Um nó pode não ser capaz de se comunicar com outro, porém as transmissões desses nós podem colidir em um nó intermediário, pois o alcance de interferência é aproximadamente duas vezes maior que o alcance de transmissão para redes sem fio WaveLAN [23].

Por um lado, o uso de RTS/CTS aumenta a eficiência da rede por minimizar o número de colisões e por garantir que as colisões ocorram apenas entre quadros RTS, que são menores e não transportam dados. Por outro lado, o mecanismo acrescenta uma sobrecarga (*overhead*) ao DCF, diminuindo a sua eficiência, além de reservar o meio desnecessariamente em algumas situações. Por isso, é previsto pela norma do IEEE 802.11 um tamanho mínimo de quadro, denominado limiar de RTS ($RTS_{threshold}$), a partir do qual este mecanismo deve ser utilizado. Crow et al. [24] analisaram o efeito do RTS e do CTS na vazão da rede e concluíram que o valor ideal para o tamanho mínimo de quadro é em torno de 250 octetos, ou seja, todos os quadros menores que este valor não precisam ser precedidos de quadros RTS e CTS. Já Weinmuller et al. [25, 26] concluíram que o valor do limiar deve mudar dinamicamente de acordo com a carga da rede. Na prática, esse valor é um dos parâmetros da placa de rede IEEE 802.11 que pode ser modificado pelo usuário.

O quadro CTS pode ser utilizado sem o RTS quando do uso do mecanismo de proteção do IEEE 802.11g de modo a evitar interferência em estações

IEEE 802.11b que não entendem as modulações exclusivas do IEEE 802.11g (as extensões ao padrão IEEE 802.11 são apresentadas adiante na camada física). Antes do envio de um quadro de dados em uma dessas modulações, a estação IEEE 802.11g envia um CTS em uma modulação usada pelas estações IEEE 802.11b, de modo que as estações IEEE 802.11b possam ajustar seus NAVs de acordo com a transmissão a seguir, para que não haja interferência na transmissão.

A implementação do mecanismo centralizado PCF é opcional. O PCF é usado para tráfegos de tempo real. No PCF (Figura 4.9), é definido um intervalo de tempo, denominado superquadro, dividido em dois períodos. No período livre de contenção (*Contention Free Period* - CFP), o coordenador de ponto, que pertence ao ponto de acesso, faz consultas (*polling*) e cada estação deve transmitir apenas quando receber uma consulta. Geralmente as estações recebem dados quando são consultadas pelo coordenador de ponto. Após o término do período livre de contenção começa o período de contenção (*Contention Period* - CP), no qual é utilizado o mecanismo DCF. O coordenador de ponto gera superquadros a uma taxa denominada CFP_{rate}.

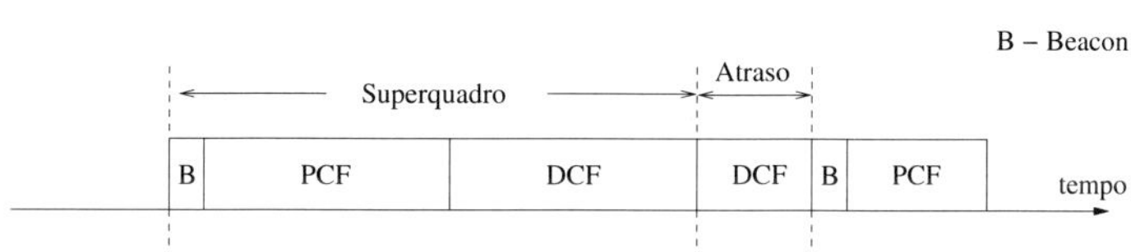

Figura 4.9: Modos PCF e DCF operando juntos.

O coordenador de ponto inicia e controla o período livre de contenção. Ele escuta o meio por um intervalo de tempo denominado PIFS (*Point Coordination Inter-Frame Space*) e então começa um período livre de contenção através da difusão de um sinal de *beacon* (Figura 4.9). Como, por definição, PIFS é menor que DIFS, nenhuma estação pode começar a enviar dados no modo DCF antes do coordenador de ponto. Todas as estações adicionam a duração máxima do período de contenção ($CFP_{maxduration}$) aos seus respectivos NAVs. O período livre de contenção pode terminar a qualquer momento através do envio pelo coordenador de ponto de quadros CF-End (*Contention Free-End*) ou CF-End + ACK (quadro CF-End com ACK para um quadro anteriormente enviado). Isso ocorre frequentemente quando a rede está com pouca carga, mais precisamente em função do tráfego disponível e do tamanho da lista de consultas, que contém a relação das estações que precisam ser consultadas pelo coordenador de ponto. O início de um CFP pode ser adiado devido a uma transmissão no modo DCF (representado pelo atraso na Figura 4.9). Nesse caso, o final do CFP não é modificado em relação ao anteriormente previsto; ou seja, o CFP fica mais curto.

Um exemplo de transferência de quadros durante um período livre de disputa é apresentado na Figura 4.10, onde Dx indica um quadro enviado pelo coordenador de ponto para uma estação x (*downstream*) e Ux um quadro transmitido pela estação x (*upstream*). A legenda da figura indica à direita do sinal de igualdade os nomes dos quadros utilizados na norma IEEE 802.11. Quando chega a vez de uma estação transmitir, o coordenador de ponto envia um quadro de dados dentro de um quadro de consulta. O receptor envia de volta um ACK, também com dados, depois de um tempo SIFS. No exemplo, o quadro $U1$ contém o reconhecimento (ACK) do quadro $D1$ e o quadro $D2$ contém o ACK do quadro $U1$. O coordenador pode enviar um reconhecimento para um quadro mesmo se o quadro de dados enviado posteriormente (contendo o ACK) for endereçado a uma estação diferente daquela cujo quadro está sendo reconhecido, como no caso do quadro $D2$. Nesse caso, o receptor identifica o ACK através da interpretação do campo subtipo do quadro (apresentado adiante no formato dos quadros). Caso o coordenador de ponto não receba resposta de uma estação (caso da estação 2 da Figura 4.10), ele passa para a próxima estação da lista após um tempo PIFS. Esse quadro $D2$ cujo ACK não foi recebido pode ser reenviado na próxima consulta à estação 2. O quadro CF-End + ACK encerra o período livre de disputa e nesse caso o NAV das outras estações é atualizado pois continha $CFP_{maxduration}$.

Após encerrar a transmissão a todas as estações contidas na lista de consultas, caso não tenha chegado o fim do período livre de contenção, o coordenador de ponto reinicia o processo de consulta após um tempo PIFS, podendo consultar qualquer estação. As estações pedem para entrar na lista de consultas através de quadros de pedidos de associação com o ponto de acesso (a fase de associação é apresentada adiante). Esses pedidos incluem um campo que indica se a estação é capaz de responder a pedidos durante o CFP.

Existem dois problemas básicos no acesso centralizado. O primeiro, descrito anteriormente, consiste na diminuição do período livre de contenção quando uma estação captura o meio perto do final do superquadro e continua transmitindo o quadro além do tempo previsto para o superquadro. Além disso, a limitação da duração máxima do CFP pode provocar um adiamento de uma transmissão para o próximo CFP, em casos onde o número de fontes de

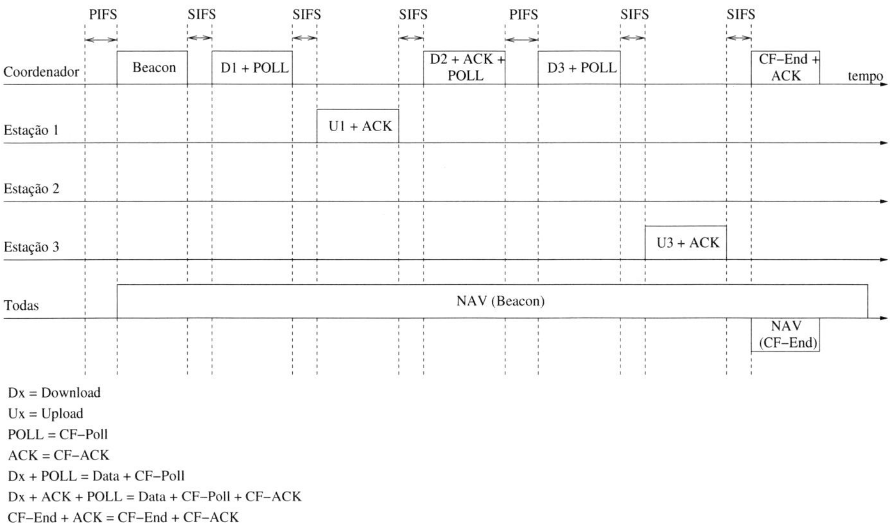

Figura 4.10: Exemplo de troca de quadros em um período livre de contenção.

fluxos de tempo real é superior à capacidade de transmissão em um CFP. Ambos os problemas acrescentam atraso indesejado na transmissão. Além disso, o PCF acrescenta uma grande sobrecarga devido ao *polling*, sobretudo quando a estação não possui quadros a transmitir. Poucos fabricantes disponibilizam produtos com suporte ao PCF.

De modo a diminuir a probabilidade de erros devido ao enfraquecimento do sinal e ao ruído, quadros pequenos devem ser transmitidos. O padrão IEEE 802.11 provê suporte para a fragmentação de quadros em transmissões ponto-a-ponto e é responsável por remontar o quadro, o que torna o processo transparente para a camada superior. O padrão obriga que todos os receptores tenham suporte a fragmentação, mas deixa como opcional a fragmentação nos transmissores. Um limiar de fragmentação ($Fragmentation_{threshold}$) é utilizado, ou seja, um quadro é fragmentado se for maior que o limiar e o tamanho máximo de um fragmento é dado por $Fragmentation_{threshold}$. No caso do modo infraestruturado, este parâmetro é determinado pelo ponto de acesso.

Caso não haja interrupção devido à limitação de ocupação do meio para uma camada física, os fragmentos de um quadro são enviados em rajada durante um período de contenção, utilizando uma única invocação do procedimento de acesso ao meio do DCF. Um fragmento é enviado um tempo SIFS após o recebimento do ACK relativo ao fragmento anterior (Figura 4.11). Caso o ACK de um fragmento não seja recebido, a estação realiza o procedimento de *backoff* e depois disputa o meio a fim de reenviar o fragmento. No caso do uso de RTS/CTS, a informação da duração no quadro de um fragmento indica o tempo necessário para a recepção do ACK do próximo fragmento, fazendo com que as outras estações que obtiverem essa informação não transmitam. O campo duração nos quadros de dados e no ACK especifica a duração total do próximo fragmento e do seu ACK. Esse funcionamento é mostrado na Figura 4.12. No caso do período livre de contenção, os fragmentos são enviados como quadros individuais.

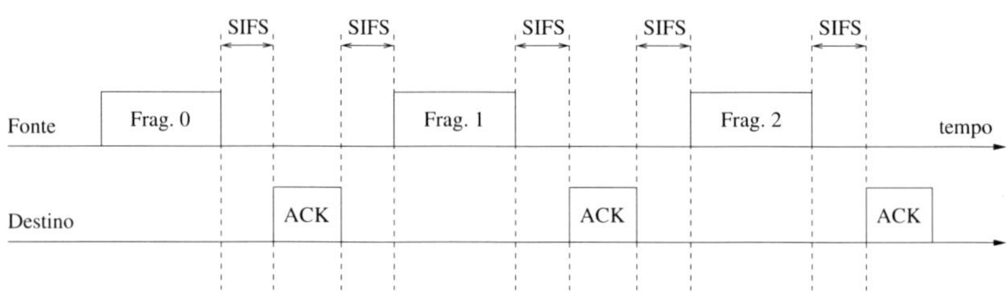

Figura 4.11: Exemplo de fragmentação no IEEE 802.11.

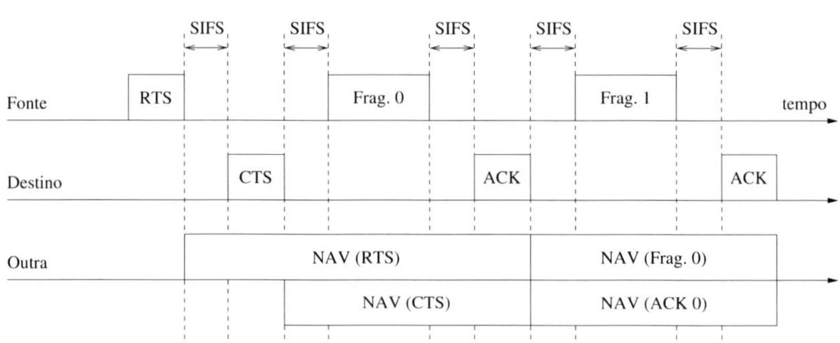

Figura 4.12: Exemplo de fragmentação com RTS e CTS no IEEE 802.11.

O formato do quadro de dados é apresentado na Figura 4.13. O quadro é formado pelos campos controle de quadro, duração, endereço 1, endereço 2, endereço 3, sequência, endereço 4, dados e sequência de verificação de quadro (*Frame Check Sequence* - FCS).

Octetos	2	2	6	6	6	2	6	>= 0	4
	Controle de quadro	Duração	Endereço 1	Endereço 2	Endereço 3	Sequência	Endereço 4	Dados	FCS

Figura 4.13: Formato do quadro de dados do IEEE 802.11.

O campo controle de quadro contém dois octetos e é subdividido em 11 campos: versão, tipo, subtipo, para DS, de DS, mais fragmentos, repetir, potência, mais, WEP[2] e ordem. O campo versão (2 bits) indica a versão do protocolo. O campo tipo (2 bits) indica se o quadro é de dados, controle ou gerenciamento. O campo subtipo (4 bits) indica a função do quadro. Dentre os diversos subtipos, destacam-se o pedido de associação, a resposta da associação, o quadro de sinalização, o RTS, o CTS, o ACK, os dados e outros. O campo para DS (1 bit) quando igual a 1 indica que o quadro é destinado ao sistema de distribuição, enquanto que o campo de DS (1 bit) indica que o quadro está deixando o sistema de distribuição. O campo mais fragmentos (1 bit) quando igual a 1, sinaliza que existem mais fragmentos do quadro. O campo repetir (1 bit) representa a retransmissão de um quadro. O campo potência (1 bit) quando igual a 1, significa que o transmissor está no modo dormindo. O campo mais (1 bit) indica se o transmissor tem mais dados para o receptor. O campo WEP (1 bit) indica a utilização do mecanismo de segurança WEP (*Wired Equivalent Privacy*) apresentado adiante. Por último, o campo ordem (1 bit) indica se os dados devem ser processados em ordem.

O campo duração (2 octetos) informa o tempo necessário em microssegundos para a transmissão do quadro de dados e de sua confirmação. Esse campo é utilizado no NAV.

O campo sequência (2 octetos) indica o número de sequência do quadro (12 bits) e o número de sequência do fragmento (4 bits), caso o quadro esteja fragmentado.

Os campos de endereços 1 e 2 (com 6 octetos cada) contêm respectivamente os endereços físicos do receptor e do transmissor. Os campos de endereços 3 e 4 (também com 6 octetos cada) contêm endereços lógicos. Em função do tipo de rede, esses endereços de 1 a 4 podem ser necessários. Para uma rede no modo ad hoc, representada pelos campos de DS e para DS iguais a 0, os endereços de 1 a 3 são respectivamente DA (*Destination Address*), SA

[2] O padrão IEEE 802.11i, apresentado adiante, modificou o nome desse campo para quadro protegido.

(*Source Address*) e BSSID (identificador do BSS). Para uma rede infraestruturada com o quadro vindo do ponto de acesso, o campo de DS é igual a 1, o campo para DS é igual a 0 e os endereços de 1 a 3 são DA, BSSID e transmissor lógico. No caso de uma rede infraestruturada com o quadro indo para o ponto de acesso, de DS é igual a 0, para DS é igual a 1 e os endereços de 1 a 3 são BSSID, SA e receptor lógico. Por último, para uma rede infraestruturada dentro de um sistema de distribuição sem fio (*Wireless Distribution System* - WDS), os campos de DS e para DS são iguais a 1 e os endereços de 1 a 4 são RA (*Receiver Address*), TA (*Transmitter Address*), DA e SA.

O campo dados possui um tamanho máximo de 2312 octetos e diferentemente do quadro Ethernet não possui tamanho mínimo uma vez que não há detecção de colisão. Esse campo é protegido no caso do uso do mecanismo WEP.

O campo de verificação de erros consiste em 4 octetos de redundância cíclica (CRC) que protegem desde o controle de quadro até os dados. O CRC é calculado utilizando-se o mesmo polinômio gerador usado no Ethernet, após a utilização do WEP (se for o caso).

Os formatos dos quadros RTS e CTS são apresentados nas Figuras 4.14 e 4.15. O formato do quadro ACK é idêntico ao formato do quadro CTS. O quadro RTS possui cinco campos: controle de quadro, duração, endereço do receptor (RA), endereço do transmissor (TA) e FCS.

Octetos	2	2	6	6	4
	Controle de quadro	Duração	RA	TA	FCS

Figura 4.14: Formato do quadro RTS do IEEE 802.11.

Octetos	2	2	6	4
	Controle de quadro	Duração	RA	FCS

Figura 4.15: Formato dos quadros CTS e ACK do IEEE 802.11.

No quadro RTS, dentre as informações contidas no campo controle de quadro pode-se destacar a função do quadro (tipo e subtipo), a existência ou não de mais fragmentos e a informação sobre o modo de operação da estação (modo de economia de energia ou não). O campo duração informa em microssegundos o tempo necessário para a transmissão do quadro de dados, incluindo os tempos necessários para a transmissão dos quadros CTS e ACK, mais o tempo correspondente aos três intervalos SIFS associados. O campo RA informa o endereço da estação para a qual o quadro de dados a ser transmitido é destinado, enquanto que o campo TA contém o endereço da estação transmitindo o RTS, permitindo desta forma que o receptor do RTS saiba para que estação enviar um possível quadro CTS. O campo FCS transmitido no fim do quadro é calculado com base em todos os outros campos do quadro.

O quadro CTS é semelhante ao quadro RTS, porém não possui o campo TA. Além disso, o campo duração do quadro CTS contém a duração recebida no RTS precedente menos o tempo de transmissão do quadro CTS e o intervalo SIFS associado. O valor do campo RA é copiado do campo TA do RTS precedente.

A diferença entre os quadros CTS e ACK aparece no campo duração. Para o quadro ACK, a duração é zero, se o bit de mais fragmentos for igual a zero no quadro de dados anterior ou um tempo em microssegundos para enviar um quadro de dados e um quadro ACK, se o bit de mais fragmentos for igual a um no quadro de dados anterior.

Os principais quadros usados no período livre de contenção do PCF são o CF-Poll (com ou sem dados) e o CF-End. O formato do quadro CF-End + ACK é o mesmo do CF-End. Os formatos desses quadros são apresentados nas Figuras 4.16 e 4.17.

Octetos	2	2	6	6	6	2	>= 0	4
	Controle de quadro	Duração	DA	BSSID	SA	Sequência	Dados	FCS

Figura 4.16: Formato do quadro CF-Poll do IEEE 802.11.

Octetos	2	2	6	6	4
	Controle de quadro	Duração	RA	BSSID	FCS

Figura 4.17: Formato do quadro CF-End do IEEE 802.11.

O quadro CF-Poll é composto dos campos controle de quadro, duração, DA, BSSID, SA, sequência, dados e FCS.

O quadro CF-End é composto dos campos controle de quadro, duração, RA, BSSID e FCS. Nesse caso, o campo duração é colocado em 0 e o campo RA contém o endereço de difusão.

Talvez a questão mais importante para a completa aceitação das redes sem fio seja a segurança. As vulnerabilidades intrínsecas à comunicação sem fio tornam inconveniente a utilização de alguns mecanismos de segurança desenvolvidos para as redes convencionais. O IEEE 802.11 apresentava em suas primeiras normas graves falhas de segurança.

Um padrão de segurança estabelecido para redes locais sem fio é o WEP (*Wired Equivalent Privacy*). Esse padrão ainda está sendo utilizado em redes IEEE 802.11, mesmo se provando menos seguro do que anteriormente previsto [27]. O WEP envolve principalmente os conceitos de privacidade através do uso de criptografia e de integridade através de um CRC. O transmissor e o receptor devem compartilhar uma chave secreta de 40 ou 104 bits. O diagrama de blocos da encriptação no WEP é apresentado na Figura 4.18. A chave secreta é concatenada com um vetor de inicialização (*Initialization Vetor* - IV) de 24 bits e então a concatenação é passada por um gerador de números pseudoaleatórios (*Pseudo-Random Number Generator* - PRNG). Além disso, a mensagem original é concatenada com o valor de verificação de integridade (*Integrity Check Value* - ICV) que utiliza o CRC-32. A saída do gerador de números pseudoaleatórios e a mensagem concatenada passam por um ou-exclusivo bit-a-bit, sendo esse resultado concatenado com o vetor IV e então transmitido.

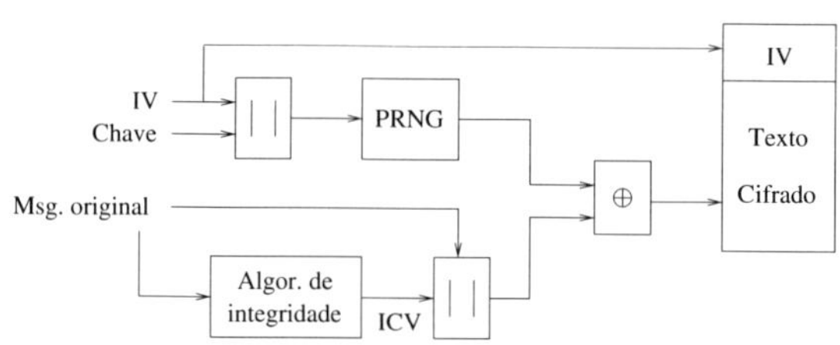

Figura 4.18: Diagrama de blocos da encriptação usando o WEP.

O diagrama de blocos da decriptação no WEP é apresentado na Figura 4.19. No receptor, o IV é retirado e então é realizada a mesma operação binária ou-exclusivo entre o que restou da mensagem recebida e a mesma sequência pseudoaleatória utilizada na transmissão (gerada pelo receptor através do uso do IV e da chave secreta). Com a mensagem decifrada é realizada a verificação de integridade através do CRC-32 para verificar sua validade. Caso o CRC calculado (ICV') seja diferente do CRC recebido (ICV), a mensagem é descartada.

Um dos problemas do WEP consiste na reutilização e o envio em texto

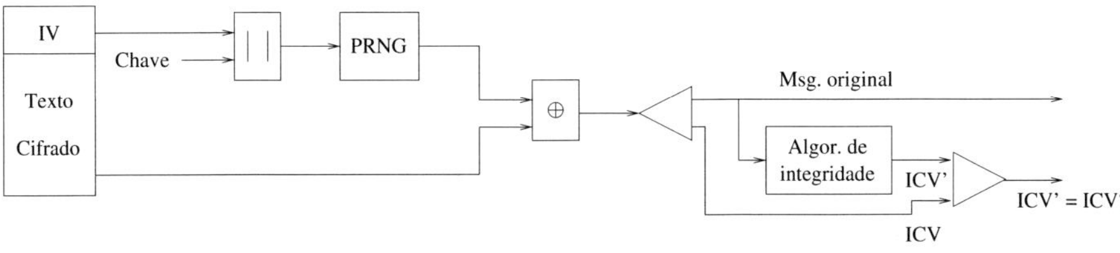

Figura 4.19: Diagrama de blocos da decriptação usando o WEP.

claro dos vetores de inicialização. Através de operações ou-exclusivo de duas ou mais mensagens que utilizaram um mesmo vetor de inicialização, é possível obter as mensagens originais mesmo sem o conhecimento da chave secreta. Se uma das mensagens for conhecida pode-se obter a(s) outra(s). Outro problema consiste no uso de uma única chave secreta sem mecanismos de distribuição de chaves. Se a chave fosse modificada de tempos em tempos, seria bem mais difícil para um atacante obter as informações da rede. Além disso, um atacante pode modificar a mensagem original, recalcular o CRC e modificá-lo, fazendo com que a mensagem passe pela verificação de integridade. O padrão IEEE 802.11i, apresentado adiante, resolve esses problemas.

A subcamada MAC do IEEE 802.11 também contém funções de gerenciamento que incluem as fases de escaneamento, autenticação e associação, entre outras.

A fase de escaneamento serve para encontrar as redes na vizinhança. Nessa fase são utilizados alguns parâmetros, sendo os principais descritos a seguir. O tipo de BSS pode ser independente, infraestruturado ou ambos. O BSSID pode ser enviado individualmente (caso seja procurada uma rede específica) ou em difusão (no caso da busca por qualquer rede). O SSID é o identificador da rede que também pode ser enviado individualmente ou em difusão. O tipo de procura pode ser ativo ou passivo. Na procura ativa, a estação transmite sondas (*probe requests*) enquanto que na procura passiva, a estação muda para cada canal na lista e espera por quadros de sinalização (*beacons*) que anunciam em intervalos regulares a existência da rede. A lista de canais pode ser realmente uma lista de canais no caso da camada física DSSS ou um padrão de saltos no caso do FHSS.

Na fase de autenticação, é realizada uma autenticação de "baixo nível". A estação apresenta a sua identidade (endereço MAC) antes de enviar quadros. Em uma rede infraestruturada, é realizada a autenticação da estação e não do ponto de acesso. Existem dois tipos de autenticação: de sistema aberto (*open system authentication*) e de chave compartilhada (*shared key authentication*). Na autenticação de sistema aberto, ocorre uma simples troca de quadros com as identidades entre as estações. Já a autenticação de chave compartilhada usa o WEP. Nesse caso, um desafio (texto em claro) é enviado ao cliente e a resposta (texto cifrado) prova que o cliente possui a chave. Podem também ser usadas listas de acesso para permitir o uso da rede por estações previamente cadastradas, através de filtragem de endereços MAC.

A última fase, de associação, só é empregada em redes infraestruturadas. Essa fase permite que o sistema de distribuição localize cada estação. Pontos de acesso podem repassar as informações da associação para outros pontos de acesso dentro do mesmo ESS.

A Camada Física

A partir da norma IEEE 802.11, foram criadas diversas extensões que modificam principalmente a camada física do padrão original. Essas extensões são identificadas através de uma letra incorporada ao final do nome original do padrão, por exemplo, IEEE 802.11b. Todas as extensões foram propostas em documentos separados que alteram partes do padrão IEEE 802.11 de 1999 [21] e introduzem novas funcionalidades. Mais recentemente, a aliança Wi-Fi passou a identificar algumas dessas extensões de uma nova forma a ser apresentada posteriormente.

A camada física dos padrões IEEE 802.11 é composta por duas subcamadas: a subcamada de convergência (*Physical Layer Convergence Procedure* - PLCP) e a subcamada dependente do meio físico (*Physical Medium Dependent* - PMD). A subcamada de convergência mapeia quadros MAC no meio físico e a subcamada dependente do meio físico transmite essas informações na forma de bits. Os formatos dos quadros da subcamada de convergência, por serem dependentes da extensão utilizada, serão apresentados posteriormente. As principais características da subcamada dependente do meio físico são descritas a seguir.

As bandas de radiofrequência usadas pelo padrão IEEE 802.11 são as bandas ISM (*Industrial, Scientific, and Medical*) nas faixas de 2,4 e 5 GHz, que não requerem licenças. Diferentes técnicas de transmissão são utilizadas em função das extensões ao padrão original.

O primeiro padrão, definido em 1997, especificava a transmissão por infravermelho e duas outras técnicas usando espalhamento de espectro. A técnica de transmissão por infravermelho utiliza comprimentos de onda de 850 a 950 nm. O infravermelho foi projetado para ser usado em áreas fechadas e opera com transmissões não direcionadas com alcance máximo de 10 a 20 m. As estações podem receber dados em suas linhas de visada e por transmissões refletidas. É utilizada uma modulação por posição de pulso (16-*Pulse Position Modulation* - PPM), na qual quatro bits de dados são mapeados em 16 símbolos. A taxa opcional de 2 Mbps usa uma 4-PPM, na qual dois bits de dados são mapeados em 4 símbolos. A unidade básica de transmissão de uma M-PPM é um *slot*, que corresponde a uma das M posições de um pulso e dura 250 ns. A Tabela 4.1 apresenta as taxas de transmissão de dados do infravermelho. A transmissão por infravermelho recebe interferência da luz do dia, não atravessa paredes e as duas taxas de transmissão definidas eram baixas, 1 e 2 Mbps. Por estes motivos, esta opção não é mais usada.

Tabela 4.1: Taxas do IEEE 802.11 com infravermelho.

Codificação	**Taxa de tx (Mbps)**
16-PPM	1
4-PPM	2

As duas outras técnicas usam a banda de 2,4 GHz com espalhamento de espectro por saltos de frequência (*Frequency Hopping Spread Spectrum* - FHSS) e espalhamento de espectro por sequência direta (*Direct Sequence Spread Spectrum* - DSSS). O FHSS utiliza saltos de frequências para implementar o espalhamento. O sinal, ao invés de ser enviado em uma única portadora, é transmitido utilizando-se um conjunto de 79 portadoras. A banda total é dividida em canais de 1 MHz e o tempo em cada canal (*dwell time*) é de 390 unidades de tempo (quase 0,4 s). O padrão utiliza 26 sequências padronizadas de saltos ortogonais. Para aderir à rede, uma estação ouve os quadros de sinalização que contêm estampas de tempo e o elemento de conjunto de parâmetros FH (número do padrão de saltos e índice de saltos). Com esses valores a estação pode saltar junto com as outras estações da rede. As taxas de transmissão disponíveis são de 1 Mbps, com modulação 2-GFSK (*Gaussian Frequency Shift Keying*) e de 2 Mbps com modulação 4-GFSK (Tabela 4.2). Como a taxa de 1 Mbps é obrigatória, o cabeçalho de cada quadro do IEEE 802.11 original deve ser transmitido a 1 Mbps, a fim de permitir que todas as estações sejam capazes de compreendê-lo. Essa técnica foi abandonada nas extensões posteriores do padrão.

Tabela 4.2: Taxas do IEEE 802.11 com FHSS.

Modulação	**Taxa de símbolos (Msps)**	**Taxa de tx (Mbps)**
2-GFSK	1	1
4-GFSK	1	2

O DSSS utiliza um código de 11 bits denominado código de Barker, correspondendo a uma taxa de transmissão onze vezes maior do que a taxa do sinal original. O código é representado por: {+1,-1,+1,+1,-1,+1,+1,+1,-1,-1,-1} e é tolerante ao problema dos múltiplos caminhos. No DSSS, a banda é dividida em 14 canais, sendo 11 canais utilizados nos EUA e no Brasil, de 22 MHz e espaçamento entre as frequências centrais de canais adjacentes de 5 MHz. As taxas de transmissão do DSSS, apresentadas na Tabela 4.3, são 1 Mbps com modulação DBPSK (*Differential Binary Phase Shift Keying*) e de 2 Mbps com modulação DQPSK (*Differential Quadrature Phase Shift Keying*). O cabeçalho também é transmitido a 1 Mbps.

Tabela 4.3: Taxas do IEEE 802.11 com DSSS.

Modulação	**Taxa de símbolos (Msps)**	**Taxa de tx (Mbps)**
DBPSK	1	1
DQPSK	1	2

A extensão IEEE 802.11b [28] define uma outra técnica de espalhamento de espectro por sequência direta com uma maior taxa (*High Rate Direct Sequence Spread Spectrum* - HR-DSSS) que atinge 11 Mbps. Nesse caso é utilizada a codificação 8-*chip Complementary Code Keying* (CCK) junto com as modulações DBPSK ou DQPSK. Essa opção foi feita, pois seria difícil aumentar na época o número de fases da modulação, em função da dificuldade de distinção entre essas fases. A 8-CCK codifica 4 ou 8 bits de dados e utiliza palavras de código de 8-*chips*, ou seja, um símbolo corresponde a 8 chips. As palavras de código não são fixas, são derivadas dos bits de dados e de um gerador de *chipping*. Através da codificação de 4 ou 8 bits, podem-se alcançar respectivamente 5,5 e 11 Mbps (Tabela 4.4). Mecanismos de mudança dinâmica de taxa de transmissão são empregados no IEEE 802.11b, porém o cabeçalho de cada quadro deve ser transmitido a 1 Mbps para manter a compatibilidade com o padrão anterior. Assim, as taxas de transmissão foram categorizadas como taxas básicas (1 e 2 Mbps) e taxas de dados (5,5 e 11 Mbps). Todos os quadros de controle (RTS, CTS, ACK e outros), quadros em difusão ou em difusão seletiva (*multicast*) são enviados em uma das taxas básicas da estação base no caso de redes infraestruturadas ou a 1 Mbps para as redes ad hoc. Como no DSSS do IEEE 802.11 original, a banda de 2,4 GHz é dividida em 14 canais, sendo 11 utilizados nos EUA e no Brasil, cada canal possui uma largura de banda de 22 MHz e o espaçamento entre as frequências centrais de canais adjacentes é de 5 MHz. Podem ser utilizados simultaneamente até três canais com pouca interferência entre si (canais 1, 6 e 11 nos EUA e no Brasil e canais 1, 7 e 13 na Europa) [22]. A Figura 4.20 apresenta a banda passante ocupada pelos canais do IEEE 802.11b nos EUA e no Brasil, destacando os três canais não sobrepostos. Este padrão foi o grande responsável pelo sucesso comercial das redes IEEE 802.11.

Tabela 4.4: Taxas do IEEE 802.11b com HR-DSSS.

Bits por símbolo	**Taxa de símbolos (Msps)**	**Taxa de tx (Mbps)**
4	1,375	5,5
8	1,375	11

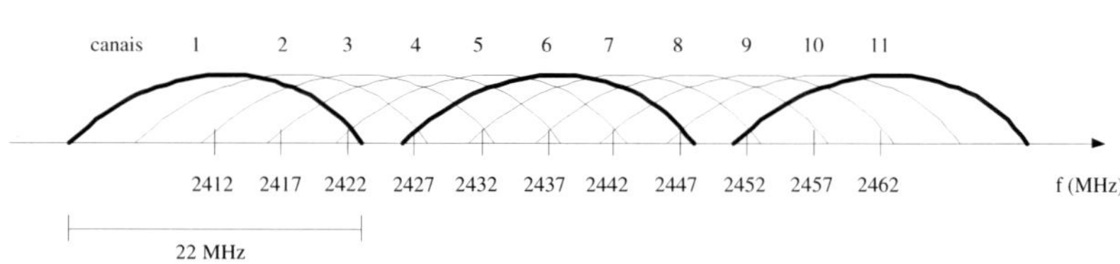

Figura 4.20: Banda passante ocupada pelos canais do IEEE 802.11b nos EUA e no Brasil.

Visando uma maior velocidade e, principalmente, aplicações de vídeo foi definido o padrão IEEE 802.11a [29] na frequência de 5 GHz. Este padrão usa a técnica OFDM (*Orthogonal Frequency Division Multiplexing*) e atinge uma taxa de transmissão de 54 Mbps. O OFDM utiliza 52 subportadoras, sendo 48 de dados, em um canal. Essas subportadoras são moduladas usando-se BPSK, QPSK, 16-QAM (*Quadrature Amplitude Modulation*) ou 64-QAM. Além disso, é utilizado um código convolucional corretor de erros (FEC) com taxas $\frac{1}{2}$, $\frac{2}{3}$ ou $\frac{3}{4}$, ou seja, da quantidade total de bits que está sendo enviada, somente $\frac{1}{2}$, $\frac{2}{3}$ ou $\frac{3}{4}$ são bits de dados realmente, sendo o restante um *overhead* adicionado pelo código corretor de erro. A duração de um símbolo OFDM é de 4 μs (3,2 μs do símbolo mais 0,8 μs de intervalo de guarda entre símbolos), ou seja, a taxa de símbolos é de 250 ksps. A Tabela 4.5 apresenta as modulações, taxas de código e taxas de transmissão utilizadas no IEEE 802.11a. Por exemplo, a taxa de 54 Mbps é obtida através da utilização da modulação 64-QAM nas 48 subportadoras. Com isso, o número total de bits por símbolo OFDM é 288 (6×48). Como é utilizada uma taxa de código de $\frac{3}{4}$, o número de bits de dados por símbolo é 216. Ao empregar uma taxa de símbolos de 250 ksps, chega-se aos 54 Mbps. A taxas de dados obrigatórias são 6, 12 e 24 Mbps, sendo o ACK geralmente enviado a 24 Mbps. A banda de 5 GHz é dividida em três sub-bandas. As duas sub-bandas mais baixas (de 5,15 a 5,25 e de 5,25 a 5,35 GHz) são recomendadas para uso interno (*indoor*), pois nesse caso como as frequências são mais baixas, o alcance é maior. A sub-banda de 5,725 a 5,825 GHz é mais indicada para uso externo. A sub-banda de 5,15 a 5,25 GHz é a única disponível atualmente no mundo todo [22]. A frequência central de um canal (em MHz) é dada por $5000 + 5 * No.doCanal$. Dependendo do país, diferentes canais podem ser utilizados. Nos EUA, oito canais (números 36, 40, 44, 48, 52, 56, 60 e 64) foram definidos para as duas sub-bandas mais baixas e quatro canais (números 149, 153, 157 e 161) estão disponíveis na sub-banda mais alta, todos sem interferência entre si. Cada canal possui largura de banda de 16,6 MHz e espaçamento entre as frequências centrais de canais adjacentes de uma mesma sub-banda de 20 MHz (Figura 4.21). O IEEE 802.11a não é compatível com os padrões anteriormente descritos por utilizar uma faixa de frequências diferente.

Em 2003, foi aprovado o padrão IEEE 802.11g [30]. O IEEE 802.11g possui diversas opções para a camada física e pode atingir até 54 Mbps de taxa de transmissão usando a técnica ERP-OFDM (*Extended Rate PHY* - OFDM), análoga ao OFDM do IEEE 802.11a. Nesse caso, a Tabela 4.5 também apresenta os parâmetros usados no ERP-OFDM do IEEE 802.11g. O padrão IEEE 802.11g utiliza a frequência de 2,4 GHz e tem a grande vantagem de ser

Tabela 4.5: Taxas do IEEE 802.11a e do IEEE 802.11g com OFDM.

Modul.	**Taxa de código**	**Bits por subport.**	**Bits por símbolo**	**Bits de dados por símbolo**	**Taxa de tx (Mbps)**
BPSK	1/2	1	48	24	6
BPSK	3/4	1	48	36	9
QPSK	1/2	2	96	48	12
QPSK	3/4	2	96	72	18
16-QAM	1/2	4	192	96	24
16-QAM	3/4	4	192	144	36
64-QAM	2/3	6	288	192	48
64-QAM	3/4	6	288	216	54

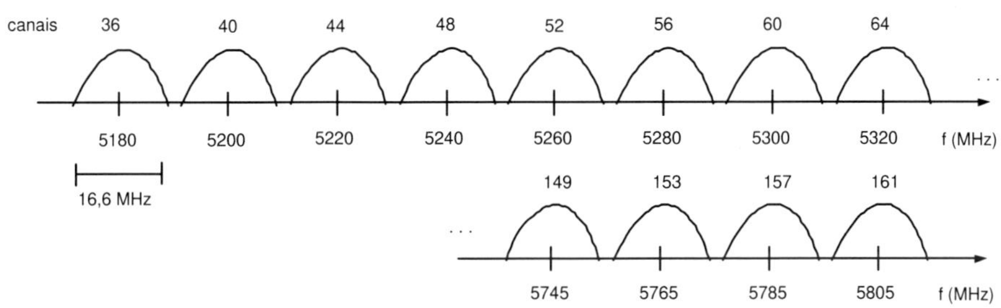

Figura 4.21: Banda passante ocupada pelos canais do IEEE 802.11a nos EUA.

compatível com os demais padrões que utilizam a mesma frequência. As taxas de dados obrigatórias são 6, 12 e 24 Mbps, além das taxas 1, 2, 5,5 e 11 Mbps para manter a compatibilidade com o padrão IEEE 802.11b. Os canais são os mesmos utilizados no IEEE 802.11b (Figura 4.20).

A subcamada de convergência está associada ao procedimento de convergência da camada física (PLCP). Diferentes procedimentos são definidos para cada extensão do IEEE 802.11.

Algumas extensões do IEEE 802.11 possuem PDUs do protocolo PLCP, denominadas PPDUs, curtas e longas. As PPDUs curtas são utilizadas para aumentar a eficiência do protocolo e as PPDUs longas são usadas para manter a compatibilidade com os padrões anteriores. A PPDU longa para a taxa de 11 Mbps do HR-DSSS, que é obrigatória, é apresentada na Figura 4.22.

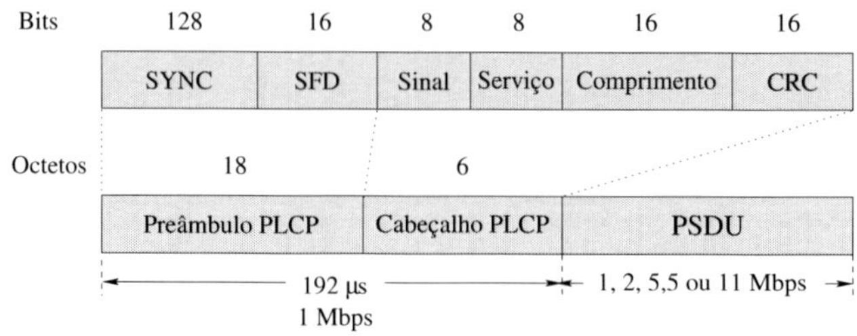

Figura 4.22: PPDU longa do PLCP para o IEEE 802.11b de 11 Mbps HR-DSSS.

O preâmbulo PLCP contém um campo SYNC (128 bits) para sincronização e um delimitador de início de quadro (*Start Frame Delimiter* - SFD) de 16 bits. O cabeçalho PLCP (6 octetos) possui quatro campos: sinal, serviço, comprimento e CRC. O campo sinal (8 bits) define a taxa de transmissão utilizada para a PSDU. A taxa de transmissão é igual ao valor indicado no campo sinal multiplicado por 100 kbps. O campo serviço (8 bits numerados de 0 a 7) já foi definido na especificação original para suportar extensões ao padrão IEEE 802.11. O bit 2 desse campo é utilizado para indicar se a frequência de transmissão e o relógio dos símbolos usam o mesmo oscilador. O bit 3 indica se a modulação é a CCK ou a PBCC (*Packet Binary Convolutional Coding*). O bit 7 desse campo serve como complementação para o campo comprimento. Os outros bits estão reservados para uso futuro. O campo comprimento é um número inteiro sem sinal de 16 bits que expressa em microssegundos o tempo necessário para transmitir a PSDU. Como há uma ambiguidade no número de octetos descritos por um número inteiro de microssegundos para taxas acima de 8 Mbps, nesses casos o bit 7 do campo serviço é utilizado para estender o tamanho do campo comprimento para 17 bits. O campo CRC (16 bits) contém uma sequência de verificação de quadro que protege os campos sinal, serviço e comprimento. O CRC utiliza o polinômio CRC-CCITT:

$$x^{16} + x^{12} + x^5 + 1. \tag{4.1}$$

A PSDU é enviada a 1, 2, 5,5 ou 11 Mbps.

A PPDU para o IEEE 802.11g usando 54 Mbps ERP-OFDM (*Extended Rate PHY - OFDM*) é apresentada na Figura 4.23.

O campo preâmbulo PLCP é usado para sincronização. O campo sinal contém diversos campos que possuem no total 24 bits numerados de 0 a 23. O

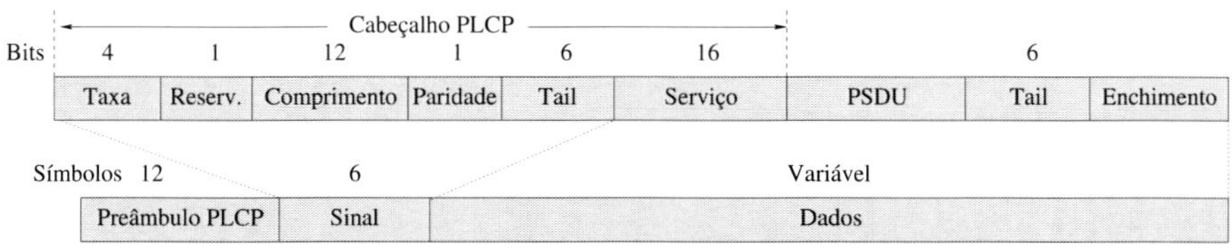

Figura 4.23: PPDU do PLCP para o IEEE 802.11g de 54 Mbps ERP-OFDM.

campo taxa (4 bits) descreve a taxa binária na qual o PLCP deve transmitir a PSDU. O bit 4 está reservado para uso futuro. O campo comprimento indica o tamanho da PSDU em octetos. O bit 17 é um bit de paridade par para os bits 0 a 16. Os bits 18 a 23 constituem o campo final (*tail*) e devem ser colocados em zero. Esses bits permitem a decodificação dos campos taxa e comprimento imediatamente após a recepção dos bits de final. O campo dados contém os campos serviço, PSDU, final e enchimento, se necessário. Todos os bits do campo dados são embaralhados. O campo serviço possui 16 bits. Os sete primeiros são usados para sincronizar o desembaralhador no receptor e os últimos estão reservados para uso futuro. O campo final contém seis bits em zero. O enchimento pode ser necessário, pois o número de bits no campo dados tem de ser múltiplo do número de bits codificados em um símbolo OFDM.

Os demais formatos de PPDUs podem ser obtidos nas especificações do IEEE 802.11 e de suas extensões.

Conforme descrito anteriormente, algumas temporizações utilizadas na subcamada MAC dependem da camada física. O espaçamento entre quadros SIFS corresponde ao tempo entre o fim do recebimento de um quadro e o início do envio de outro quadro. Tem-se:

$$\begin{aligned} SIFS &= RxRFDelay + RxPLCPDelay + \\ &\quad MACProcessingDelay + RxTxTurnaroundTime, \end{aligned} \tag{4.2}$$

onde $RxRFDelay$ indica o tempo entre o fim do último símbolo e uma primitiva PMD-DATA.indication, $RxPLCPDelay$ corresponde ao tempo para entregar os dados à subcamada MAC, $MACProcessingDelay$ está relacionado ao tempo para processar o quadro e preparar uma resposta e $RxTxTurnaroundTime$ corresponde ao tempo máximo para trocar de recepção para transmissão.

O tempo de um *slot* é igual a:

$$SlotTime = CCATime + RxTxTurnaroundTime +$$

$$AirPropagationTime + MACProcessingDelay \quad (4.3)$$

onde $CCATime$ indica o tempo mínimo de detecção da portadora e $AirPropagationTime$ corresponde ao tempo (máximo) que o sinal leva do transmissor ao receptor.

Os valores de DIFS e PIFS são funções dos valores de SIFS e do tempo de *slot* e são expressos por:

$$DIFS = SIFSTime + 2 \times SlotTime \quad (4.4)$$

e

$$PIFS = SIFSTime + SlotTime. \quad (4.5)$$

As redes sem fio IEEE 802.11 são fortíssimos concorrentes para tornarem-se padrão em redes domiciliares. Sua facilidade de instalação e baixo custo permitiram sua utilização em um grande número de domicílios. No entanto, existem os problemas da cobertura completa do domicílio, pois é comum haver regiões de sombra, da interferência, quando diversos vizinhos se servem do mesmo tipo de rede, da segurança e da capacidade de oferecer qualidade de serviço para aplicações de som e vídeo. Alguns desses problemas estão sendo tratados em novas extensões do IEEE 802.11. A seguir, algumas dessas extensões são descritas.

4.2.1 O IEEE 802.11e

O IEEE 802.11 original não possui suporte a QoS (*Quality of Service*). Para todos os tráfegos de dados, o serviço provido é o de melhor esforço. Além disso, grande parte do tempo de acesso ao meio é "desperdiçada" com as fragmentações, os espaçamentos entre quadros e os reconhecimentos [31]. Em função desses problemas, no final de 2000, o grupo tarefa 802.11e iniciou o estudo e a especificação de mecanismos de suporte a QoS na subcamada MAC, seguindo a abordagem adotada pela arquitetura de diferenciação de serviços do IETF (*Internet Engineering Task Force*). A aliança Wi-Fi, a partir de uma versão rascunho (*draft*) da norma, criou uma certificação denominada *Wireless Multimedia Extensions* (WME), também conhecida como Wi-Fi Multimedia

(WMM). Em setembro de 2005, a norma IEEE 802.11e [32] foi publicada. A norma altera partes do padrão IEEE 802.11 de 1999 e de suas extensões. As principais modificações introduzidas são apresentadas a seguir.

O IEEE 802.11e tem como objetivo prover suporte a aplicações que necessitam de QoS, incluindo o transporte de voz, áudio e vídeo. Ele define uma função de acesso denominada HCF (*Hybrid Coordination Function*) que inclui um mecanismo de acesso baseado em contenção (*Enhanced Distributed Channel Access* - EDCA) e um mecanismo controlado de modo centralizado (HCF *Controlled Channel Access* - HCCA). Os dois mecanismos possibilitam um tratamento diferenciado para classes de tráfego (*Traffic Classes* - TCs) com diferentes requisitos de QoS. De modo a diferenciar os elementos da arquitetura do IEEE 802.11 que possuem suporte a QoS, as estações são denominadas QSTAs (*QoS enhanced Stations*), o ponto de acesso é denominado QAP (*QoS enhanced Access Point*) e o BSS é denominado QBSS (*QoS enhanced BSS*).

O IEEE 802.11e define uma oportunidade de transmissão (*Transmission Opportunity* - TXOP) como sendo um intervalo de tempo limitado no qual uma estação tem o direito de transmitir uma série de quadros [33]. Uma TXOP é definida através de um tempo de início e de uma duração máxima, de modo a evitar um retardo muito grande para as demais estações.

O mecanismo EDCA provê QoS baseada na prioridade de acesso ao meio. A diferenciação em função de diferentes prioridades é obtida de três formas: pela variação da quantidade de tempo que uma estação escuta o meio livre antes do *backoff* ou da transmissão, pelo tamanho da janela de contenção a ser usada no *backoff* ou pela duração da transmissão de uma estação após obter o meio. O mecanismo usa oito prioridades de quadros atribuídas de acordo com o padrão IEEE 802.1D [34], porém opera com quatro instâncias da função de coordenação que são executadas em paralelo dentro de uma mesma estação, como se fossem MAC virtuais. Essas instâncias estão associadas a categorias de acesso (*Access Categories* - ACs) que identificam os seguintes tipos de tráfego: tráfego de fundo (BK), melhor esforço (BE), vídeo (VI) e voz (VO). A diferenciação na prioridade entre as ACs é realizada através da atribuição de diferentes valores para os parâmetros das ACs. Cada AC possui uma fila específica de transmissão, na qual são utilizados diferentes valores para AIFS (*Arbitration Inter-Frame Space*), CW_{min}, CW_{max} e limite de TXOP. O AIFS corresponde ao menor intervalo de tempo entre o instante que o meio fica livre e o começo da transmissão de um quadro ou o começo do *backoff*, ou seja, equivale ao DIFS do DCF. O AIFS é determinado por $SIFS + AIFSN \times SlotTime$, onde AIFSN (*AIFS Number*) é o número de *slots* que a estação espera. Para o DIFS, este número é fixo em 2 (Equação 4.4). Já a TXOP possui um limite máximo de duração. As ACs competem entre si pelas oportunidades de transmissão e realizam o procedimento de *backoff* de forma independente umas das outras. Um algoritmo interno de contenção calcula o *backoff* baseado no AIFS, no CW_{min}, no CW_{max} e em números aleatórios. O *backoff* é análogo ao utilizado no DCF, isto é, a AC com menor *backoff* ganha a disputa interna. Duas ou mais ACs podem ter seus temporizadores expirados ao mesmo tempo. A estação resolve internamente esses conflitos entre as categorias, fornecendo a TXOP à categoria de maior prioridade e fazendo com que a categoria de menor prioridade execute o procedimento de *backoff*. A seguir a AC ganhadora pode transmitir o(s) quadros(s). A escolha dos parâmetros para diferenciar as ACs geralmente está associada ao QAP, de modo a garantir a justiça no acesso de todas as QSTAs, porém existem alguns valores padrões que podem ser usados no caso de estações que não utilizam o QAP, ou seja, no modo ad hoc. A Tabela 4.6 apresenta os valores padrões para esses parâmetros para as camadas físicas DSSS e HR-DSSS. Para as camadas físicas OFDM e ERP-OFDM, os valores limites de TXOP para vídeo e voz são modificados para 3,008 e 1,504 ms. Para as outras camadas físicas, esses valores são iguais a 0.

Tabela 4.6: Valores padrões para os parâmetros do EDCA (DSSS e HR-DSSS).

AC	$\mathbf{CW_{min}}$	$\mathbf{CW_{max}}$	**AIFSN**	**Limite de TXOP**
BK	CW_{min}	CW_{max}	7	0
BE	CW_{min}	CW_{max}	3	0
VI	$(CW_{min} + 1)/2 - 1$	CW_{min}	2	6,016 ms
VO	$(CW_{min} + 1)/4 - 1$	$(CW_{min} + 1)/2 - 1$	2	3,264 ms

O HCCA permite a reserva de TXOP junto ao coordenador híbrido (HC). O HCCA, como o PCF, divide o intervalo entre dois *beacons* em período livre de contenção e período de contenção. Durante o CFP, o coordenador híbrido, geralmente o ponto de acesso, controla o acesso ao meio. No CP, o mecanismo EDCA é usado. De maneira semelhante ao PCF, o HCCA usa varredura como método de acesso. Contudo, a varredura com QoS pode ocorrer durante o CP e o escalonamento de pacotes é baseado nas especificações dos tráfegos admitidos.

Além das funcionalidades de QoS, o IEEE 802.11e inclui outras como o reconhecimento de blocos, a não utilização de reconhecimento e o estabelecimento de enlaces diretos.

O reconhecimento de blocos (*Block Ack*) aumenta a eficiência do meio através da agregação de diversos reconhecimentos em um quadro. Existem dois tipos de reconhecimentos de blocos no IEEE 802.11e: o imediato e o atrasado. No imediato, o transmissor dos dados pede ao receptor que envie "imediatamente" um reconhecimento de blocos. Já no atrasado, o envio do reconhecimento de blocos pode ser feito com um atraso. Nesse caso o receptor dos dados envia um reconhecimento comum avisando que transmitirá posteriormente um reconhecimento relativo aos blocos. Isso pode ser usado principalmente quando por limitações de desempenho uma estação não puder calcular o reconhecimento para os blocos de maneira imediata.

A não utilização de reconhecimentos também pode ser usada, através de um mecanismo denominado *No Ack*. Desse modo, também se pode aumentar a eficiência do protocolo.

Outra funcionalidade introduzida na norma é o estabelecimento de enlace direto (*Direct-Link Setup* - DLS). Nesse caso, é criado um enlace entre duas estações que não passa pelo ponto de acesso. Uma vez estabelecido esse enlace, todos os quadros entre as duas estações são trocados diretamente.

O formato do quadro de dados da Figura 4.13 é alterado pela norma IEEE 802.11e. É adicionado um campo de 16 bits denominado controle de QoS que indica a categoria de tráfego do quadro, o tipo de ACK utilizado e outros parâmetros como o limite de TXOP.

Octetos	2	2	6	6	6	2	6	2	>=0	4
	Controle de quadro	Duração	Endereço 1	Endereço 2	Endereço 3	Sequência	Endereço 4	Controle de QoS	Dados	FCS

Figura 4.24: Formato do quadro de dados do IEEE 802.11e.

4.2.2 O IEEE 802.11i

Em função dos problemas de segurança ocorridos mesmo com a utilização do WEP, o IEEE padronizou em 2004 a extensão IEEE 802.11i [35] que modifica a norma IEEE 802.11 de 1999 através da introdução de novos mecanismos de segurança. Dentre os principais, destacam-se os mecanismos de criptografia e um mecanismo de distribuição de chaves. O IEEE 802.11i adiciona dois novos mecanismos de criptografia: o TKIP e o CCMP.

O TKIP (*Temporal Key Integrity Protocol*) é um mecanismo opcional nos equipamentos que seguem a norma IEEE 802.11i. O TKIP foi inicialmente denominado WEP2, por ser baseado no WEP, e foi projetado para ser implementado por software e reutilizar o hardware existente com funcionalidade WEP. O TKIP mantém a arquitetura e a operação básicas do WEP, porém introduz algumas modificações. As principais diferenças do TKIP em relação ao WEP são apresentadas a seguir.

O TKIP usa várias chaves mestras enquanto que o WEP somente usava uma chave mestra. As chaves temporárias usadas para encriptar os quadros são derivadas dessas chaves mestras, através do uso do número de sequência do quadro. O vetor de inicialização passa a ter 48 bits. O TKIP também foi desenvolvido usando gerenciamento de chaves de modo que as chaves mestras são atualizadas de maneira segura [36]. Um novo código de integridade de mensagem (*Message Integrity Code* - MIC) denominado Michael é utilizado no lugar do CRC-32. Desse modo, torna-se mais fácil identificar quadros falsificados. O endereço de origem do quadro foi introduzido na proteção de integridade para detectar quadros originados em falsos endereços. Através da utilização de um número de sequência crescente denominado (*TKIP Sequence Counter* - TSC) para cada MPDU, quadros fora de ordem podem ser identificados. Isso é importante para evitar ataques nos quais são reutilizados quadros válidos enviados anteriormente. Além disso, a chave RC4 utilizada na criptografia é modificada quadro-a-quadro. Essa chave é obtida através de uma função denominada misturadora criptográfica que combina uma chave temporal e o TSC como semente do WEP.

A encriptação no TKIP é apresentada a seguir. O transmissor calcula o código de integridade de mensagem sobre os campos endereço de origem, endereço de destino, prioridade e dados. O TKIP concatena o MIC calculado aos dados da MSDU antes da fragmentação em MPDUs, caso esta seja necessária. O TKIP determina o número de sequência para cada MPDU e usa a função misturadora criptográfica que gera a semente do WEP. Essa semente é dividida em um vetor de inicialização e na chave RC4 e então o WEP é usado.

O receptor extrai o TSC e descarta MPDUs que violem as regras de sequenciamento. Caso não haja violação da regra, o receptor usa a função misturadora para construir a semente WEP. É feita a decriptação através do WEP, que verifica o ICV. Caso a verificação seja bem-sucedida, a MPDU é remontada em uma MSDU. Se a concatenação da MSDU é bem-sucedida, o receptor verifica o MIC. Se a concatenação falha, a MSDU é descartada. A verificação do MIC é feita através do cálculo sobre os campos endereço de origem, endereço de destino, prioridade e dados. O MIC calculado é comparado ao MIC recebido; caso sejam iguais a MSDU é passada para a camada acima, caso contrário, a MSDU é descartada.

O protocolo CTR com CBC-MAC (*CTR with CBC-MAC Protocol* - CCMP) é baseado no CTR (*Counter Mode*) para privacidade e no CBC-MAC (*Cipher-Block Chaining with Message Authentication Code*) para autenticação e integridade. O protocolo CCMP é baseado no modo CCM do algoritmo de criptografia AES (*Advanced Encryption Stardard*) com chave e tamanho de bloco de 128 bits. O CCM protege a integridade do campo de dados e de partes do cabeçalho do quadro IEEE 802.11.

O CCM é um modo genérico que pode ser usado com qualquer algoritmo de criptografia orientado a bloco. O CCM requer uma nova chave temporal para cada quadro. O CCM também requer um único valor *nonce* para cada quadro protegido por uma chave temporal. *Nonces* são poucos bits de dados que garantem que a operação de encriptação é realizada sobre dados únicos [36]. O CCMP usa um número de pacote (*Packet Number* - PN) para esse propósito. Esse número de pacote é análogo ao número de sequência do TKIP. A reutilização de um número de pacote com a mesma chave temporal invalida as garantias de segurança. Dados de autenticação adicionais (*Additional Authentication Data* - AAD) são usados para proteger alguns campos do cabeçalho da MPDU. *Nonces* também são usados no CCMP.

O CCMP criptografa a carga útil de uma MPDU em texto claro e encapsula o texto cifrado resultante usando os seguintes passos: incrementa o PN de um número positivo; constrói o AAD; constrói o bloco *nonce* através da concatenação da prioridade, do endereço de origem e do PN; coloca o novo PN e o identificador da chave no cabeçalho CCMP de 8 bits; usa a chave temporal, o AAD, o *nonce* e os dados da MPDU como entrada para formar o texto cifrado e o MIC; forma a MPDU criptografada através da combinação do cabeçalho original da MPDU, do cabeçalho CCMP, dos dados encriptados e do MIC.

Na recepção, os seguintes passos são usados: a MPDU encriptada é separada para construir os valores do AAD e do *nonce*; o AAD é formado a partir do cabeçalho da MPDU retirado da MDPU encriptada; o valor *nonce* é construído a partir do endereço de origem, do PN e da prioridade; o MIC é extraído para uso na verificação da integridade CCM; o receptor usa a chave temporal, o AAD, o *nonce*, o MIC e os dados da MPDU cifrada para recuperar os textos claros dos dados da MPDU, assim como para verificar a integridade do AAD e dos dados claros da MPDU e, por último, o cabeçalho recebido da MPDU e os dados em texto claro da MPDU são concatenados para formar a MPDU em texto claro.

O padrão WPA (*Wi-Fi Protected Access*), desenvolvido pela aliança Wi-Fi, utiliza o TKIP. Já o padrão WPA2, da mesma aliança, é baseado no IEEE 802.11i, utilizando o algoritmo AES e autenticação baseada no IEEE 802.1X.

4.2.3 O Wi-Fi 4

O grupo de trabalho IEEE 802.11n foi criado em 2004 visando atingir uma vazão na subcamada MAC de 100 Mbps. Várias propostas foram apresentadas, porém sem consenso quanto a escolha de uma. Depois de diversos encontros, em meados de 2005, três grupos denominados TGn Sync, WWiSE e MITMOT decidiram apresentar uma proposta única. Essa proposta foi selecionada na reunião de janeiro de 2006. O padrão final [37] foi aprovado em 2009. A Wi-Fi Alliance denomina esse padrão de Wi-Fi 4.

Uma das principais modificações do padrão IEEE 802.11n em relação ao IEEE 802.11 é a introdução de múltiplas antenas para transmissão e recepção (*Multiple-Input Multiple-Output* - MIMO). Até 2004, as placas IEEE 802.11 usavam somente uma antena para transmissão e recepção [36]. O MIMO usa múltiplas antenas transmissoras e receptoras em uma configuração $M \times N$, onde M é o número de antenas transmissoras e N é o número de antenas receptoras. No IEEE 802.11n, essa configuração pode chegar até 4×4. Essas múltiplas antenas aumentam a vazão através da multiplexação espacial, na qual um único fluxo pode ser quebrado e multiplexado em múltiplos fluxos espaciais e pode ser remontado no receptor.

Outra modificação consiste na possibilidade de junção de dois canais de 20 MHz em um de 40 MHz. Além disso, em relação ao padrão IEEE 802.11a, o número de subportadoras de dados aumentou de 48 para 52 em canais de 20 MHz e para 108 em canais de 40 MHz, foi introduzida uma nova taxa de código de 5/6 e também uma opção de utilizar um Intervalo de Guarda (IG) entre símbolos de 0,4 μs. As taxas de transmissão utilizadas no IEEE 802.11n são função da largura do canal, da modulação, da taxa de código, da quantidade de fluxos espaciais (função da quantidade de antenas) e do Intervalo de Guarda entre transmissões [38]. As Tabelas 4.7 e 4.8 apresentam as principais combinações usadas no IEEE 802.11n. Por exemplo, a taxa de 65 Mbps é obtida através da utilização da modulação 64-QAM nas 52 subportadoras com uma taxa de código de $\frac{5}{6}$ (Tabela 4.7). Seguindo o raciocínio apresentado anteriormente para o IEEE 802.11a, o número de bits de dados por símbolo é 260. Ao empregar uma taxa de símbolos de 250 ksps, chega-se aos 65 Mbps. A taxa de 72,2 Mbps (Tabela 4.7) é obtida com o uso do intervalo de guarda de 0,4 μs. Nesse caso, a duração de um símbolo OFDM é de 3,6 μs (3,2 μs mais o intervalo de guarda), alterando a taxa de símbolos para aproximadamente 277,78 ksps. Para obter a taxa de 150 Mbps (Tabela 4.8), além do menor intervalo de guarda, o número de subportadoras passa a ser de 108. Convém também ressaltar que a taxa é diretamente proporcional ao número de fluxos espaciais.

Tabela 4.7: Principais taxas do IEEE 802.11n com canal de 20 MHz.

Modulação	**Taxa de código**	**Fluxos espaciais**	**IG = 800 ns Taxa de tx (Mbps)**	**IG = 400 ns Taxa de tx (Mbps)**
BPSK	1/2	1	6,5	7,2
QPSK	1/2	1	13	14,4
QPSK	3/4	1	19,5	21,7
16-QAM	1/2	1	26	28,9
16-QAM	3/4	1	39	43,3
64-QAM	2/3	1	52	57,8
64-QAM	3/4	1	58,5	65
64-QAM	5/6	1	65	72,2
BPSK	1/2	2	13	14,4
QPSK	1/2	2	26	28,9
QPSK	3/4	2	39	43,3
16-QAM	1/2	2	52	57,8
16-QAM	3/4	2	78	86,7
64-QAM	2/3	2	104	115,6
64-QAM	3/4	2	117	130
64-QAM	5/6	2	130	144,4
64-QAM	5/6	4	260	288,9

Em relação à subcamada MAC, pode-se agregar quadros MAC em um

Tabela 4.8: Taxas do IEEE 802.11n com canal de 40 MHz.

Modulação	**Taxa de código**	**Fluxos espaciais**	**IG = 800 ns Taxa de tx (Mbps)**	**IG = 400 ns Taxa de tx (Mbps)**
BPSK	1/2	1	13,5	15
QPSK	1/2	1	27	30
QPSK	3/4	1	40,5	45
16-QAM	1/2	1	54	60
16-QAM	3/4	1	81	90
64-QAM	2/3	1	108	120
64-QAM	3/4	1	121,5	135
64-QAM	5/6	1	135	150
BPSK	1/2	2	27	30
QPSK	1/2	2	54	60
QPSK	3/4	2	81	90
16-QAM	1/2	2	108	120
16-QAM	3/4	2	162	180
64-QAM	2/3	2	216	240
64-QAM	3/4	2	243	270
64-QAM	5/6	2	270	300
64-QAM	5/6	4	540	600

único quadro físico, de forma a diminuir a sobrecarga. Além disso, foram introduzidas funcionalidades de QoS baseadas no padrão IEEE 802.11e. Dessa forma, aumentou-se a eficiência em relação ao IEEE 802.11 padrão.

4.2.4 O Wi-Fi 5

Em 2013 foi publicado o padrão IEEE 802.11ac [39], também denominado Wi-Fi 5. As principais modificações do padrão em relação ao IEEE 802.11n são o uso somente da banda de 5 GHz, a utilização de um MIMO mais avançado e a possibilidade mais junções de canais.

A tecnologia de múltiplas antenas evoluiu para MIMO de múltiplos usuários (*MultiUser* MIMO - MU-MIMO). O MU-MIMO permite o envio de vários quadros para múltiplos usuários ao mesmo tempo usando o mesmo espectro de frequências. Além disso, o número máximo de fluxos espaciais aumentou de quatro para oito.

A junção de canais pode chegar a 80 ou 160 MHz. Além disso, foi introduzida a modulação 256-QAM com taxas de código iguais a $\frac{3}{4}$ e $\frac{5}{6}$.

Para alguns produtos com suporte ao IEEE 802.11ac e ao IEEE 802.11n, a taxa física corresponde a uma taxa agregada nas bandas de 2,4 e 5 GHz. Por exemplo, as taxas de um produto AC 1200 são 300 Mbps na banda de 2,4 GHz e 867 Mbps na banda de 5 GHz. A taxa de 300 Mbps pode ser obtida utilizando-se os valores correspondentes à penúltima linha da Tabela 4.8. No caso da taxa de 867 Mbps, pode-se usar uma modulação 256-QAM, uma taxa de código igual a $\frac{5}{6}$, dois fluxos espaciais e um intervalo de guarda de 0,4 μs, todos em um canal de 80 MHz.

4.2.5 O Wi-Fi 6

O IEEE 802.11ax, denominado pela Wi-Fi Alliance Wi-Fi 6, foi publicado como rascunho (*draft*) em março de 2019. Essa extensão pode operar entre 1 e 7,125 GHz incluindo então as já tradicionais bandas de 2,4 e 5 GHz. Além disso, algumas das outras principais modificações da extensão são a introdução do método de acesso OFDMA (*Orthogonal Frequency Division Multiple Access*), a possibilidade de uso da modulação 1024-QAM e uma maior duração de um símbolo. Um símbolo passa agora a ocupar 12,8 μs e os intervalos de guarda entre os símbolos podem ser de 0,8, 1,6 ou 3,2 μs. Há também a possibilidade de se usar o MU-MIMO no *uplink* (além do uso no *downlink* já introduzido na versão anterior). Outra modificação está relacionada ao consumo de energia. Com um método denominado *Target-Wakeup Time* (TWT), uma estação pode solicitar ser acordada a qualquer momento no futuro.

Alguns produtos já surgiram no mercado mesmo antes da publicação da norma final.

4.3 O Bluetooth

A partir do interesse na conexão de telefones celulares a outros dispositivos sem usar cabos, foi criado em 1994 um consórcio denominado Bluetooth SIG (*Special Interest Group*) [40], formado inicialmente pelas empresas Ericsson, IBM, Intel, Nokia e Toshiba. O objetivo principal do consórcio era criar um padrão sem fio para conectar dispositivos de computação, de comunicação e acessórios, utilizando rádios de curto alcance, baixa potência e baixo custo.

Contudo, atualmente o padrão está voltado também para a área de redes sem fio e o consórcio conta com mais de 34000 empresas, dentre as quais 3Com, Dell, HP, Motorola, Philips, Samsung, Siemens, Texas e outras.

O nome Bluetooth vem de Harald Blaatand II, um rei viking que unificou a Dinamarca e a Noruega. Blaatand significa Bluetooth em dinamarquês e a homenagem surgiu através da analogia com o fato do Bluetooth unificar diferentes tecnologias como computadores e telefones celulares. O logotipo do Bluetooth é baseado nos caracteres H e B de Harald Blaatand.

A primeira norma, o Bluetooth 1.0, foi publicada em julho de 1999 e especifica protocolos das camadas física a aplicação. Em fevereiro de 2001 foi feita uma atualização para a versão 1.1 [41]. Diante do sucesso do Bluetooth, o IEEE resolveu adotá-lo como base e criou em 2002 o padrão IEEE 802.15.1 [42], que especifica as camadas física e enlace para redes pessoais[3].

Diferente do que ocorre com outras arquiteturas de protocolos de rede, o consórcio se preocupou em definir as diversas aplicações (perfis) do Bluetooth, cada uma podendo utilizar diferentes pilhas de protocolos. O Bluetooth 1.1 define 13 aplicações, dentre as principais, destacam-se o acesso a rede local, o acesso a uma rede via *dial-up*, no qual um computador portátil poderia se conectar através de um telefone celular, a telefonia sem fio, na qual há uma fusão de interfone, telefone fixo e telefone celular em um único aparelho, e a sincronização de dados entre dispositivos. Mais informações sobre os diferentes perfis podem ser obtidas na especificação do Bluetooth [43].

A arquitetura do Bluetooth consiste em uma unidade básica denominada piconet e em scatternets. A piconet é uma rede ad hoc formada por um dispositivo mestre e por dispositivos escravos. O mestre é a unidade que estabelece a piconet e os escravos são os outros dispositivos que fazem parte da piconet. O mestre informa aos escravos que endereços lógicos usar, quando os escravos podem transmitir e por quanto tempo e que frequências devem usar para transmissão. A comunicação é feita sempre entre um mestre e um ou mais escravos (ponto-a-ponto ou ponto-a-multiponto), não sendo possível a comunicação direta entre escravos.

Uma piconet possui um mestre e até sete escravos ativos, o suficiente para abrigar um computador e seus periféricos ou todos os dispositivos Bluetooth carregados por uma pessoa. Além disso, podem existir até 255 dispositivos inativos (no modo *park*) na rede, em um estado de baixa energia. Esses dispo-

[3]Quando não especificado, os termos Bluetooth e IEEE 802.15.1 serão intercambiáveis.

sitivos somente são capazes de responder a um sinal de ativação ou baliza do mestre.

A quantidade máxima de dispositivos ativos limitaria a aplicabilidade de redes Bluetooth; porém a rede pode ser estendida através da interconexão de piconets. Nesse caso, a rede é denominada scatternet e a ligação entre as piconets é realizada através de nós denominados pontes. A ponte entre as piconets pode ter o papel de escravo nas piconets às quais pertence ou de mestre em uma delas e escravo nas outras. A ponte não pode ser mestre em mais de uma piconet, pois o mestre é quem estabelece quais frequências são usadas nas comunicações. A Figura 4.25 mostra um exemplo de uma scatternet na qual o nó ponte entre as piconets (nó cinza) é mestre em uma rede (piconet A) e escravo na outra (piconet B). As linhas tracejadas indicam as comunicações possíveis entre o mestre e os escravos de uma piconet.

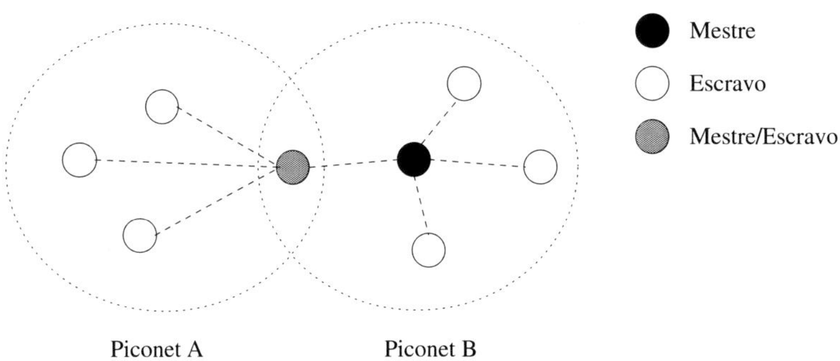

Figura 4.25: Exemplo de uma scatternet.

A arquitetura de protocolos do Bluetooth especificada pelo consórcio não segue o modelo IEEE 802; porém, o IEEE modificou a arquitetura de modo a melhor adaptá-la ao modelo. A arquitetura de protocolos do IEEE 802.15.1 é apresentada na Figura 4.26. O IEEE 802.15.1 está dividido em: áudio, protocolo de adaptação de controle de enlace lógico (*Logical Link Control Adaptation Protocol* - L2CAP), gerente de enlace, controle, banda base e física. A camada áudio não é especificada no padrão. A Figura 4.26 mostra as interfaces existentes entre essas camadas. Pela figura, pode-se notar, por exemplo, que a camada áudio só possui interface com a camada de banda base.

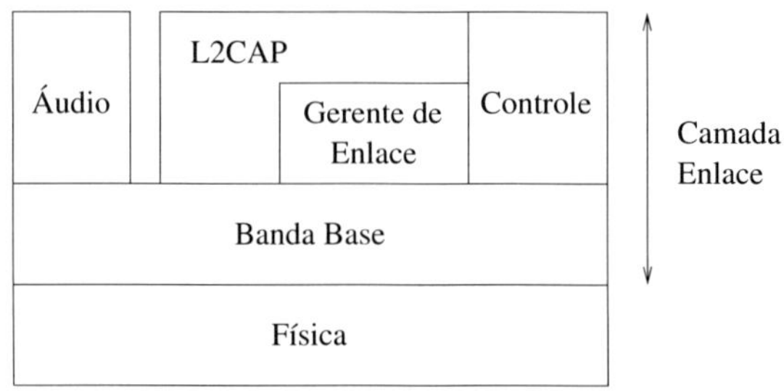

Figura 4.26: Arquitetura de protocolos do IEEE 802.15.1.

A Camada L2CAP

A camada L2CAP faz parte da camada enlace. O L2CAP é uma interface entre os protocolos padrões de transporte de dados e o protocolo Bluetooth [44]. O L2CAP é utilizado com protocolos de comunicação tais como o protocolo de descoberta de serviços Bluetooth (*Bluetooth Service Discovery Protocol* - SDP), o protocolo de emulação de cabo serial (RFCOMM), o protocolo de controle de telefonia (*Telephony Control* - TCS) e nos protocolos de áudio em pacotes como na telefonia IP [42]. Provê serviços de dados orientados a conexão e não orientados a conexão com funcionalidades de multiplexação e demultiplexação, segmentação e remontagem, qualidade de serviço e abstração de grupo. O L2CAP permite aos protocolos transmitir e receber pacotes de até 64 kB.

A Camada Gerente de Enlace

O protocolo de gerente de enlace é utilizado para controle e estabelecimento de enlaces. Inclui funcionalidades de autenticação, escalonamento de tráfego, gerenciamento de energia (controle de potência) e outras tarefas de gerenciamento.

A Camada Controle

A camada controle provê uma interface de comando ao controlador de banda base e ao gerente de enlace e provê acesso ao status do hardware e a registradores de controle.

A Camada de Banda Base

A camada de banda base é análoga à subcamada MAC do modelo IEEE 802, incorporando também algumas características da camada física do IEEE 802.

De modo a separar as transmissões do mestre e dos escravos, o Bluetooth usa a duplexação por divisão de tempo (*Time Division Duplexing* - TDD), na qual o tempo é dividido em *slots* de 625 μs. O mestre começa a transmissão de seus quadros nos *slots* pares enquanto que os escravos transmitem nos *slots* ímpares. Os quadros podem ter 1, 3 ou 5 *slots* de duração, dependendo do tipo de quadro. Um número ímpar de *slots* de duração é utilizado para manter a temporização de transmissão/recepção entre o mestre e os escravos. A Figura 4.27 apresenta um exemplo de TDD no qual o mestre transmite um quadro que ocupa 1 *slot* para o escravo 1, recebe a resposta e depois transmite um quadro que ocupa 3 *slots* para o escravo 2. Durante a transmissão para o escravo 2, tanto o mestre quanto o escravo permanecem em uma mesma frequência (F2), sendo que a próxima transmissão ocorre na frequência F5 que seria a mesma utilizada caso tivessem sido realizadas três transmissões de 1 *slot* cada. Dessa forma, mesmo que um escravo não receba a transmissão, poderá continuar sincronizado com o mestre.

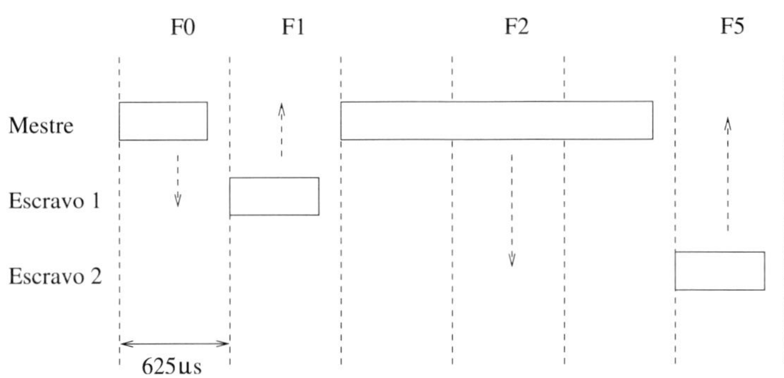

Figura 4.27: Exemplo de TDD no Bluetooth.

Os quadros são transmitidos em enlaces também denominados canais lógicos entre o mestre e um ou mais escravos. Existem dois tipos de enlaces: o ACL (*Asynchronous Connection-Less*) e o SCO (*Synchronous Connection-Oriented*). O ACL é um enlace ponto-a-multiponto entre o mestre e todos os escravos ativos da piconet. Esse enlace pode usar os *slots* não reservados para enlaces SCOs. Existe somente um enlace ACL por piconet. É usada varredura (*polling*) para acesso ao meio. Um escravo pode transmitir informação para o mestre somente se tiver sido endereçado no *slot* mestre-escravo anterior. No ACL, o serviço provido é o de melhor esforço, no qual não é dada nenhuma garantia de entrega. Esse enlace é voltado para o envio de dados assíncronos. A taxa máxima de transmissão é de 723,2 kbps no sentido do escravo e de 57,6 kbps no sentido reverso (ver Tabela 4.11 apresentada adiante). No caso de haver simetria entre a taxa do mestre e de um escravo, a taxa máxima é de 433,9 kbps. Já o SCO é um enlace ponto-a-ponto entre o mestre e um escravo que usa reserva de *slots* consecutivos a intervalos regulares. Esse enlace é usado principalmente para o envio de dados de tempo real. Não utiliza retransmissão e pode usar correção automática de erros (FEC). Um mestre pode ter até três enlaces SCOs para um escravo ou para escravos diferentes. Já um escravo pode ter até três enlaces SCOs para um mestre ou até dois enlaces SCOs para diferentes mestres. Em cada enlace podem ser transmitidos 64 kbps. A Figura 4.28 mostra um exemplo de um enlace SCO entre o mestre e o escravo 1 e do enlace ACL no qual é apresentada uma transmissão do mestre para o escravo 2 e a respectiva resposta. Nesse exemplo, o mestre transmite um quadro para o escravo 1 a cada 6 *slots*.

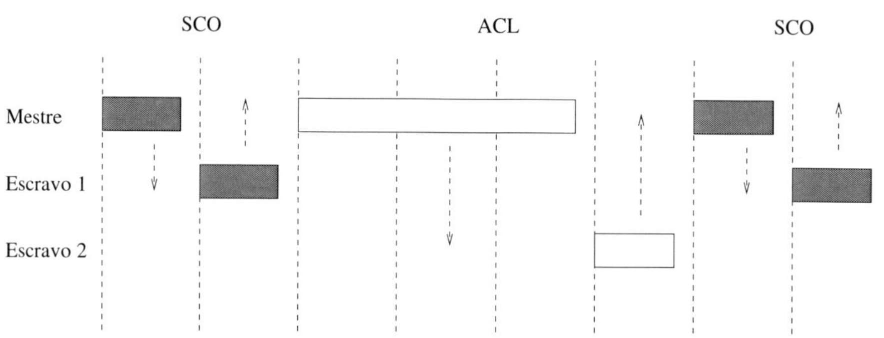

Figura 4.28: Exemplo de enlaces SCO e ACL.

Existem diversos tipos de quadros do Bluetooth, relacionados ao tipo de enlace no qual são utilizados. Esses quadros foram divididos em quatro categorias, indicando quadros de controle, quadros que ocupam 1 *slot*, quadros que ocupam 3 *slots* e quadros que ocupam 5 *slots*. A Tabela 4.9 apresenta os quadros do Bluetooth, relacionando os quadros ao tipo de enlace e ao número de *slots*. O campo tipo da tabela indica o tipo do quadro, a ser apresentado adiante.

Tabela 4.9: Quadros do Bluetooth.

Tipo	**Quadro**	**Enlace**	**No. de *Slots***
-	ID	-	1
0000	NULL	Ambos	1
0001	POLL	Ambos	1
0010	FHS	Ambos	1
0011	DM1	Ambos	1
0100	DH1	ACL	1
0101	HV1	SCO	1
0110	HV2	SCO	1
0111	HV3	SCO	1
1000	DV	SCO	1
1001	AUX1	ACL	1
1010	DM3	ACL	3
1011	DH3	ACL	3
1100	não definido	não definido	não definido
1101	não definido	não definido	não definido
1110	DM5	ACL	5
1111	DH5	ACL	5

O quadro ID é utilização na sinalização e contém somente o código de acesso (apresentado adiante). O quadro NULL é usado pelo escravo quando não tem dados a transmitir, mas precisa responder ao mestre. Se o mestre não tem dados a transmitir e precisa escalonar um escravo usa o quadro POLL. O quadro FHS é usado na conexão de dispositivos Bluetooth e contém a identidade e o relógio do dispositivo. Os quadros ID e FHS serão apresentados detalhadamente adiante na descrição das funções de estabelecimento e manutenção dos enlaces. Os quadros DM1, DM3 e DM5 carregam dados usando FEC 2/3 em 1, 3 ou 5 *slots*, respectivamente. DM vem de *Data-Medium rate*. Os quadros DH1, DH3 e DH5 (de *Data-High rate*) carregam dados sem usar FEC em 1, 3 ou 5 *slots*, respectivamente. O quadro AUX1 é semelhante ao quadro DH1 sem o CRC. Os quadros HV1, HV2 e HV3 (*High-quality Voice*) carregam informações de voz em enlaces SCOs. Todos ocupam 1 *slot*, mas diferem no uso de FEC (Tabela 4.10). Por último, o quadro DV (*Data-Voice*) combina informações de voz e dados em um único quadro.

A correção de erros pode ser feita através de FEC ou de ARQ (*Automatic Repeat Request*). O Bluetooth utiliza dois tipos de FECs. O FEC 1/3 triplica a quantidade de dados, repetindo um bit três vezes consecutivas. Esse FEC pode corrigir todos os erros simples e é usado para proteger o cabeçalho do quadro e também geralmente no modo síncrono, mais precisamente no campo voz dos quadros HV1. Existe também um FEC 2/3, no qual cada grupo de 10 bits é codificado em 15 bits através de um código de Hamming. Esse código pode corrigir todos os erros simples e detectar todos os erros duplos de uma palavra de códigos [42]. Devido ao fato de o codificador operar com segmentos de 10 bits, bits de enchimento com o valor zero podem ser necessários. Nesse caso, os bits são incluídos após o CRC. Esse FEC geralmente é usado no modo assíncrono para transmissão de dados, mais precisamente nos quadros DM, no campo dados dos quadros DV, nos quadros FHS e nos quadros HV2. Já os quadros DM e DH e o campo dados do quadro DV usam ARQ, no qual é realizada a retransmissão de quadros não reconhecidos, devido ao estouro de um temporizador no caso do não recebimento de um reconhecimento positivo (ACK) ou devido ao recebimento de um reconhecimento negativo (*Negative Acknowledgement* - NACK). Não há um quadro ACK específico como no caso do IEEE 802.11, mas uma informação de reconhecimento enviada no cabeçalho do quadro de retorno (*piggybacking*). Um escravo responde no *slot* escravo-mestre que segue o *slot* mestre-escravo e o mestre responde no próximo *slot* destinado ao mesmo escravo. O uso do ARQ é justificado em função de gerar menos sobrecarga em ambientes com pequeno ruído. O ARQ não é utilizado na transmissão em difusão. A Figura 4.29 mostra um exemplo em uma rede com um mestre e um escravo. Neste exemplo, é utilizado um identificador fictício do quadro (número dentro do quadro) e um identificador também fictício do quadro relativo ao reconhecimento (número após ACK ou NACK). No exemplo ocorreu um erro no quadro 1 enviado pelo mestre. Essa informação (NACK 1) é enviada pelo escravo dentro do quadro 2 e após receber o quadro 2, o mestre envia novamente o quadro 1 ao escravo, respondendo também que recebeu corretamente o quadro 2 do escravo (ACK 2).

Existem diversos formatos de quadros do Bluetooth. O formato do quadro de dados típico é apresentado na Figura 4.30. O quadro é formado pelos campos código de acesso, cabeçalho e dados.

O campo código de acesso (72 bits) é usado para sincronização, compensação de *offset*, investigação e negociação. Existem três tipos de códigos de acesso: *Channel Access Code* (CAC), que identifica a piconet,

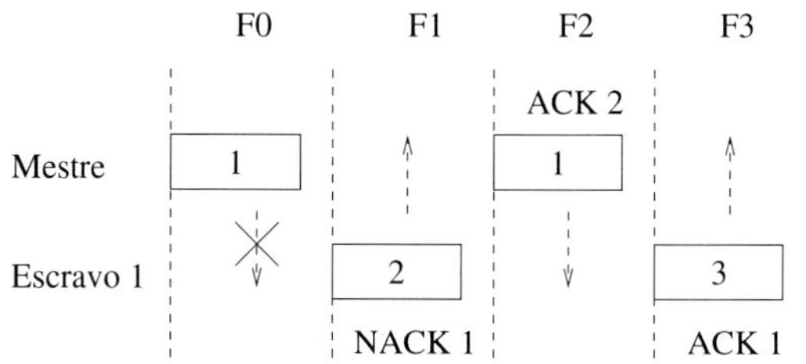

Figura 4.29: Exemplo de retransmissão no Bluetooth.

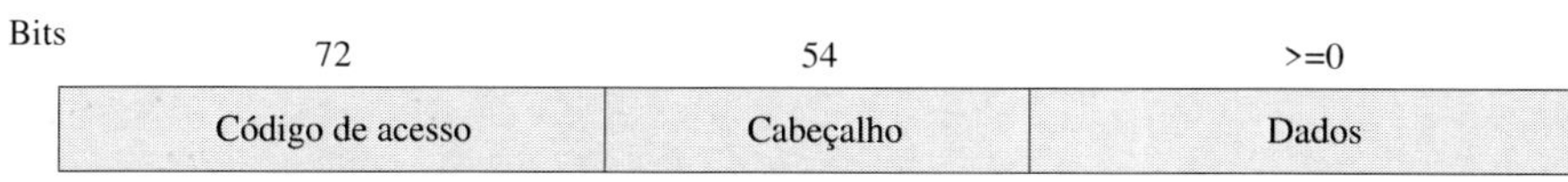

Figura 4.30: Quadro de dados típico do Bluetooth.

Device Access Code (DAC) e *Inquiry Access Code* (IAC). Os dois últimos códigos serão apresentados adiante. Esse campo é subdividido em três campos: preâmbulo (4 bits), palavra de sincronismo (64 bits), que leva em consideração o endereço de 48 bits do dispositivo, e final do quadro (*trailer*), de 4 bits.

O campo cabeçalho (54 bits) é subdividido em seis campos. Os seis campos formam um total de 18 bits e são replicados três vezes através do uso do FEC 1/3. O campo endereço (3 bits) especifica o endereço lógico (temporário) do dispositivo ativo que é o destino do quadro. Caso o valor desse campo seja 0, trata-se de uma transmissão em difusão. O campo tipo (4 bits) indica o tipo de quadro, de acordo com a Tabela 4.9. O campo fluxo (1 bit), se igual a 1, indica que o *buffer* do escravo está cheio. O campo confirmação (1 bit), se igual a 1, indica o envio de ACK, se igual a 0, indica o envio de NACK. O campo sequência (1 bit) é usado para uma retransmissão do tipo para-e-espera. Esse bit é necessário para filtrar retransmissões no destino, pois no caso da perda de um ACK e do envio da respectiva retransmissão, o destino irá receber o mesmo quadro duas vezes. Por último, há um controle de erro de cabeçalho de 8 bits, cujo polinômio é

$$x^8 + x^7 + x^5 + x^2 + x + 1. \tag{4.6}$$

O campo dados pode ter um cabeçalho de 8 ou 16 bits, para quadros de 1 *slot* ou quadros multi-*slots*, e ainda um CRC de 16 bits, dependendo do tipo de quadro. O cabeçalho é utilizado nos quadros do enlace ACL e na parte de dados do quadro DV. O CRC é usado em todos os quadros de dados, exceto o AUX1. Para a verificação utiliza-se o polinômio gerador CRC-CCITT, o mesmo utilizado para o IEEE 802.11b de 11 Mbps HR-DSSS. O cabeçalho contém a identificação do canal lógico (2 bits), um controle de fluxo no nível L2CAP (1 bit) e o comprimento dos dados sem contar o cabeçalho e o CRC (5 bits no caso de quadros de 1 *slot* e 9 bits no caso de quadros de 3 ou 5 *slots*[4]). Não há um tamanho mínimo do campo de dados, porém há um tamanho máximo de 2744 bits para um quadro que ocupe 5 *slots* (quadro DH5) e 240 bits para um quadro de 1 *slot* (quadro AUX1). A Tabela 4.10 apresenta os diferentes quadros de dados, onde os itens seguidos de um D se referem somente à parte de dados do quadro DV.

Tabela 4.10: Quadros de dados do Bluetooth.

Tipo	**Cabeçalho dos dados (octetos)**	**Carga útil (octetos)**	**FEC**	**CRC**
DM1	1	0-17	2/3	sim
DH1	1	0-27	não	sim
DM3	2	0-121	2/3	sim
DH3	2	0-183	não	sim
DM5	2	0-224	2/3	sim
DH5	2	0-339	não	sim
AUX1	1	0-29	não	não
HV1	-	10	1/3	não
HV2	-	20	2/3	não
HV3	-	30	não	não
DV	1D	10+(0-9)D	2/3D	sim D

As taxas máximas de transmissão no nível MAC são obtidas em função dos tipos de quadros. A Tabela 4.11 apresenta as taxas máximas para cada tipo de quadro de dados. Por exemplo, para o quadro HV1, são 80 bits de carga útil a cada 1250 μs, pois um mestre (escravo) só usa os *slots* pares (ímpares) de 625 μs. Logo, nesse caso a taxa máxima em cada sentido é de 64 kbps. Para o quadro HV2, são transmitidos 160 bits a cada 4 *slots*, gerando 64 kbps em cada sentido. Um quadro HV3 é transmitido a cada 6 *slots* em cada sentido. Já para um quadro DH5 no caso simétrico, são 339 octetos de carga útil a

[4]Nos quadros multi-*slots* ainda existem 4 bits não definidos.

cada 6250 μs (5 *slots* para o mestre e outros 5 *slots* para o escravo), o que dá aproximadamente 433,9 kbps.

Tabela 4.11: Taxas máximas dos quadros de dados do Bluetooth.

Tipo	**Simétrica (kbps)**	**Assimétrica M-E (kbps)**	**Assimétrica E-M (kbps)**
DM1	108,8	108,8	108,8
DH1	172,8	172,8	172,8
DM3	258,1	387,2	54,4
DH3	390,4	585,6	86,4
DM5	286,7	477,8	36,3
DH5	433,9	723,2	57,6
AUX1	185,6	185,6	185,6
HV1	64,0	-	-
HV2	64,0	-	-
HV3	64,0	-	-
DV	64,0 + 57,6 D	-	-

Por estar sujeito a escutas alheias, o Bluetooth pode utilizar criptografia nas comunicações. A criptografia é utilizada somente na carga útil do quadro, como no IEEE 802.11. A carga útil é encriptada depois que os bits de CRC são incluídos no quadro e antes da codificação FEC. Ao habilitar a criptografia, o mestre A envia, em texto claro, um número aleatório (EN_RAND_A) para o escravo B. Esse número aleatório é trocado toda vez que uma chave de encriptação (K_C) é modificada.

Para cada transmissão de um quadro, uma nova chave (K_{cipher}) é utilizada. Essa chave é gerada através de uma combinação complexa do EN_RAND_A, do endereço do mestre (BD_ADDR_A), do valor do relógio do mestre ($clock_A$) e da chave K_C. A chave K_{cipher} é passada para o algoritmo de criptografia denominado E_0 que produz um fluxo contínuo de bits. Esse fluxo e a carga útil passam por um ou-exclusivo bit-a-bit, sendo o resultado transmitido.

Na recepção, de posse dos valores EN_RAND_A, do endereço do mestre BD_ADDR_A, do valor do relógio e da chave K_C, é gerada a chave K_{cipher}. Essa chave e o fluxo recebido passam por um ou-exclusivo bit-a-bit e o texto em claro é obtido.

O estabelecimento e a manutenção dos enlaces também são funções da camada de banda base e envolvem diversas fases. O estado inicial é o *standby*. Nesse estado, o dispositivo está em um modo de baixo consumo de energia e somente o relógio nativo está em operação. O dispositivo pode deixar o estado *standby* para procurar por mensagens de *inquiry* e *page*. A fase de investigação (*inquiry*) é usada para se descobrir os dispositivos próximos e seus endereços e relógios. Nessa fase é utilizada uma sequência universal de saltos de frequência. O dispositivo que inicia o procedimento de investigação tornar-se-á o mestre da piconet e as outras unidades serão os escravos. No estado *inquiry*, o potencial mestre transmite um quadro ID com o código de acesso de investigação (IAC). De tempos em tempos, os dispositivos que estão no estado *standby* passam para o estado *inquiry scan*, de modo a verificar se há alguma transmissão. O dispositivo que recebe o quadro ID entra no estado *inquiry response* e envia um quadro FHS contendo informação de endereço (BD_ADDR) e temporização (relógio). Após a transmissão, o dispositivo passa para o estado *page scan*. Na fase de negociação (*page*), a unidade (mestre) sabe a identidade do dispositivo com o qual quer se conectar. A sequência de saltos é estabelecida por cada par de dispositivos e nessa fase ocorre uma negociação do canal. O mestre usa o endereço do escravo para calcular uma sequência de saltos para negociação. O mestre envia um quadro ID com o código de acesso de dispositivo (DAC) do escravo. O escravo então responde com o mesmo quadro ID com código DAC. A seguir, o mestre responde com um quadro FHS, que contém o seu endereço e seu relógio, e o escravo confirma a recepção com um quadro ID com código DAC. Após a transmissão, o escravo passa para o estado *connection* e passa a utilizar a sequência de saltos e o endereço temporário determinados pelo mestre. O estado *connection* possui diversos modos. No modo *active*, o dispositivo participa da piconet, ouvindo, transmitindo e recebendo quadros. O modo *sniff* realiza economia de energia ao dormir durante um intervalo predefinido e acordar periodicamente. Nesse caso o dispositivo escuta somente em *slots* específicos. O modo *hold* provê uma maior economia de energia ao entrar temporariamente em baixo consumo por um intervalo fixo de tempo negociado com o mestre, sem a periodicidade do modo *sniff*. Esse modo não tem suporte para o enlace ACL, mas um dispositivo nesse modo ainda pode participar de trocas de dados em enlaces SCOs. O modo *park* provê uma economia de energia ainda maior. Nesse caso, o dispositivo não participa da piconet, liberando o endereço temporário, porém continua sincronizado com a piconet de modo a facilitar uma possível reativação futura.

A Camada Física

O Bluetooth também usa a banda ISM na frequência 2,4 GHz. A potência de transmissão dos dispositivos está associada a classes. Na classe 1, a potência máxima de saída é de 100 mW. O alcance nesse caso é de 100 m. Na classe 2, a potência máxima é de 2,4 mW com alcance de 10 m e na classe 3 é de 1 mW com alcance de 1 m. A classe 1 deve obrigatoriamente usar controle de potência, enquanto que nas classes 2 e 3, o controle de potência é opcional. A banda passante é dividida em 79 canais de 1 MHz, nos quais é utilizada uma modulação GFSK, o que dá uma taxa física de 1 Mbps. É utilizada a técnica de espalhamento de espectro com saltos de frequência (FHSS) como no IEEE 802.11 padrão, porém a uma taxa de saltos mais alta (1600 saltos/s). Como as outras transmissões ou ruídos são na sua maioria de banda estreita, o FHSS provê uma resistência a interferências. O FHSS ainda provê uma resistência ao problema dos múltiplos caminhos e serve como uma forma de acesso múltiplo entre dispositivos em diferentes piconets.

O mestre e os escravos de uma piconet saltam periodicamente de um canal para outro em uma sequência pseudoaleatória. O mestre dita a sequência de saltos definida pela identidade do mestre. O relógio do mestre define a fase dentro da sequência de saltos. Os escravos adicionam as diferenças de tempo (*time offsets*) a seus relógios para se sincronizarem na sequência de saltos. Pode haver colisões entre diferentes piconets caso usem a mesma frequência ao mesmo tempo.

Boa parte dos equipamentos Bluetooth disponíveis no Brasil até 2008 se baseava no padrão Bluetooth 1.1.

4.3.1 O Bluetooth 1.2

A versão 1.2 do Bluetooth [45] introduz algumas modificações, mas é compatível com a versão 1.1. Um novo tipo de enlace lógico denominado eSCO (*extended SCO*) foi acrescentado. Diferente do SCO, o eSCO pode trabalhar com retransmissão de quadros em *slots* que seguem os *slots* reservados. Aplicações de áudio podem se beneficiar desse tipo de enlace. Além disso, o eSCO provê suporte a combinações mais flexíveis de tipos de quadros, conteúdo dos dados dos quadros e número de *slots*, permitindo uma diversidade nas taxas binárias síncronas providas. Na camada física, o FHSS passa a ser adaptativo, o que aumenta a resistência a interferências de radiofrequência através da não utilização de determinadas frequências muito usadas por dispositivos interferentes. Com essas modificações, maiores taxas de transmissão são obtidas na prática.

4.3.2 O Bluetooth 2.0

O Bluetooth 2.0 [46] é compatível com as versões 1.x. A principal modificação na versão 2.0 é a introdução de um mecanismo denominado EDR (*Enhanced Data Rate*) que permite que sejam alcançadas taxas de até 3 Mbps. Novos tipos de quadros cujas taxas de transmissão podem chegar a 3 Mbps foram incluídos. Esses quadros usam modulações até 8-DPSK na carga útil, aumentando assim a taxa de transmissão em três vezes.

4.3.3 O Bluetooth 2.1

Em julho de 2007, o Bluetooth SIG apresentou a especificação 2.1, na qual foram introduzidas modificações em relação à versão anterior na parte de segurança e de economia de energia. Produtos surgiram no início de 2008.

4.3.4 O Bluetooth 3.0

A principal modificação introduzida no padrão 3.0 [47], de abril de 2009, é o aumento da taxa de dados para até 24 Mbps. Esse aumento é obtido através da utilização de um rádio IEEE 802.11 durante a fase de transmissão de dados. O rádio Bluetooth continua sendo usado na fase de estabelecimento do enlace.

4.3.5 O Bluetooth 4.0, 4.1 e 4.2

A especificação 4.0 do Bluetooth [48] foi aprovada em junho de 2010. Esse padrão define uma versão do Bluetooth voltada para o baixo uso de energia. Os dispositivos consomem somente uma fração da energia utilizada pelos dispositivos Bluetooth clássicos (versão até 2.1). O foco está voltado para dispositivos como relógios, brinquedos e aparelhos relacionados à saúde. Em relação às versões clássicas do Bluetooth, as principais modificações correspondem a um menor ciclo de operação (*duty cycle*), aos canais usados e à técnica de espalhamento de espectro utilizada. O Bluetooth de baixa energia não é diretamente compatível com as versões anteriores, porém a especificação 4.0 compreende na realidade três normas em uma, a do Bluetooth clássico, a do Bluetooth de alta velocidade (versão 3.0) e a do Bluetooth de baixa energia, sendo que essas normas podem ser utilizadas juntas ou separadas em diferentes dispositivos.

No final de 2011, começaram a surgir os primeiros equipamentos seguindo a norma.

A versão 4.1 [49], de dezembro de 2013, incorporou modificações relacionadas principalmente ao consumo de energia.

Em dezembro de 2014 foi publicada a versão 4.2 [50] com modificações em termos de segurança (privacidade) e suporte a IPv6.

4.3.6 O Bluetooth 5.0

A versão 5.0 [51] foi publicada em dezembro de 2016. Nessa versão, duas novas variações relacionadas à camada física foram introduzidas. As três camadas físicas são denominadas LE 1M, LE 2M e LE Coded, onde LE vem de *Low Energy*. A primeira já estava disponível na versão 4.0. A LE 2M dobrou a taxa de dados em relação à anterior e a LE Coded provê um alcance até quatro vezes maior do que a primeira através do uso de correção de erros.

Produtos certificados já estão disponíveis.

4.4 O ZigBee

Existe uma grande variedade de aplicações de redes domiciliares que estão alavancando o desenvolvimento de novas tecnologias. Entre as aplicações mais comuns, podemos identificar diferentes classes, como o compartilhamento de acesso à Internet, a interconexão de diversos computadores na casa, a transmissão de tráfego multimídia, a automação domiciliar, a conservação de energia e a segurança. Obviamente, cada uma destas classes possui necessidades diferentes em termos de banda passante, atraso, custo e consumo de energia. Pode-se dizer que tecnologias como a rede Ethernet ou a rede sem fio IEEE 802.11 possuem o foco principal no compartilhamento de acesso de alta velocidade, pois a evolução destes padrões tem ido na direção de cada vez maiores taxas de transmissão. Por outro lado, existem aplicações onde o baixo consumo ou o baixo custo são bem mais importantes, e que por outro lado podem se contentar com taxas de transmissão mais modestas. Dentre essas aplicações, destacam-se as de controle e monitoramento para indústrias e domicílios, tais como medição de água ou gás e monitoramento de segurança. Frequentemente, a exigência de baixo custo significa que pilhas de protocolo muito complexas não são convenientes.

No início da década de 2000, dois grupos de padronização combinaram seus esforços para definir um novo padrão que respondesse à demanda por comunicação sem fio de baixo custo e baixo consumo [52]. Estes grupos são a ZigBee Alliance [53] e o 802.15 do IEEE [54]. A aliança é formada por mais de 300 membros, dentre os quais Samsung, EDF, LG, Texas Instruments e outros. O subgrupo 802.15.4 foi criado com o objetivo de definir um padrão de redes pessoais sem fio de baixa taxa de transmissão (*Low-Rate Wireless Personal Area Network* - LR-WPAN), que possuísse como pré-requisitos custo muito baixo e potência para conectividade sem fio com baixas taxas de transmissão para pequenos dispositivos fixos, portáteis e móveis. O escopo do grupo-tarefa 4 inclui a elaboração das especificações da subcamada MAC e da camada física. Em paralelo, os usuários potenciais da tecnologia focaram sua atenção na definição de perfis de aplicações para os produtos equipados com interfaces ZigBee, em um esforço coordenado pela ZigBee Alliance. Mais informações sobre os perfis podem ser obtidas na página da aliança [53].

O nome ZigBee vem do zig-zag que as abelhas fazem para indicar comida as outras abelhas. É uma metáfora para a maneira como os dispositivos na rede se acham e se comunicam.

A primeira norma, o ZigBee 1.0, foi publicada em junho de 2005 e especifica protocolos da camada rede à camada aplicação. A especificação foi estendida em 2007. Em 2003, o IEEE publicou o padrão IEEE 802.15.4 que especifica as camadas física e enlace para redes pessoais[5]. Esse padrão foi revisado em 2006 [55].

A arquitetura do ZigBee consiste em uma rede ad hoc formada por diferentes tipos de dispositivos. A topologia da rede depende do tipo de aplicação e pode ser estrela ou par-a-par. A vantagem da topologia em estrela é a pequena latência na comunicação, enquanto que a par-a-par permite uma maior cobertura da rede. Cabe destacar que o roteamento está fora do escopo do padrão IEEE 802.15.4. Os dispositivos são de dois tipos físicos. Os dispositivos de funcionalidade completa (*Full Function Devices* - FFDs) são nós capazes de comunicação e de roteamento. Geralmente são alimentados através da rede elétrica e podem ser usados em qualquer topologia. Esses dispositivos podem se comunicar com quaisquer tipos de dispositivos. Já os dispositivos de funcionalidade reduzida (*Reduced Function Devices* - RFDs) são nós simples que somente enviam/recebem dados. Possuem implementação simples em termos de memórias RAM e ROM e geralmente são alimentados com bateria. Cada RFD só pode se comunicar com o FFD ao qual está associado (a fase de associação é apresentada adiante). A arquitetura ainda especifica três tipos

[5]Quando não especificado, os termos ZigBee e IEEE 802.15.4 serão intercambiáveis.

lógicos de dispositivos. Um coordenador deve ser um dispositivo de funcionalidade completa que provê serviço de sincronização através de quadros de sinalização (*beacons*) para outros dispositivos ou outros coordenadores. O coordenador de rede é um único nó da rede dentre os coordenadores que inicia a rede, além de realizar outras tarefas como prover sincronização. O terceiro tipo de dispositivo é um nó comum.

A arquitetura de protocolos do ZigBee é apresentada na Figura 4.31. O IEEE 802.15.4 está dividido em: subcamada de controle de enlace lógico (LLC), subcamada de convergência específica de serviços (*Service-Specific Convergence Sublayer* - SCCS), subcamada MAC e camada física. Existe a possibilidade das camadas mais altas acessarem a subcamada de acesso ao meio diretamente.

Figura 4.31: Arquitetura de protocolos do IEEE 802.15.4.

A Subcamada de Controle de Enlace Lógico

A subcamada LLC fornece um serviço do IEEE 802.2 do tipo datagrama não confiável.

A Subcamada de Convergência Específica de Serviços

A subcamada SCCS provê uma interface entre a subcamada LLC e a subcamada MAC.

A Subcamada de Acesso ao Meio

A subcamada MAC do IEEE 802.15.4 difere-se de acordo com a topologia utilizada.

Nas redes em estrela, são utilizados diferentes mecanismos de acesso ao meio em função do uso ou não de *beacons*, o CSMA/CA quando não usa *beacons* e o *slotted* CSMA/CA incluindo um acesso sem disputa quando usa *beacons*. O acesso ao meio também depende do tipo de dispositivo que deseja transmitir, se coordenador ou não. Cabe reforçar que nessa topologia somente são permitidas comunicações entre o coordenador e as estações (nós comuns), não havendo comunicação direta entre as estações.

No mecanismo de acesso ao meio sem *beacons*, uma estação que deseja transmitir dados adia a transmissão por um tempo aleatório, denominado tempo de *backoff*. Ao expirar o tempo de *backoff*, a estação determina se o meio está livre. Em caso afirmativo, a estação transmite o quadro, caso contrário a estação volta ao início do procedimento de *backoff*. Uma verificação de redundância cíclica é usada para detecção de erros. Se o quadro parece estar correto e se um reconhecimento foi solicitado, o coordenador envia um ACK após um intervalo de tempo denominado t_{ACK}. A estação pode tentar transmitir um novo quadro um intervalo entre quadros (IFS) após o recebimento do ACK; intervalo entre quadros que depende do tamanho do quadro enviado anteriormente. Caso o coordenador queira transmitir dados para uma estação, ele armazena esses dados, pois a estação pode estar dormindo, economizando energia. Periodicamente uma estação transmite um pedido de dados usando o CSMA/CA, de forma a verificar se há dados pendentes. Se houver dados pendentes, o coordenador responde com um ACK (se for o caso) e transmite os dados também usando o CSMA/CA. No fim, um ACK pode ser enviado pela estação. Se não houver dados pendentes o coordenador indica isso no envio do ACK ou através do envio de um quadro de dados sem carga útil.

No mecanismo de acesso ao meio com *beacons*, o coordenador envia *beacons* a intervalos predeterminados para sincronizar as estações, para identificar a rede e para descrever a estrutura dos superquadros. Define-se um superquadro como um intervalo de tempo entre dois *beacons* sucessivos. O superquadro possui uma parte ativa e uma parte inativa. A parte inativa (opcional) serve para economia de energia do coordenador. A parte ativa do superquadro contém 16 *slots* de tempo (valor padrão) e é dividida em dois períodos, de forma análoga ao modo PCF do IEEE 802.11, conforme a Figura 4.32. Em cada *beacon* há a indicação do começo do período livre de disputa, formado por *slots* de tempo garantidos (*Guaranteed Time Slots* - GTSs), e da duração do superquadro. No período de contenção, uma estação que deseja transmitir dados adia a transmissão por um tempo aleatório, equivalente a uma quantidade aleatória de *slots* de tempo, denominado tempo de *backoff*. Ao expirar o tempo de *backoff*, a estação determina se o meio está livre. Se o meio não está livre a estação volta ao procedimento de *backoff*. Em caso afirmativo, a estação diminui o valor da janela de contenção (CW) e caso CW seja igual a zero transmite o quadro no início de um *slot*, caso contrário, a estação volta a verificar se o meio está livre. O valor inicial de CW é 2. Um ACK é enviado como resposta, caso solicitado, após t_{ACK}. Caso o coordenador queira transmitir dados para uma estação, ele indica no *beacon* que há mensagem pendente para a estação. Ao receber essa informação, a estação transmite um pedido de dados usando o *slotted* CSMA/CA e o coordenador responde com um ACK (se for o caso). Após, o coordenador transmite os dados também usando o *slotted* CSMA/CA e um ACK pode ser enviado pela estação. Além de ser usado para o envio de dados, o período de contenção também contém pedidos de estações que queiram aderir à rede. Todas as transações (dados e reconhecimento, se utilizado) com disputa devem ser completadas antes do início do período sem disputa. Após o término do período de contenção começa o período sem contenção (opcional), contendo GTSs. Podem existir até 7 GTSs e cada GTS pode ocupar mais do que um *slot* de tempo [56]. O tamanho do período sem contenção depende das demandas das estações. O período sem contenção é usado principalmente por aplicações que necessitam de baixa latência ou banda garantida. Todas as transações que usam os GTSs devem ser realizadas antes do tempo do próximo GTS ou do fim do período sem contenção.

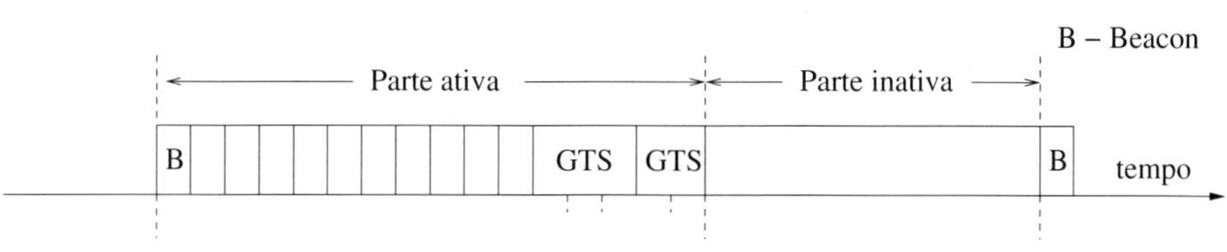

Figura 4.32: Superquadro do IEEE 802.15.4.

Os mecanismos de acesso ao meio utilizados na topologia par-a-par exigem que as estações estejam constantemente em modo de recepção ou se sincronizem com outras estações. No primeiro caso, uma estação pode transmitir seus dados usando o CSMA/CA. No segundo caso, outras medidas devem ser tomadas de forma a sincronizar as estações. Essas medidas estão fora do escopo da norma.

O formato do quadro de dados é apresentado na Figura 4.33. O quadro é composto pelos campos controle de quadro, número de sequência, endereço 1, endereço 2, endereço 3, endereço 4, cabeçalho auxiliar de segurança, dados e sequência de verificação de quadro.

Octetos	2	1	2	2/8	2	2/8	0–14	>= 0	2
	Controle de quadro	Sequência	Endereço 1	Endereço 2	Endereço 3	Endereço 4	Cab. Auxiliar de Segurança	Dados	FCS

Figura 4.33: Formato do quadro de dados do IEEE 802.15.4.

O campo controle de quadro (16 bits) é usado para indicar o tipo de quadro, o formato do campo de endereço e o uso ou não de ACK. O campo número de sequência indica o número de sequência do quadro. O campo endereço varia entre 4 e 20 octetos. Podem ser utilizados endereços de 16 ou de 64 bits. Os endereços de 16 bits são atribuídos quando da associação da estação, enquanto que os endereços de 64 bits são determinados pelo IEEE. Os endereços de 1 a 4 são identificador da rede de destino de 16 bits (opcional), endereço de destino de 16 ou 64 bits, identificador da rede de origem de 16 bits (opcional) e endereço de origem de 16 ou 64 bits. O campo cabeçalho auxiliar de segurança (opcional) de 0 a 14 octetos indica qual o nível de segurança a ser utilizado no quadro. O campo dados possui um tamanho máximo de forma que a PSDU tenha 127 octetos e não possui tamanho mínimo. O campo sequência de verificação de quadro contém uma verificação cíclica de redundância (CRC) de 16 bits que protege desde o controle de quadro até os dados. Esse CRC é o mesmo utilizado no IEEE 802.11b de 11 Mbps HR-DSSS.

O quadro ACK contém os campos controle de quadro, número de sequência e verificação de redundância cíclica. O campo número de sequência indica a qual quadro o reconhecimento se refere.

O padrão IEEE 802.15.4 define três níveis de segurança distintos. O primeiro não possui qualquer mecanismo de segurança. O segundo nível utiliza listas de controle de acesso (segurança sem criptografia) e o terceiro nível de segurança utiliza chaves simétricas, empregando o AES-128 [57]. Com o objetivo de manter o baixo custo dos dispositivos, o método de distribuição de chaves não é definido pelo padrão, mas deixado para as camadas superiores das aplicações que necessitem este nível de segurança.

A subcamada MAC do IEEE 802.15.4 também contém funções de gerenciamento que incluem a criação da rede, a fase de associação e outras. Um FFD ativado pela primeira vez pode se tornar o coordenador da rede. Os outros dispositivos precisam usar a fase de associação para aderirem à rede. Na fase de associação, a procura por uma rede pode ser ativa ou passiva. Na procura ativa, o dispositivo realiza uma varredura ativa de canais, na qual uma solicitação de envio de *beacon* é transmitida em cada canal. Caso o coordenador utilize o modo com *beacons*, essa solicitação é descartada, pois o coordenador já envia *beacons* periodicamente. Caso contrário, o coordenador envia um *beacon* em *unicast* ao dispositivo. Ao receber o *beacon*, o dispositivo pode solicitar a adesão à rede. Na procura passiva, o dispositivo procura por *beacons* nos canais. Na fase de associação o dispositivo pode obter o endereço de 16 bits.

A Camada Física

O formato do quadro da camada física é apresentado na Figura 4.34. A PPDU é formada pelos campos cabeçalho de sincronização, cabeçalho física e PSDU. O cabeçalho de sincronização contém um preâmbulo (32 bits) e um delimitador de início de quadro (*Start of Frame Delimiter* - SFD) de 8 bits. No cabeçalho física, 7 bits indicam o tamanho da carga útil em octetos e um bit está reservado para uso futuro. O campo PSDU contém a carga útil que pode ter até 127 octetos.

Octetos	5	1	<=127
	Cabeçalho de Sincronização	Cab. Física	PSDU

Figura 4.34: PPDU do IEEE 802.15.4.

O padrão IEEE 802.15.4 possui diferentes opções de camada física em função da faixa de frequência utilizada. As bandas são 868 MHz, 915 MHz e 2,4 GHz. A banda de 868 MHz está disponível na Europa, a banda de 915 MHz pode ser usada na América do Norte, na Austrália e em outros países, e a banda de 2,4 GHz está disponível no mundo todo. A potência de transmissão mínima de um dispositivo ZigBee é de 1 mW. Com essa potência de transmissão, o alcance típico é de 10 a 20 m. As bandas de 868 e 915 MHz podem utilizar a técnica de espalhamento de espectro por sequência direta (DSSS), com um código de 15 bits, ou a técnica de espalhamento de espectro por sequência paralela (*Parallel Sequence Spread Spectrum* - PSSS). Com o DSSS, podem ser usadas as modulações BPSK ou O-QPSK. Na banda de 868 MHz existem três canais. A modulação BPSK em conjunto com uma taxa de símbolos de 20 kbaud corresponde a uma taxa física de 20 kbps. A modulação O-QPSK (opcional) com uma taxa de símbolos de 25 kbaud, permite 100 kbps. A banda de 915 MHz é dividida em 30 canais. Caso seja usada a modulação BPSK, à taxa de 40 kbaud, a taxa física é de 40 kbps. Com a modulação O-QPSK (opcional), à taxa de 62,5 kbaud, pode-se obter 250 kbps. No caso da técnica PSSS (opcional), a modulação é a ASK e a taxa é de 250 kbps. Na banda de 2,4 GHz, existem 16 canais e o DSSS é utilizado. É usada uma modulação O-QPSK que a uma taxa de 62,5 kbaud, leva a 250 kbps.

A seleção do canal a ser utilizado também é uma das funções da camada física.

4.4.1 O IEEE 802.15.4a

A extensão IEEE 802.15.4a [58], publicada em agosto de 2007, especifica duas camadas físicas alternativas. A camada física UWB (*Ultra Wide Band*) usa as frequências de 3 a 5 GHz, de 6 a 10 GHz e menores que 1 GHz. A taxa física obrigatória é de 851 kbps, sendo opcionais as taxas de 110 kbps, 6,81 Mbps e 27,24 Mbps. A camada física CSS (*Chirp Spread Spectrum*) usa 2450 MHz e pode chegar a 1 Mbps ou 250 kbps (opcional).

Capítulo 5

As Redes sem Novos Fios

Há alguns anos, as tecnologias sem novos fios surgiram como alternativas às soluções tradicionais de redes domiciliares. O maior atrativo das tecnologias sem novos fios é o baixo custo de instalação, uma vez que eliminam a necessidade de um cabeamento específico para a rede domiciliar. É importante ressaltar que a construção de um sistema de cabeamento em um domicílio pode chegar a 85% do custo total da rede domiciliar. Também deve ser notado que determinados domicílios não permitem que novos cabeamentos sejam instalados, como por exemplo, prédios históricos tombados. As tecnologias de redes sem novos fios disponíveis no mercado se servem da instalação telefônica ou elétrica já existente no prédio que possui a característica de ubiquidade, ou seja, estes meios físicos estão presentes em praticamente toda a residência. O grande problema destas tecnologias é que tanto a instalação telefônica quanto a instalação elétrica não foram inicialmente projetadas para passar dados e, portanto, apresentam determinadas características que precisam ser consideradas. As duas tecnologias já possuem produtos comercialmente disponíveis que atendem às necessidades atuais das redes domiciliares, incluindo suporte a aplicações como voz sobre IP e distribuição de TV de alta definição.

Este capítulo[1] apresenta os principais conceitos e padrões de redes domiciliares sem novos fios e suas novas versões voltadas principalmente para o entretenimento. Os padrões de redes domiciliares através da fiação telefônica e da fiação elétrica, denominados respectivamente HomePNA (de *Home Phoneline Networking Alliance*) e HomePlug, são descritos.

---

[1]Este capítulo teve a inestimável contribuição dos pesquisadores Pedro Braconnot Velloso, Daniel de Oliveira Cunha e Aurelio Amodei Junior.

5.1 As Redes Domiciliares Através da Fiação Telefônica

As redes domiciliares através da fiação telefônica buscam utilizar o cabeamento telefônico de pares metálicos trançados já existente nas casas para permitir a construção de sistemas de comunicação de dados a alta velocidade. Desta forma, a rede domiciliar utiliza a mesma fiação responsável pela interconexão do assinante com a central telefônica. A primeira vista, pode parecer trivial fazer um sistema de comunicação com pares metálicos trançados, pois a rede Ethernet se serve deste mesmo tipo de meio físico e consegue taxas de transmissões de até 10 Gbps (10GBase-T). No entanto, existem diferenças fundamentais na topologia, na qualidade do par trançado e na quantidade de pares trançados a serem usados.

Na rede Ethernet com par trançado a topologia é em estrela com um elemento centralizador (*hub* ou comutador) e as estações nas pontas da estrela. Assim, as comunicações entre cada estação e o elemento centralizador são dedicadas e do tipo ponto-a-ponto, ou seja, um cabo Ethernet de pares trançados por dispositivo a ser conectado. A fiação telefônica, por outro lado, apresenta uma topologia bem diversificada que procura atender aos cômodos da residência onde um telefone poderia ser instalado, conforme ilustra a Figura 5.1. Nessa figura, os Pontos de Acesso (PAs) são as tomadas telefônicas, onde podem estar ligados um ou mais dispositivos, tais como: aparelhos telefônicos, aparelhos de fax ou dispositivos HomePNA. Ao invés da topologia em estrela com comunicações ponto-a-ponto dedicadas, usada na rede Ethernet, o HomePNA possui uma topologia que corresponde a uma combinação de árvore com multiponto conforme ilustra a Figura 5.1. Desta forma, o problema de reflexões de sinal devido a descasamento de impedância é muito mais grave na fiação telefônica que na rede Ethernet de par trançado.

Além disso, na rede Ethernet o cabo de par trançado possui quatro pares onde todos os pares são conectados de um lado na estação e do outro no elemento central (*hub* ou comutador) através de um conector tipo RJ45. A rede Ethernet pode se servir, simultaneamente, de mais de um par para aumentar o desempenho utilizando, por exemplo, um par para a transmissão, um para a recepção e outros para transmissão ou recepção. No Gigabit Ethernet 1000Base-T, usam-se os quatro pares metálicos simultaneamente para se atingir a taxa de transmissão de 1 Gbps, transmitindo-se efetivamente 250 Mbps em cada par trançado. No sistema telefônico cada linha corresponde a um

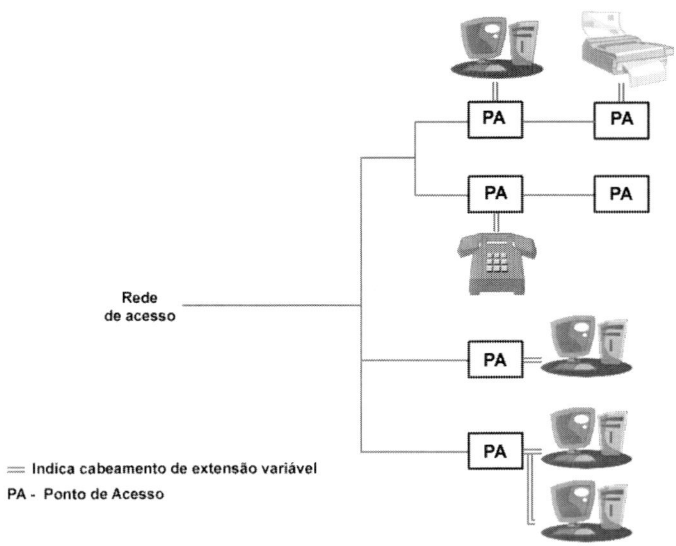

Figura 5.1: Topologia da rede domiciliar através da fiação telefônica.

par metálico e, portanto, a rede domiciliar se baseia em um único par que é compartilhado para interconectar todos os dispositivos. Esta particularidade da fiação telefônica elimina a possibilidade de se transmitir e receber sinais simultaneamente (modo *full-duplex*).

A qualidade dos cabos utilizados nas redes Ethernet é muito superior a dos cabos normalmente empregados para o serviço de telefonia em uma residência. O cabo usado para 100 Mbps é geralmente de categoria 5 e o usado em residências é de categoria 3 ou pior, implicando uma menor capacidade de transmissão. Existem ainda cabeamentos residenciais que se servem de cabos planos, nos quais dois fios em paralelo formam uma antena simples. Quando os fios metálicos são trançados, as ondas eletromagnéticas de diferentes pares dos fios se cancelam, resultando em menor interferência cruzada ou diafonia (*crosstalk*) e menor interferência externa. Os cabos de melhor qualidade possuem um trançado com um menor passo (mais apertado) que diminui a diafonia. Portanto, os cabos planos são ainda piores para altas taxas de transmissão. Assim, tanto a topologia como a baixa qualidade do cabo tornam a fiação telefônica um ambiente hostil para se atingir altas taxas de transmissão e requerem o uso de técnicas avançadas de processamento de sinais como, por exemplo, a equalização adaptativa para lidar com as reflexões do sinal.

A importância da equalização nas redes domiciliares através da fiação telefônica pode ser observada na Figura 5.1 onde as terminações da rede são arbitrárias, ou seja, diferentes equipamentos, ou mesmo nenhum equipamento, podem estar conectados a um determinado ponto de acesso. Assim, a terminação pode estar casada (em torno de 100 Ω na frequência de interesse), pode ser capacitiva (em torno de 300 pF para um telefone antigo fora do gancho), ou estar em aberto [59]. Segmentos com impedância casada podem representar estações ou uma possível ligação à central telefônica. Terminações capacitivas representam telefones antigos fora do gancho, secretárias eletrônicas etc., enquanto que terminações abertas representam pontos de acesso não utilizados nos quais não foram feitas tentativas de casamento de impedância. Os circuitos em aberto e terminações não casadas são os principais responsáveis pela reflexão dos sinais nas redes através da fiação telefônica. Os descasamentos de impedância causam padrões complexos de reflexão no domínio do tempo pela rede, isso implica faixas estreitas de alta atenuação no domínio da frequência denominadas *notches*. Além disso, pequenas mudanças nos parâmetros da rede podem prejudicar seriamente a comunicação, por exemplo, mudando um *notch* de uma frequência relativamente inofensiva para uma frequência de grande importância para o funcionamento da rede. Um outro problema que surge com a utilização da fiação telefônica como meio de comunicação é o ruído. O ruído na fiação telefônica pode ser oriundo da captação de RadioFrequência (RF), da diafonia, de equipamentos conectados à rede telefônica ou do acoplamento com a rede elétrica que pode gerar um ruído do tipo impulsivo. A rede deve ser capaz de operar, por exemplo, quando o sinal de toque é enviado da central para o assinante ou durante a transmissão de um fax.

É importante ressaltar que a taxa de transmissão efetiva em uma rede através da fiação telefônica não consegue acompanhar as taxas de transmissão da rede Ethernet devido à qualidade do cabo, à topologia e ao compartilhamento do meio físico. A troca do cabo de telefonia de baixa qualidade existente em uma residência por um cabo de melhor qualidade não é suficiente para se atingir as taxas disponíveis na tecnologia Ethernet, pois ainda permanecem os problemas de reflexões do sinal devido à topologia e de compartilhamento do meio físico, uma vez que apenas um par trançado é usado para as conexões e transmissões de todos os dispositivos. A principal vantagem da utilização da fiação de telefonia é o aproveitamento de uma infraestrutura já existente o que dispensa qualquer custo de instalação de novos cabos. Uma rede Ethernet requer um cabo de par trançado por dispositivo a ser conectado e uma topologia em estrela. Isto implica uma grande quantidade de cabos além de tubulações grossas para passagem dos diversos cabos. Normalmente, a instalação de uma rede Ethernet residencial requer um alto custo de obra civil.

5.1.1 O HomePNA

A ideia de realizar uma rede domiciliar em linha telefônica foi inicialmente proposta pela empresa Tut System que desenvolveu uma tecnologia que permitia uma taxa de transmissão de 1 Mbps. Em junho de 1998, as companhias 3Com, Agere Systems, AMD, AT&T Wireless Services, Broadcom, Compaq, Conexant, Hewlett-Packard, Intel, Motorola e 2Wire fundaram a *Home Phoneline Networking Alliance*, conhecida como HomePNA. A HomePNA era uma associação sem fins lucrativos que reunia indústrias ligadas às áreas de redes, telecomunicações, hardware, software e eletrodomésticos objetivando garantir a adoção de uma única especificação de modo a promover o rápido desenvolvimento de produtos e sua interoperabilidade. Em 2013 a aliança foi incorporada a uma outra aliança mais geral denominada HomeGrid Forum [60].

A primeira especificação, a HomePNA 1.0, foi publicada em junho de 1999 e se baseia na proposta da empresa Tut System de 1 Mbps [61]. Uma segunda geração desta tecnologia foi proposta pela empresa Broadcom empregando equalização adaptativa e modulação de amplitude em quadratura (*Quadrature Amplitude Modulation* - QAM) para aumentar a taxa de transmissão. Em março de 2000 foi publicada a especificação HomePNA 2.0 que permite taxas de transmissão de até 32 Mbps e é compatível com a versão 1.0. Grande parte dos produtos HomePNA baseia-se na versão 2 da norma. A aliança também vinha procurando tornar suas especificações padrões internacionais. Nesse sentido, a ITU-T (*International Telecommunication Union - Telecommunication Standardization Sector*), baseando-se na especificação HomePNA 2.0, estabeleceu as recomendações G.989.1 [62], G.989.2 [63] e G.989.3 [64]. Posteriormente, em 2005, o ITU-T renumerou essas recomendações sem nenhuma outra modificação para G.9951, G.9952 e G.9953, respectivamente.

A faixa de frequências usada pelo padrão HomePNA é de 4 a 10 MHz. A frequência inferior foi definida de forma a não interferir nos serviços já oferecidos como a telefonia e outros serviços de acesso, como o DSL (*Digital Subscriber Line*). Como ilustrado na Figura 5.2, o serviço telefônico convencional ocupa, tipicamente, a faixa até 4 kHz, e os sistemas DSL mais utilizados como forma de acesso residencial (Capítulo 6) ocupam a faixa até 2 MHz. Análises sobre a resposta do canal mostraram que a banda acima de 10 MHz é mais sensível aos efeitos das reflexões [65] e à diafonia. Para sistemas cuja banda se sobrepõe à especificada para o padrão HomePNA, como o VDSL (Capítulo 6), é necessária a inclusão de uma função de isolamento para eliminar a interferência.

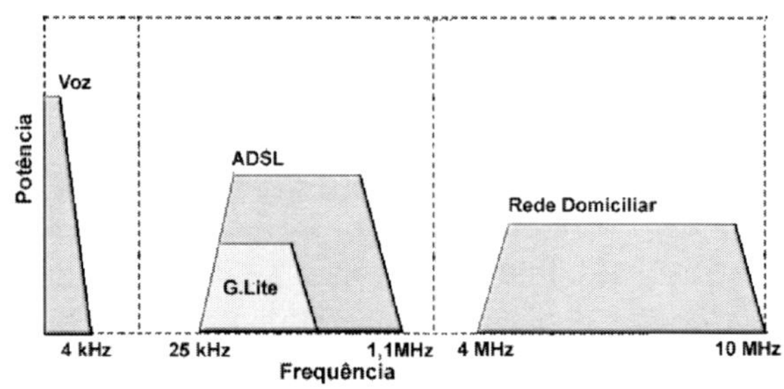

Figura 5.2: Multiplexação dos sistemas de voz, ADSL e HomePNA em frequência.

Além da compatibilidade com outros serviços já existentes, o uso da fiação telefônica torna necessário que os dispositivos de rede domiciliar sigam algumas regulamentações específicas. Existem regulamentações para dispositivos ou terminais ligados à linha telefônica que tratam de questões como o nível máximo de sinal a ser transmitido. Outras questões indiretamente ligadas ao cabeamento telefônico também devem ser consideradas, como a radiação de sinais de RF. A Figura 5.3 mostra a máscara de densidade espectral de potência (*Power Spectral Density* - PSD) definida para os transmissores HomePNA [62]. De acordo com a potência máxima de transmissão, a norma especifica que um alcance de até 300 m pode ser atingido, podendo variar de acordo com a instalação telefônica da casa. Esse alcance já seria suficiente para cobrir a grande maioria dos domicílios.

A portadora utilizada é de 7 MHz. A escolha da banda entre 4 e 10 MHz se sobrepõe apenas a uma banda de radioamador, simplificando a filtragem para eliminação dos problemas de emissão e interferência de sinais de RF. Além dos limites em 4 e 10 MHz, há um *notch* reduzindo a densidade espectral de potência máxima entre 7 e 7,3 MHz para -81,5 dBm/Hz, como pode ser visto na Figura 5.3. O limite de -140 dBm/Hz para a banda abaixo de 2 MHz garante a compatibilidade tanto com os sistemas de acesso ADSL G.dmt e

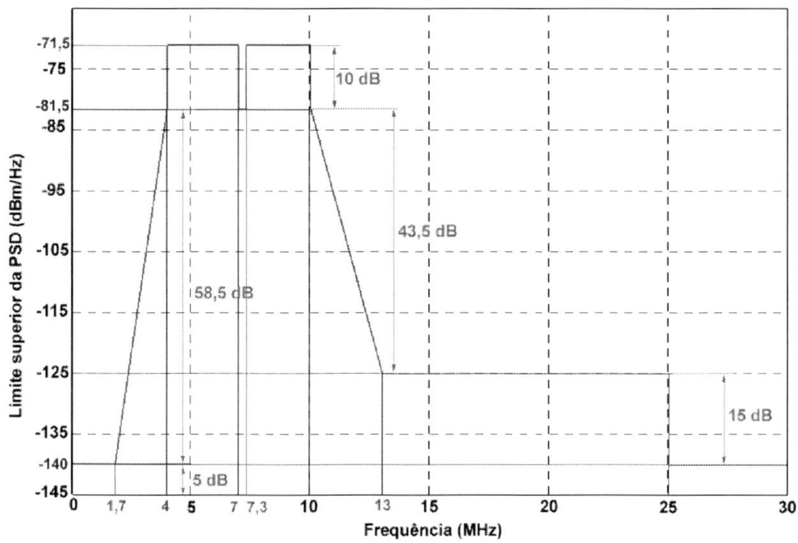

Figura 5.3: Máscara PSD do HomePNA.

G.lite (Capítulo 6) quanto com a rede tradicional de telefonia. Desta forma, a rede de telefonia, as redes de acesso e a rede domiciliar podem coexistir multiplexadas em frequência como mostra a Figura 5.2.

Ao adotar a máscara de densidade espectral de potência mostrada na Figura 5.3, os transmissores podem atender às exigências da FCC (*Federal Communications Commission*) Parte 68, que é um instrumento regulador dos EUA para a conexão de equipamentos terminais à rede telefônica. É comum que os produtos apresentem também compatibilidade com a FCC Parte 15, que regulamenta dispositivos de RF.

A Subcamada de Acesso ao Meio

O HomePNA utiliza o protocolo CSMA/CD para o compartilhamento do meio entre as estações, porém com algumas modificações em relação ao método de acesso usado em uma rede Ethernet (Seção 3.2). O quadro MAC utiliza exatamente o mesmo quadro da rede Ethernet com os campos de endereço de destino, endereço de origem, tipo, dados e sequência de verificação de quadro (*Frame Check Sequence* - FCS). Esta estratégia permite aproveitar determinados circuitos integrados utilizados pela tecnologia Ethernet e tornar o padrão HomePNA totalmente compatível com as aplicações já existentes para o Ethernet. Para melhor suporte às aplicações que requerem qualidade de serviço (*Quality of Service* - QoS), o protocolo de controle de acesso ao meio do HomePNA acrescentou um mecanismo de prioridade. Este mecanismo prevê oito níveis de prioridade de acesso ao meio. Assim, diferentes tipos de tráfego podem receber diferentes prioridades que variam de 0 a 7, sendo 7 a maior prioridade. Com base na prioridade de cada quadro, sua transmissão é feita no intervalo de tempo (*slot*) correspondente após o espaçamento obrigatório ao final de cada quadro (*Inter-Frame Gap* - IFG), que deve ser no mínimo de 29 μs. Como mostra a Figura 5.4, os intervalos de tempo são dispostos em ordem decrescente de prioridade. Desta forma, estações com fluxos de maior prioridade começam a transmitir mais cedo, sem competir com o tráfego de menor prioridade. A utilização de prioridade busca reduzir a variação do atraso de mídias contínuas alocando uma maior prioridade para estas mídias em relação ao tráfego de dados (assíncronos). Dessa maneira, evita-se que rajadas menos prioritárias, como por exemplo de dados, possam ocupar o meio e reduzir a qualidade de serviço de tráfegos mais prioritários, como por exemplo atrapalhar a cadência das mídias contínuas. Outra consequência da utilização de prioridades é a divisão do domínio de colisões, uma vez que apenas quadros de mesma prioridade podem sofrer colisões. A duração de cada intervalo de tempo de prioridade, denominado PRI_SLOT, é de 21 μs.

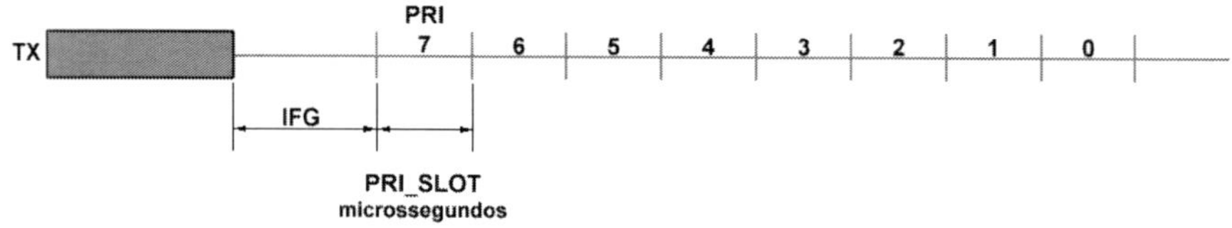

Figura 5.4: *Slots* de prioridade no HomePNA.

Estações que tenham quadros para transmitir devem monitorar a portadora e adiar o uso do canal caso seja detectada a portadora antes do início do intervalo de tempo relativo à prioridade da estação. Caso outra estação controle o meio antes do início da transmissão, a contagem dos intervalos de tempo deve ser reiniciada. A Figura 5.5 mostra um exemplo com duas estações, uma com quadro de prioridade 7 e outra com quadro de prioridade 1, e suas respectivas transmissões.

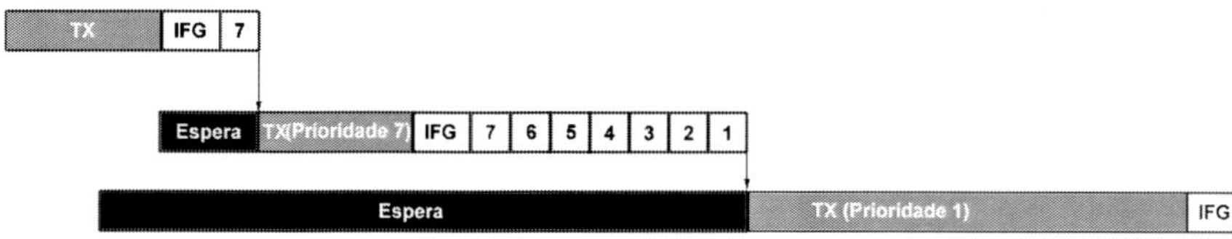

Figura 5.5: Exemplo de acesso com prioridade no HomePNA.

Como pode ser visto na Figura 5.5, embora a estação com quadro de prioridade 1 tenha iniciado a escuta do meio antes, a estação com quadro de prioridade 7 transmite primeiro, e a estação com quadro de prioridade 1 tem que reiniciar seu contador de intervalos de tempo para competir pelo meio novamente.

Todas as estações monitoram o meio para detectar colisões entre transmissões de outras estações. Essas colisões podem ser detectadas pela duração da transmissão, dado que a duração mínima de um quadro válido é de 92,5 μs. Uma estação que detecte a colisão de seu quadro deve parar a transmissão em até 70 μs após o seu início [65], para que as outras estações também possam detectá-las. A duração de um quadro também não pode ultrapassar 3122 μs. Transmissões muito curtas ou muito longas são consideradas colisões por estações monitorando a rede. O procedimento para a transmissão de um quadro é apresentado na Figura 5.6 e descrito a seguir.

Se o meio estiver livre até o *slot* de prioridade correspondente à do quadro (P), a estação transmite o quadro. Após iniciar a transmissão, a estação monitora o meio para detectar se houve uma colisão. Caso não haja colisão, a estação termina de transmitir o quadro e volta ao estado inicial, podendo transmitir um novo quadro. Caso haja uma colisão, a estação deve parar a transmissão em até 70 μs para o início da resolução de colisão. Neste caso, as estações iniciam um procedimento distribuído de resolução de colisão denominado *Distributed Fair Priority Queuing* [65], que é diferente do tratamento de colisões feito pela Ethernet. Após a execução do algoritmo, as estações envolvidas na colisão são organizadas em níveis de *backoff*, que indicam a ordem em que as estações vão transmitir. A saída esperada é que apenas uma estação esteja no nível 0, podendo transmitir o seu quadro. Após essa trans-

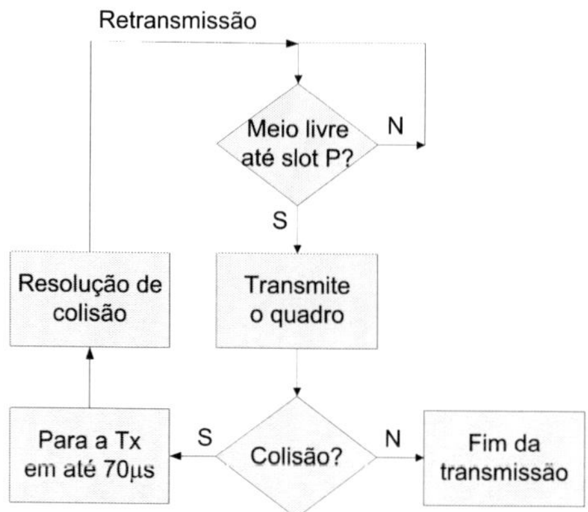

Figura 5.6: Lógica de acesso ao meio no HomePNA.

missão, todas as outras estações decrementam seus níveis de *backoff* para que a(s) estação(ões) no nível 0 de *backoff* assuma(m) o controle do meio.

Todas as estações, mesmo as que não estão esperando para transmitir, devem monitorar o meio para ter conhecimento do nível de *backoff* máximo. Desta forma, estações que não estavam envolvidas na colisão original podem saber quando todas as estações envolvidas na colisão transmitiram seus quadros. Estações com prioridade menor ou igual a dos quadros colididos e que não estavam envolvidas na colisão só podem transmitir após todas as estações envolvidas na colisão terem transmitido com sucesso. Por outro lado, caso uma estação tenha um quadro com prioridade maior que a do *slot* no qual ocorreu a colisão ela acessa o meio e transmite seu quadro mais prioritário antes da colisão ser resolvida. Para cada nível de prioridade (de 0 a 7), todas as estações mantêm contadores de nível de *backoff*, BL (*Backoff Level*), e contadores de nível de *backoff* máximo, MBL (*Maximum Backoff Level*). Estes contadores são inicializados em 0 e saturam em 15. O nível da colisão pode ser determinado pelo *slot* de prioridade no qual ocorreu a colisão.

De acordo com a Figura 5.7, após uma colisão, são utilizados três *slots* especiais de sinalização (S0, S1 e S2) antes dos intervalos de tempo de prioridade. Esses *slots* utilizam uma sinalização do tipo *on-off*, ou seja, simplesmente detecta-se a presença ou não de portadora. Assim, duas ou mais estações podem sinalizar no mesmo *slot*, detectando-se apenas se o *slot* foi sinalizado ou não. Os contadores de BL e MBL são determinados através destes *slots* de sinalização. Os intervalos de tempo de sinalização têm a duração de 32 μs e só são usados após uma colisão, nunca após uma transmissão bem-sucedida.

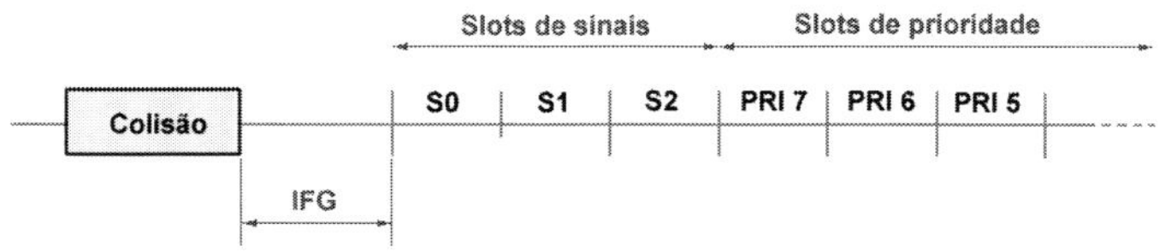

Figura 5.7: Esquema de sinalização no HomePNA.

Depois de uma colisão, cada estação participando da resolução de colisão escolhe aleatoriamente um dos três intervalos de tempo de sinalização para transmitir o sinal de *backoff* que determinará os níveis de *backoff*. Estações participando da resolução de colisão incrementam seus respectivos BLs ao receberem um sinal de *backoff* em um intervalo de tempo de sinalização anterior ao escolhido pela estação e decrementam seus BLs para cada quadro transmitido com sucesso. As estações no nível de *backoff* 0 iniciam suas transmissões no intervalo de tempo correspondente à sua prioridade após os intervalos de tempo de sinalização. Como já mencionado, estações de prioridade mais alta se adiantam ao fim da resolução de colisão transmitindo em um intervalo de tempo de prioridade mais alto que o nível de prioridade no qual ocorreu a colisão. O contador MBL é incrementado a cada sinal de *backoff* recebido e decrementado a cada transmissão bem-sucedida [62]. Desta forma, enquanto a resolução de colisão estiver ocorrendo, o MBL será diferente de zero. Nas colisões subsequentes à colisão inicial, ou seja, durante o período de resolução de colisão enquanto o MBL é diferente de zero, os contadores são incrementados de maneira diferenciada. Para as estações que não estão envolvidas nas colisões subsequentes, o BL é incrementado para cada sinal de *backoff* recebido em um *slot* anterior ao escolhido pela estação menos um e o MBL de todas as estações é incrementado do número total de sinais de *backoff* recebidos menos um. Para as estações envolvidas nas colisões subsequentes, o BL é incrementado como na colisão inicial.

A Figura 5.8 apresenta um exemplo do processo de resolução de colisão entre três estações transmitindo em um mesmo nível de prioridade. No instante 1 as três estações tentam transmitir simultaneamente e seus quadros colidem. No instante 2 acontece a resolução da colisão, onde as estações 1 e 2 escolhem o *slot* S0 e a estação 3 escolhe o *slot* S2. Assim, as estações 1 e 2 não incrementam os seus BLs e a estação 3 incrementa o seu BL para 1, já que houve apenas um sinal de *backoff* antes do seu *slot*, no *slot* S0. Mesmo que duas estações tenham sinalizado no mesmo *slot*, a estação 3 só pode determinar se houve ou não a sinalização. Todas as estações incrementam os seus MBLs para 2, pois dois *slots* foram sinalizados. No instante 3 as estações 1 e 2, que estavam com o BL em 0, tentam transmitir e seus quadros colidem novamente. No instante 4 acontece uma nova resolução de colisão onde a estação 1 escolhe o *slot* S1 e a estação 2 escolhe o *slot* S2. A estação 1 mantém então o seu BL e a estação 2 incrementa o seu BL para 1. Como a estação 3 não está envolvida nessa segunda colisão, ela incrementa o seu BL em apenas 1, que é o número de *slots* sinalizados, 2, menos 1. Todas as estações incrementam os seus MBLs em 1, que é igualmente o número de *slots* sinalizados menos 1. No instante 5, a estação 1, que é a única com BL igual a 0, transmite o seu quadro com sucesso e assim as duas outras estações decrementam os seus contadores de BL. Os MBLs de todas as estações também são decrementados. No instante 6, a estação 2 transmite o seu quadro, decrementando igualmente os contadores. Finalmente, no instante 7 a estação 3 transmite o seu quadro e então o MBL de todas as estações volta a 0, indicando o fim do processo de resolução de colisão.

A Camada Física

A rede Ethernet 10Base-T usa codificação em banda básica transmitindo diretamente o sinal digital no meio. A sincronização de um quadro é realizada a partir dos oito octetos de preâmbulo do quadro Ethernet que geram uma onda quadrada que permite a sintonia do relógio de recepção. É utilizada a codificação Manchester de forma a obrigar transições frequentes (0 para 1 e 1 para 0) do sinal digital, facilitando assim a sincronização do quadro. A delimitação de fim de quadro é a própria ausência de sinal obrigatória por um intervalo de tempo mínimo, denominada espaçamento entre quadros, após cada quadro.

Na rede HomePNA a codificação em banda básica não é possível, pois interferiria com os serviços já existentes que ocupam esta banda. Portanto, o sinal deve ser modulado. Assim, o padrão HomePNA mantém todos os campos do quadro Ethernet, à exceção do preâmbulo, e adiciona um envelope específico. Para se obter uma alta taxa de transmissão com robustez, foi escolhida a modulação adaptativa de amplitude em quadratura (*Adaptive Quadrature Amplitude Modulation* - AQAM) [66]. Essa modulação possibilita ao sistema operar a 2 ou 4 Mbaud com diferentes taxas de modulação, ou seja, ao

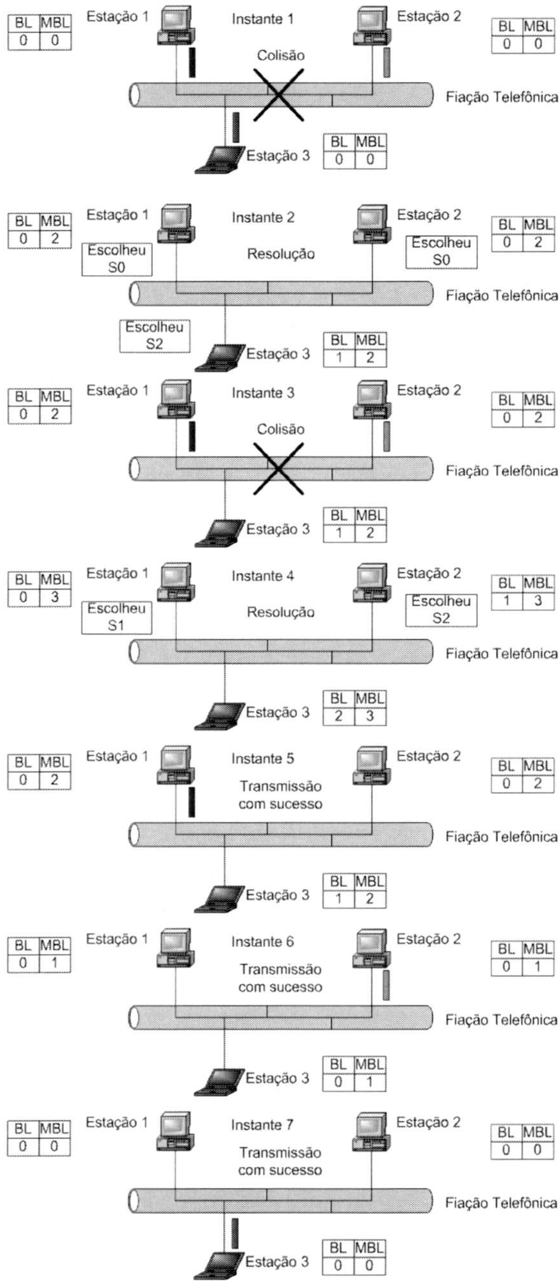

Figura 5.8: Exemplo do processo de resolução de colisão do HomePNA.

invés de utilizar uma taxa fixa de bits por símbolo, o padrão possibilita variar a codificação de 2 a 8 bits por símbolo para cada quadro [65]. O cabeçalho e o final do quadro (*trailer*) são sempre transmitidos a 4 Mbps, com modulação e taxa de símbolos mais robustas para garantir que todas as estações possam receber esses campos corretamente.

Para canais com boa resposta em frequência pode ser utilizada a taxa de 4 Mbaud, que possibilita transmissões a até 32 Mbps, se utilizada a taxa de 8 bits por símbolo. A taxa básica de símbolos, no entanto, é de 2 Mbaud, e permite a transmissão de dados a taxas entre 4 e 16 Mbps. Quando o sistema opera a 2 Mbaud, o espectro do sinal discreto no tempo possui largura $F = \frac{1}{T} = 2$ MHz. No entanto, a banda do sistema é de 6 MHz (entre 4 e 10 MHz). O sinal transmitido pode, então, ser considerado como composto por três cópias do sinal de 2 MHz, centradas em 5, 7 e 9 MHz [66]. Por este motivo, no contexto do HomePNA, o sinal QAM no modo 2 Mbaud é denominado de *Frequency Diverse QAM* (FDQAM). Em canais com uma baixa relação sinal/ruído, onde grande parte do espectro é atenuada, o FDQAM funciona de forma robusta em muitas situações em que o QAM tradicional não funcionaria. Além disso, o FDQAM não necessita que o transmissor possua conhecimento das características do canal, o que simplifica o funcionamento do protocolo em canais variáveis no tempo [65].

O quadro padronizado para o HomePNA é representado na Figura 5.9 [65]. Este consiste em um preâmbulo de 16 octetos, um campo de controle de quadro (*Frame Control* - FC) de 4 octetos, um campo correspondente ao quadro Ethernet, um campo de CRC (*Cyclic Redundancy Check*) de 2 octetos, um campo de enchimento (PAD) de tamanho variável e um campo EOF de um octeto.

O preâmbulo é uma sequência conhecida de símbolos adaptada à modulação, usada a 2 Mbaud que serve para sincronizar a frequência de recepção do quadro. O preâmbulo consiste em 64 símbolos (16 octetos) definidos pela sequência hexadecimal 0xFC483084 repetida quatro vezes.

O campo controle de quadro possui 4 octetos e é subdividido em 6 campos: tipo de quadro, com 1 octeto, RSVD (*Reserved*), com 1 bit, PRI (*Priority*), com 3 bits, SI (*Scrambler Initialization*), com 4 bits, PE (*Payload Encoding*), com 1 octeto e HCS (*Header Check Sequence*), com 1 octeto.

O campo tipo de quadro é destinado a prover flexibilidade para compatibilizar definições futuras de novos formatos e moduladores. Para o HomePNA este campo é preenchido com algum valor conhecido pelo transmissor e o quadro deve ser desconsiderado se seu valor for desconhecido. O campo RSVD

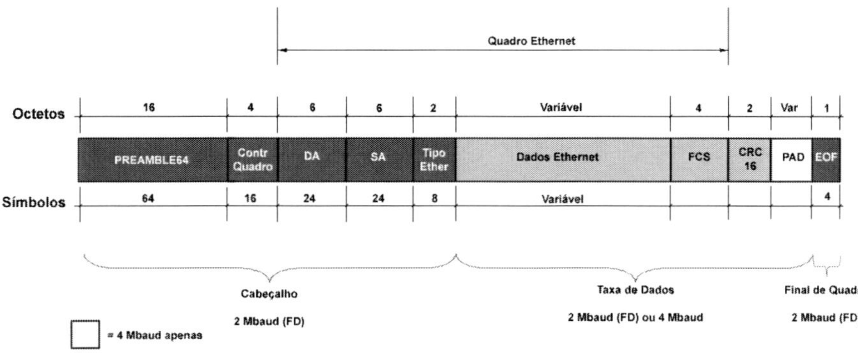

Figura 5.9: Formato do quadro HomePNA.

(1 bit) é reservado. Ele deve ser mantido em zero pelo transmissor e desconsiderado pelo receptor. O campo PRI de 3 bits serve para definir a prioridade absoluta que é atribuída ao quadro para acessar o meio. Oito níveis de prioridades são especificados sendo a prioridade 7 preferencial à prioridade 0. Parte do quadro deve ser embaralhada para transmissão. O objetivo do uso de um embaralhador de estado inicial pseudoaleatório é tornar a densidade espectral de potência (PSD) mais uniforme entre os quadros. Assim, elimina-se um problema de geração de frequências específicas em pacotes sucessivos altamente correlacionados. O embaralhamento começa no primeiro bit do campo PE e termina no último bit do campo CRC, ou no último bit do PAD (Figura 5.9), caso este exista. O campo SI deve conter o valor utilizado na inicialização do embaralhador. De acordo com a Figura 5.9, parte do quadro é enviada obrigatoriamente a 2 Mbaud, de modo que qualquer estação possa decodificar esta parte do quadro. O campo PE define a constelação de codificação da parte do quadro que possui taxa de transmissão variável. A Tabela 5.1 apresenta a codificação do campo PE.

O campo HCS, de verificação do cabeçalho, consiste em oito bits de CRC obtidos pela codificação da sequência dos 128 bits, não embaralhados, na ordem de transmissão, começando no campo controle de quadro e terminando no campo de endereço de origem do Ethernet. O campo HCS, que ainda não foi computado, é substituído por zeros. Para a codificação utiliza-se o polinômio gerador

$$G(x) = x^8 + x^7 + x^6 + x^4 + x^2 + 1. \quad (5.1)$$

Os campos seguintes são endereço de destino, endereço de origem, tipo,

Tabela 5.1: Codificação do campo PE.

Valor	Taxa de tx	Interpretação
0	Não disponível	Modo não padronizado
1	4 Mbps	2 Mbaud, 2 bits por símbolo
2	6 Mbps	2 Mbaud, 3 bits por símbolo
3	8 Mbps	2 Mbaud, 4 bits por símbolo
4	10 Mbps	2 Mbaud, 5 bits por símbolo
5	12 Mbps	2 Mbaud, 6 bits por símbolo
6	14 Mbps	2 Mbaud, 7 bits por símbolo
7	16 Mbps	2 Mbaud, 8 bits por símbolo
8	Não disponível	Reservado, descartar quadro ao receber
9	8 Mbps	4 Mbaud, 2 bits por símbolo
10	12 Mbps	4 Mbaud, 3 bits por símbolo
11	16 Mbps	4 Mbaud, 4 bits por símbolo
12	20 Mbps	4 Mbaud, 5 bits por símbolo
13	24 Mbps	4 Mbaud, 6 bits por símbolo
14	28 Mbps	4 Mbaud, 7 bits por símbolo
15	32 Mbps	4 Mbaud, 8 bits por símbolo
16-255	Não disponível	Reservado, descartar quadro ao receber

dados e sequência de verificação de quadro (*Frame Check Sequence* - FCS), todos obtidos do quadro Ethernet (Seção 3.2).

O campo CRC-16 consiste em 16 bits de verificação de redundância cíclica. O CRC-16 é função do conteúdo do quadro Ethernet, começando no primeiro bit do endereço de destino e acabando no último bit do campo FCS. Para o cômputo do CRC-16 é usado o polinômio gerador CRC-CCITT, o mesmo utilizado para o IEEE 802.11b de 11 Mbps HR-DSSS. Esse campo é utilizado em conjunto com o campo FCS do Ethernet, para diminuir a probabilidade de erros não detectados.

É importante observar que o cabeamento telefônico convencional se serve de um par trançado de qualidade inferior aos cabos recomendados para a rede Ethernet. Além disso, a comunicação na rede Ethernet em estrela é ponto-a-ponto enquanto na rede domiciliar através da fiação telefônica tem-se apenas um par trançado sendo compartilhado por todas as estações com terminações em aberto e descasadas. Portanto, na rede domiciliar através da fiação telefônica existem muitas reflexões do sinal. Como consequência destas características, a taxa de quadros errados na rede domiciliar através da fiação telefônica é ordem de grandeza maior que a encontrada na rede Ethernet e por isso são necessárias as proteções do cabeçalho (HCS), do quadro Ethernet (FCS) e do quadro HomePNA (CRC-16).

O campo PAD, ou enchimento, é utilizado apenas quando parte do quadro é transmitida a 4 Mbaud. No último octeto do campo PAD é colocado um valor, PAD_LENGTH, igual ao número de octetos no campo PAD, menos um. Todos os outros octetos são mantidos em zero. O tamanho do campo PAD deve ser suficiente para que o tempo de transmissão do quadro completo seja de pelo menos 92,5 μs. Este tempo garante que um fragmento de colisão seja distinguido de um quadro válido pelo tempo de transmissão obtido pela detecção de portadora.

O delimitador de fim de quadro (EOF) é uma sequência conhecida de quatro símbolos (um octeto) transmitida a 2 Mbaud cujo valor hexadecimal é 0xFC. Além disso, um intervalo mínimo de silêncio, denominado *Inter-Frame Gap* (IFG), deve seguir cada quadro.

Depois de formado, o quadro deverá passar por um embaralhador. O embaralhador é inicializado por uma sequência pseudoaleatória de 4 bits, que é enviada no campo SI do controle de quadro, e é definido pelo polinômio gerador

$$G(x) = x^{23} + x^{18} + 1. \tag{5.2}$$

O embaralhamento é utilizado somente a partir do décimo sétimo bit do campo controle de quadro, até o último bit do campo CRC-16 (ou PAD, se presente).

5.1.2 O HomePNA 3.0

A terceira geração do HomePNA foi publicada na especificação HomePNA 3.0. De maneira análoga ao HomePNA 2.0, o ITU-T criou a especificação G.9954 [67] baseada no HomePNA 3.0. O HomePNA 3.0 foi desenvolvido visando principalmente suprir as necessidades de aplicações de entretenimento tais como transmissão de vídeo, voz e transmissão de dados a altas taxas. Para isso, o padrão HomePNA 3.0 dá grande ênfase à provisão determinística de qualidade de serviço (QoS) e aumenta significativamente a taxa de transmissão e a vazão efetiva da rede. Sua alta taxa de transmissão associada ao provimento determinístico de qualidade de serviço tornam esta tecnologia uma boa opção de rede domiciliar para aplicativos de distribuição de vídeo e som de alta qualidade. A taxa de transmissão alcançada nesta versão é de 128 Mbps, com extensão opcional para até 240 Mbps [68].

Para alcançar taxas de até 128 Mbps, o HomePNA 3.0 utiliza uma banda passante maior do que a usada no HomePNA 2.0. Enquanto o HomePNA 2.0 usa uma banda de 6 MHz, o HomePNA3.0 utiliza uma banda passante de 17 MHz, na faixa de 4 a 21 MHz, como mostra a máscara da PSD na Figura 5.10.

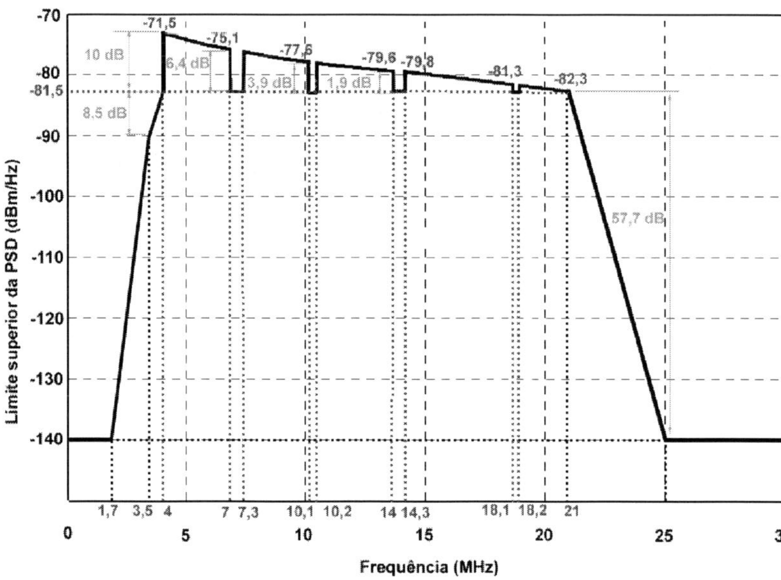

Figura 5.10: Máscara PSD do HomePNA 3.0.

Esta nova máscara PSD deve ser compatível com dispositivos mais antigos e por este motivo transmite-se na banda de 4 a 10 MHz com potência suficiente para permitir a detecção de portadora por parte dos dispositivos mais antigos. Como apresentado na Figura 5.10, a máscara não é constante, sendo reduzida a uma taxa de 15 dB por década. Esta diminuição na potência com o aumento da frequência é eficiente em relação à diafonia. Além disso, a máscara apresenta *notches* nas frequências de 4, 7, 10,1, 14, 18,068 e 21 MHz para reduzir a emissão nas bandas de radioamador [69].

Com essa banda passante, é possível chegar a uma taxa de símbolos de até 16 Mbaud. Utilizando-se então 8 bits por símbolo, obtém-se a taxa de 128 Mbps.

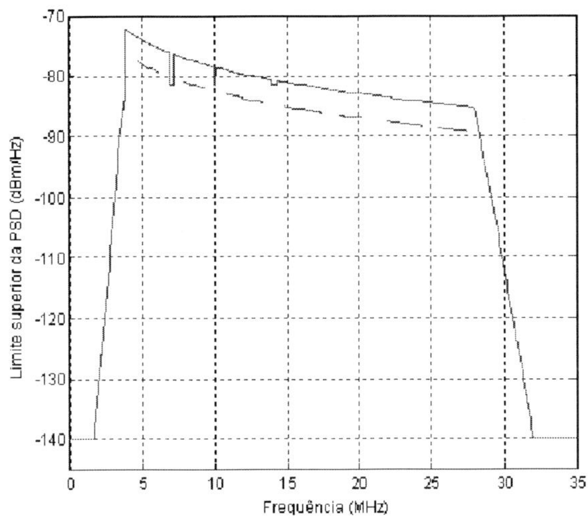

Figura 5.11: Máscara PSD do HomePNA 3.0 para a extensão de 240 Mbps.

Para a extensão opcional a 240 Mbps, utiliza-se uma banda passante ainda maior, que chega a 24 MHz, de 4 a 28 MHz, alcançando uma taxa de símbolos de 24 Mbaud. A nova máscara é mostrada na Figura 5.11. Além disso, também foram definidas duas novas constelações QAM, para 9 e 10 bits por símbolo. Utilizando a constelação de 10 bits por símbolo com a taxa de símbolos de 24 Mbaud chega-se à taxa de 240 Mbps.

No entanto, o HomePNA 3.0 mantém a taxa básica de transmissão de 4 Mbps para os campos cabeçalho e fim de quadro, o que diminui a eficiência da rede. A taxa básica faz com que a eficiência da rede seja reduzida para taxas de transmissão mais altas, devido ao tempo fixo de transmissão do cabeçalho.

O HomePNA 3.0 utiliza uma técnica de agregação de dados, que permite aumentar a eficiência do protocolo de acesso ao meio. Esta técnica consiste em agregar o campo de dados de vários quadros Ethernet em um único quadro HomePNA. A utilização de quadros maiores reduz a parcela de tempo consumida com intervalos entre quadros, cabeçalhos e delimitadores de fim de quadro. A maior duração permitida pelo padrão para a transmissão de um quadro é de 4 ms, o que à taxa de 128 Mbps significa que o quadro pode ter até

64 koctetos. Utilizando quadros de 64 koctetos, o protocolo alcança uma vazão efetiva de 125 Mbps [70], o que implica uma eficiência do protocolo de aproximadamente 97%. No entanto, a quantidade máxima de dados que podem ser agregados pode ser limitada por restrições de memória dos dispositivos ou de atraso dos serviços. A vazão efetiva da rede diminui para 62 Mbps quando são utilizados quadros de 1500 octetos [70].

O HomePNA 3.0 possui dois modos de operação diferentes na subcamada MAC, o síncrono (SMAC) e o assíncrono (AMAC). Enquanto o padrão HomePNA 2.0 provê uma qualidade de serviço estatística, o padrão HomePNA 3.0 tem o objetivo de prover qualidade de serviço de forma determinística através do MAC síncrono, capaz de prover garantias de vazão, atraso e variação do atraso.

O MAC assíncrono mantém compatibilidade com o HomePNA 2.0, pois utiliza o mesmo MAC do HomePNA 2.0. De modo a alcançar taxas mais altas, duas modificações foram feitas. Primeiro são usadas diferentes constelações QAM e maior banda. Contudo, a taxa básica de transmissão para o cabeçalho e o EOF continua em 4 Mbps. Além disso, o modo assíncrono não usa agregação de dados, mantendo o tamanho máximo do quadro em 1500 octetos.

A segunda modificação em relação ao HomePNA 2.0 é o uso de um novo esquema de gerenciamento de colisão a fim de reduzir o número de colisões. A cada nó é atribuído um conjunto predefinido de *slots* de resolução de colisão, denominados A, B e C. O protocolo de gerenciamento de colisão garante que dois nós não usam um mesmo conjunto. Cada *slot* A, B ou C pode ser definido como um dos *slots* existentes de resolução de colisão (S0, S1 ou S2). Quando houver uma colisão, o nó irá utilizar o primeiro *slot* (A) do seu conjunto. Se outra colisão acontecer para o mesmo quadro, o nó irá usar o *slot* B. No caso de uma terceira colisão, o *slot* C é usado. Como não há repetição de conjuntos de *slots*, cada quadro irá colidir no máximo três vezes, e depois da terceira colisão, todo quadro obterá sucesso no acesso ao meio. Essa técnica reduz o número de colisões e aumenta a eficiência da rede, porém limita o número de nós da rede a 27, que é o número de diferentes conjuntos.

A Figura 5.12 apresenta um exemplo de processo de resolução de colisão do pior caso que é a colisão entre os 27 nós no HomePNA 3.0. Os nós são representados de N0 a N26 e C1 a C13 representam as colisões em ordem de ocorrência. Os conjuntos de *slots* para cada nó são representados na sequência de colisão. Por exemplo, o conjunto para o nó N15 é (S1, S2, S0). No MAC assíncrono do HomePNA 3.0 uma colisão é resolvida no máximo em três níveis, o que garante que nenhum quadro irá colidir mais do que três vezes. Portanto, um tempo finito de acesso ao meio é garantido, enquanto que no HomePNA 2.0 este tempo finito não era determinístico, pois existia uma probabilidade de os quadros colidirem indefinidamente.

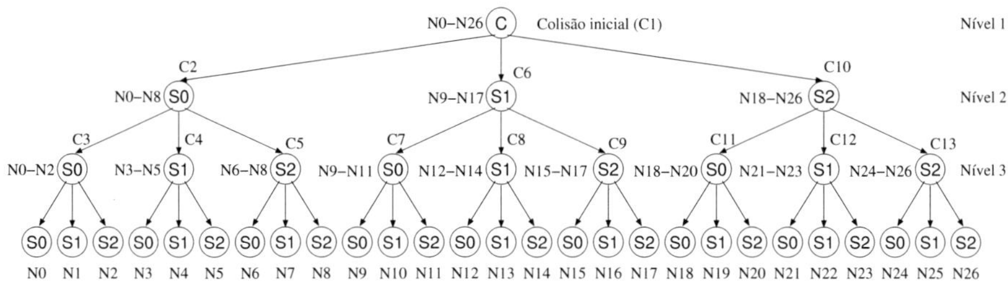

Figura 5.12: Exemplo de resolução de colisão entre 27 nós no HomePNA 3.0.

Para casos de colisões com um número menor de nós envolvidos, a resolução dependerá do conjunto de *slots* de resolução de cada nó. Por exemplo, no caso em que os quadros de 6 nós colidem, sendo estes nós N0, N5, N12, N19, N20 e N23, como mostra a Figura 5.13, somente ocorrerão as colisões C1, C2, C10 e C11, em três níveis.

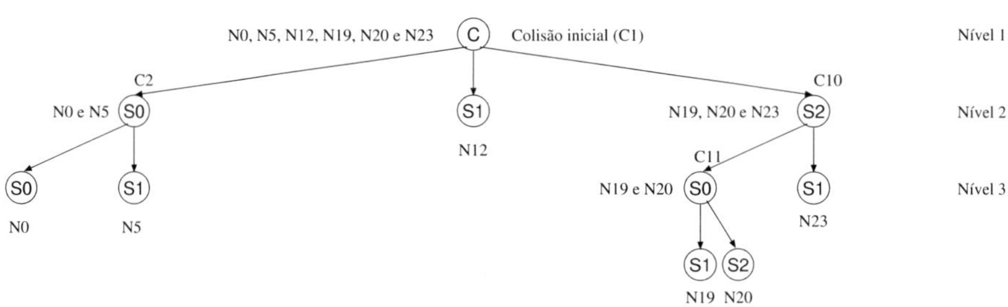

Figura 5.13: Exemplo de resolução de colisão entre 6 nós no HomePNA 3.0.

O MAC síncrono provê qualidade de serviço determinística. Para funcionar corretamente, o protocolo MAC síncrono necessita de um dispositivo mestre na rede para sincronizar todos os elementos. O dispositivo mestre planeja todos os tempos de acesso e gera um Plano de Acesso ao Meio (MAP) que é difundido periodicamente para os outros nós, criando, desta forma, um ciclo MAC [68]. Apesar do uso do dispositivo mestre, a comunicação entre as estações da rede continua sendo par-a-par (*peer-to-peer*). O MAP divide o acesso ao meio em uma sequência de oportunidades de transmissão (TXOPs) com início preciso e duração suficiente para suprir as demandas específicas.

As TXOPs podem ser alocadas para determinados serviços, nós ou grupo de nós. O mestre aloca TXOPs com contenção ou sem contenção de acordo com os requisitos e os contratos de QoS. A Figura 5.14 mostra a estrutura dos ciclos MAC do HomePNA 3.0.

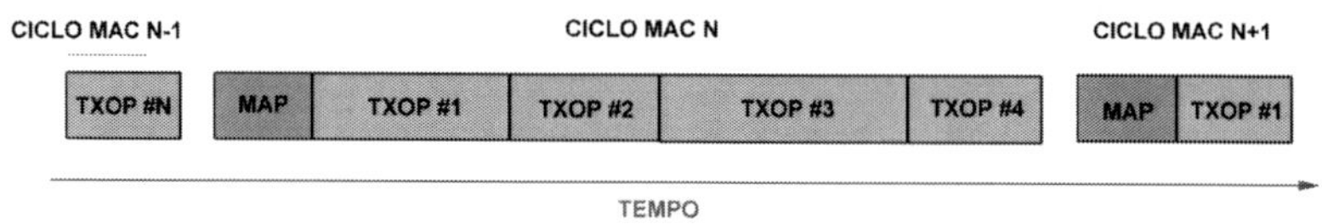

Figura 5.14: Ciclo MAC do HomePNA 3.0.

Resultados de testes com transmissão de voz mostram que o protocolo MAC síncrono consegue reduzir em cerca de seis vezes o atraso experimentado pelos serviços quando comparado ao protocolo MAC assíncrono. Além disso, o MAC síncrono consegue suprir restrições de QoS para a transmissão de áudio com qualidade de CD que não podem ser atendidas pelo MAC assíncrono [68]. O mecanismo de QoS do HomePNA 3.0 se baseia no conceito de fluxos. Um fluxo é uma transmissão unidirecional de dados entre estações da rede baseada em parâmetros bem definidos de taxa e QoS. O mestre é responsável por alocar TXOPs para fluxos sob demanda e anunciá-los no MAP. Para evitar a interrupção ou a degradação de serviços já estabelecidos, o mestre deve realizar funções de controle de admissão para novos fluxos. Ao receber um pedido de estabelecimento de fluxo, o mestre deve verificar os recursos disponíveis para analisar a viabilidade da inclusão do novo fluxo. O mestre deve, ainda, executar o algoritmo de escalonamento para incluir TXOPs, de modo a atender a cada ciclo os requisitos de QoS de todos os serviços simultâneos. Os serviços do tipo melhor esforço recebem os recursos excedentes, que podem variar dinamicamente de um ciclo para outro [70].

Os equipamentos baseados no HomePNA 3.0 começaram a chegar ao mercado no final de 2004.

5.1.3 O HomePNA 3.1

No final de 2006, a aliança HomePNA apresentou a especificação 3.1 do padrão. Essa versão possui taxa máxima de transmissão de 320 Mbps, utilizando banda passante de 4 a 36 MHz e 10 bits/símbolo. Em 2007, o ITU-T modificou a especificação G.9954 de modo a torná-la compatível com o padrão

HomePNA 3.1. Produtos baseados na versão 3.1 começaram a ser certificados em 2007.

5.2 As Redes Domiciliares Através da Fiação Elétrica

A ideia de comunicação pela fiação de energia elétrica já existente nas casas não é nova, pois já nos anos 1930 existiam aplicações de controle industrial e telemetria que requerem baixas taxas de transmissão. No entanto, as redes domiciliares através da fiação elétrica (*Power Line Communications* - PLC) devem prover uma comunicação de dados à alta velocidade e alcançar este objetivo não é uma tarefa trivial. É importante ressaltar que os meios físicos normalmente empregados para transmissão de sinais a alta velocidade são construídos com esta finalidade e possuem uma determinada geometria. O cabo coaxial é formado por condutores metálicos concêntricos e o par metálico trançado possui um determinado passo para diminuir a irradiação e a diafonia. Por outro lado, as redes elétricas têm como objetivo carregar energia na frequência de 60 Hz e, portanto, não foram projetadas para alta frequência. Assim, apenas recentemente, foi possível alcançar altas taxas de transmissão nas instalações residenciais de rede elétrica com o uso de técnicas avançadas da área de processamento de sinais e transmissão digital.

O cabeamento utilizado pela rede elétrica dentro dos lares possui uma topologia análoga à topologia da fiação telefônica. A combinação de estrela, árvore e multiponto (Figura 5.15) faz com que o problema de reflexões de sinais devido ao descasamento de impedância também exista na fiação elétrica. Além disso, a rede domiciliar através da fiação elétrica utiliza geralmente dois fios (uma fase e um neutro) compartilhados entre todos os dispositivos conectados, o que significa que o modo *full-duplex* não pode ser utilizado. Outra questão a ser considerada é a distribuição das fases dentro de uma residência. Normalmente, essa distribuição não segue um padrão preestabelecido. No caso de uma residência bifásica ou trifásica, os cômodos podem estar conectados a diferentes fases. Esse problema pode dificultar a transmissão dos sinais, visto que há uma grande atenuação entre as fases do transformador de média para baixa tensão (Figura 5.16).

Na rede elétrica os fios de cobre utilizados não são trançados, aumentando a emissão de sinais de alta frequência. Esta emissão provoca interferência entre os fios, prejudicando a transmissão em altas taxas. Além das questões relacionadas à topologia e à qualidade da fiação, deve-se considerar que, nestas

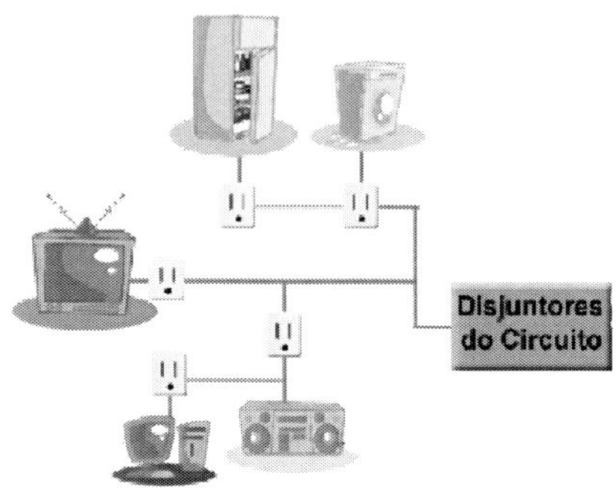

Figura 5.15: Topologia da rede domiciliar através da fiação elétrica.

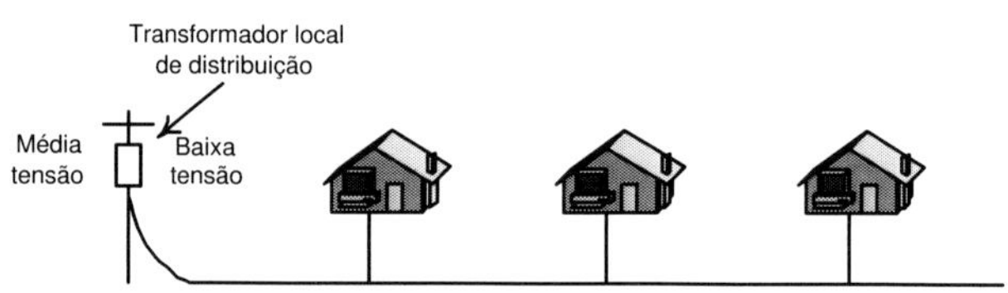

Figura 5.16: Uma rede elétrica servindo diversas residências.

redes, o meio físico é compartilhado com todos os aparelhos eletroeletrônicos da casa. Desta forma, o canal apresenta variações imprevisíveis de ruído, impedância e interferência causadas por uma diversidade de aparelhos, tais como: aspiradores de pó, liquidificadores, máquinas de lavar roupa, secadores de cabelo, aparelhos de micro-ondas entre outros. O ato de ligar ou desligar estes aparelhos ou ainda simplesmente conectá-los ou desconectá-los da tomada pode provocar mudanças significativas nas características do meio físico. Por esses motivos, a comunicação neste tipo de rede torna-se um desafio.

Ao contrário das redes sem fio, o ruído da rede elétrica não pode ser representado por um ruído branco gaussiano aditivo (*Additive White Gaussian Noise*) [71], pois diversos equipamentos eletroeletrônicos podem adicionar diferentes tipos de ruído impulsivo ao canal. O ruído impulsivo é classificado em quatro categorias: síncrono, não síncrono ou tonal, de alta frequência e de apenas uma ocorrência (*single event impulse noise*).

O impulso síncrono é provocado principalmente por *dimmers* [72]. Este dispositivo gera ruído ao conectar a lâmpada à rede elétrica a cada ciclo AC. O ruído é gerado na forma de um impulso com o dobro da frequência da rede AC. O impulso não síncrono ou tonal é provocado por fontes de alimentação chaveadas (*switching power supplies*). Diversos equipamentos possuem este tipo de fonte, tais como: computadores, escovas de dente elétricas, dentre outros. A frequência fundamental destes dispositivos está entre 10 kHz e 1 MHz. O ruído gerado é rico em harmônicos. O impulso de alta frequência é gerado por equipamentos que utilizam motor universal, tais como: aspiradores de pó, barbeadores elétricos, entre outros. Estes motores geram impulsos na faixa de muitos kilohertz [73]. A principal causa do impulso de apenas uma ocorrência é o ato de ligar e desligar aparelhos eletroeletrônicos. Estes equipamentos possuem um capacitor para a correção do fator de potência que é carregado e descarregado conforme o equipamento é ligado e desligado. Este efeito causa grandes voltagens transientes que são proporcionais ao tamanho do capacitor. Existem ainda ruídos causados por fontes externas de ondas de rádio, como por exemplo, intercomunicadores, babás eletrônicas e até mesmo rádios FM.

Outro fator limitante para a transmissão em alta velocidade é a atenuação. Usualmente, o valor da atenuação de um sinal é uma função da frequência e da distância percorrida pelo sinal, o que limita consideravelmente a distância de transmissão em altas frequências. Para o caso específico da rede elétrica, a carga da rede e as descontinuidades de impedância também contribuem para a atenuação do sinal, e podem variar com o tempo e com a localização. As descontinuidades de impedância são causadas por emendas nos fios, interruptores e tomadas, provocando zeros na função de transferência do canal. As tomadas causam problemas mesmo sem equipamentos conectados, pois, neste caso, tornam-se pontos da rede sem terminação. Os equipamentos, eventualmente conectados às tomadas, também contribuem para a carga total da rede. A diferença de impedância entre os equipamentos causa um descasamento de impedância, que provoca a reflexão do sinal transmitido. Isto resulta em uma maior atenuação do sinal, pois parte da potência do sinal é perdida. Esta atenuação é dependente da frequência, pois os aparelhos eletroeletrônicos possuem filtros capacitivos que limitam consideravelmente sinais de baixa frequência. Assim, este tipo de atenuação decai com o aumento da frequência. No caso específico de residências alimentadas por mais de uma fase, há, ainda, a atenuação entre fases intrínseca aos transformadores de média para baixa tensão que pode chegar a 40 dB.

Por último, a impedância da rede exerce uma grande influência na qualidade da transmissão de sinais. O transmissor de um modem deve inserir uma voltagem na rede elétrica que atinja o nível máximo de amplitude permitido pela norma. Portanto, a potência de transmissão é facilmente calculada quando a impedância da rede é conhecida. Quanto menor for a impedância maior terá que ser a potência de transmissão. Entretanto, a impedância da rede elétrica pode variar com o tempo, com a frequência e com a localização, assim, aumentando o custo do estágio de saída dos transmissores. A impedância da rede elétrica de uma casa resulta basicamente de três fatores. O primeiro deles é a impedância do transformador de distribuição, que aumenta com a frequência. O segundo é a impedância característica do próprio cabo. Existe uma grande variedade de tipos de cabos, que podem ser modelados a partir de indutores e resistores em série. Por último, tem-se a impedância dos equipamentos que estão conectados à rede elétrica. Este tipo de impedância pode variar entre 10 e 1000 ohms. O descasamento de impedância em uma linha de transmissão aumenta o índice de reflexão do sinal transmitido, acarretando uma diminuição da potência do sinal original e criando múltiplos caminhos. A topologia também exerce influência nos múltiplos caminhos, pois a junção de ramos de uma mesma rede também causa a reflexão do sinal. O problema dos múltiplos caminhos é significativo nas redes através da fiação elétrica e é exemplificado na Figura 5.17.

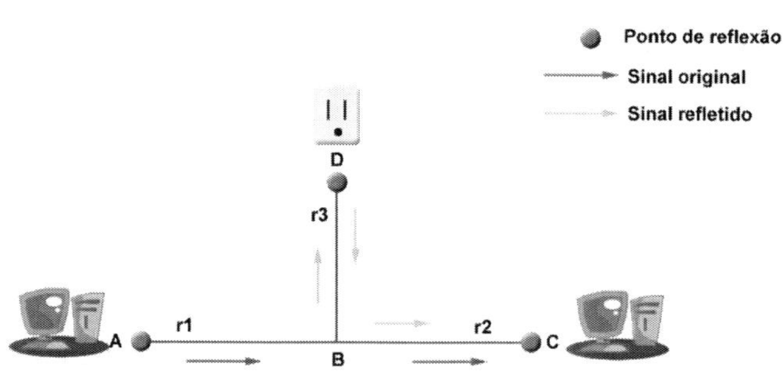

Figura 5.17: Exemplo de múltiplos caminhos.

Para simplificar, considere que as impedâncias do ponto A estão casadas com as do ponto C. O ponto D representa uma ponta não terminada do ramo $r3$. Suponha que um transmissor no ponto A da rede envia informações ao receptor no ponto C. Neste caso, quando o sinal original chegar em B, uma parte dele seguirá o caminho direto (ABC), pelo ramo $r2$, e outra parte será refletida e seguirá pelo ramo $r3$. O sinal secundário, isto é, que tomou um caminho alternativo, será totalmente refletido no ponto D, e logo em seguida será refletido novamente em B. Resumindo, no final haverá infinitos caminhos alternativos (ABDBC, ABDBDBC etc.), e o sinal resultante recebido em C será um somatório de todos os múltiplos caminhos, sendo que os sinais que percorrem outros caminhos, diferentes do caminho direto, chegam defasados e com diferentes níveis de potência. Portanto, estes sinais são considerados como interferências. A proporção do sinal que será refletida é definida pelo índice de reflexão, que está relacionado com as impedâncias da rede.

Além da vantagem de se aproveitar uma infraestrutura já existente, outra importante vantagem das redes domiciliares através da fiação elétrica é a ubiquidade, ou seja, a existência de inúmeras tomadas espalhadas por toda a casa, permitindo o acesso à rede de todos os cômodos da casa e por todos os aparelhos sem a necessidade de adicionar novos fios. Além disso, por ser uma rede amplamente distribuída, podem-se alcançar lugares isolados como pequenas comunidades, assim como áreas carentes. Com a tecnologia atual já é possível transmitir tráfego de dados e multimídia à taxa de 14 Mbps através do padrão HomePlug e 200 Mbps através da nova geração denominada HomePlug AV.

5.2.1 O HomePlug

Diversas tecnologias para redes domiciliares através da fiação de energia elétrica foram propostas. Contudo, grande parte destas tecnologias são proprietárias e não proporcionam interoperabilidade, isto é, dispositivos de diferentes tecnologias não conseguem se comunicar. Em março de 2000 foi formada uma aliança com diversas empresas com o objetivo de criar um padrão para as redes domiciliares através da fiação elétrica. Este padrão, denominado HomePlug 1.0, especifica a subcamada de acesso ao meio e a camada física para as redes elétricas de baixa tensão.

A Subcamada de Acesso ao Meio

O HomePlug utiliza o método de acesso múltiplo CSMA/CA de modo similar ao IEEE 802.11. Embora o método de acesso CSMA/CD seja muito utilizado nas redes IEEE 802.3, ele não é empregado nas redes de energia elétrica devido principalmente à atenuação e ao ruído [74, 75]. Ambos podem gerar variações na potência do sinal recebido e com isso a detecção de colisão através da diferença de potência entre os sinais transmitido e recebido não pode ser garantida.

De modo a dar suporte a qualidade de serviço, o padrão utiliza quatro níveis de prioridade no acesso ao meio, atribuídos em função do tipo de tráfego, de acordo com a norma IEEE 802.1D [34]. As prioridades estão associadas às classes CA0 a CA3, sendo a classe CA3 a de maior prioridade. A classe CA3 é usada para as prioridades 6 e 7 de rótulo de VLAN (controle da rede e tráfego extremamente sensível ao tempo, como a voz) e a CA2 está associada às prioridades 4 e 5 (tráfego sensível ao tempo, como áudio e vídeo, e aplicações de negócios sujeitas a controle de admissão). A classe padrão é a classe CA1 que é usada para um "esforço excelente" (melhor esforço de mais alta qualidade) e a CA0 está associada a tráfego de redes locais e tráfego de fundo [74].

A lógica simplificada de transmissão de um quadro de dados no HomePlug é apresentada na Figura 5.18 e descrita a seguir.

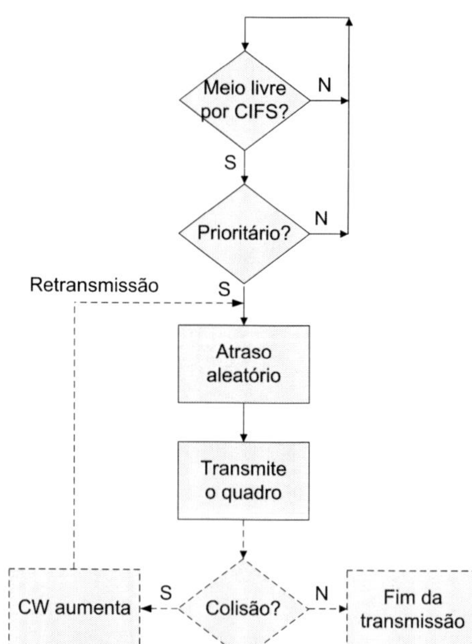

Figura 5.18: Lógica de acesso ao meio no HomePlug.

Uma estação que deseja transmitir um quadro de dados deve primeiramente escutar o meio. Para determinar se o meio está ocupado, as estações usam tanto a detecção física quanto a detecção virtual de portadora, pois a detecção física não é suficiente para que um nó garanta que não há outra transmissão ocorrendo [74]. A camada física sinaliza à subcamada MAC ao detectar preâmbulos ou intervalos de tempo usados para determinação de prioridade. Além disso, a subcamada MAC utiliza uma detecção virtual de portadora a partir de informações referentes ao tempo de ocupação do canal pela transmissão atual. Assim como no IEEE 802.11, o HomePlug utiliza diferentes intervalos de tempo de modo a dar prioridade a determinados tipos de quadros. Caso o meio permaneça livre por um determinado intervalo de tempo CIFS (*Contention Distributed Inter-Frame Space*), cujo valor é 35,84 μs, a estação entra na fase de determinação de prioridade. Caso contrário, a estação aguarda a oportunidade do meio ficar livre durante CIFS. São utilizados dois intervalos de tempo para determinação de prioridade (*Priority Resolution* - PR), a fim de permitir que apenas as estações com fluxos de maior prioridade disputem o meio no período de contenção (Figura 5.19). Cada um dos intervalos de tempo (PR0 e PR1) tem a mesma duração do intervalo CIFS, 35,84 μs.

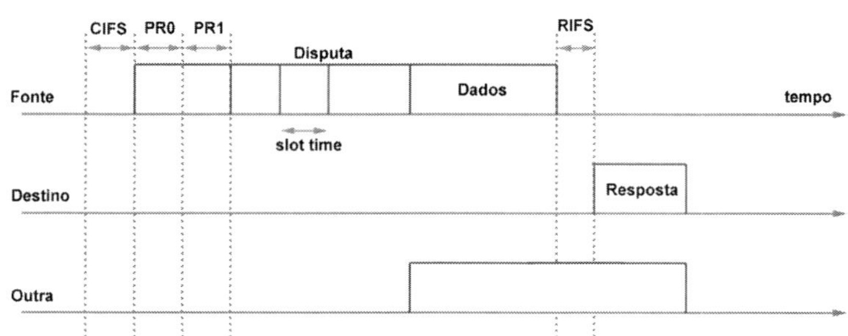

Figura 5.19: Transmissão de um quadro de dados com sua respectiva resposta no HomePlug.

A sinalização da classe de prioridade é realizada quadro a quadro através de sinais de resolução de prioridade (*Priority Resolution Signal* - PRS), enviados nos períodos PR0 e PR1. Os sinais de resolução de prioridade usam uma codificação *on-off* na qual o número de cada classe de prioridade representa, em binário, o sinal a ser transmitido [76] nos períodos PR0 e PR1. Assim, para enviar um quadro de classe de prioridade CA2, correspondente a 10 em binário, uma estação envia um bit 1 em PR0 e não envia nada (bit 0) em PR1. Ao escutar o bit 1 em PR0, todas as estações com quadros de classes prioritárias inferiores a CA2 adiam suas transmissões. Uma estação de classe de prioridade CA3 sinaliza em PR0 e em PR1, indicando assim, a sua maior prioridade. Além disso, é dada prioridade à transmissão de segmentos de um mesmo quadro em relação a outros quadros de mesma ou de menor prioridade.

No período de disputa, a estação sorteia um número aleatório uniformemente distribuído entre zero e o tamanho da janela de contenção (*Contention Window* - CW). Esse número é usado como um contador de *backoff* e é decrementado sempre que o meio está livre nos períodos de disputa de mesma prioridade por um intervalo de tempo de 35,84 μs, correspondente ao tempo de um *slot*. Quando o contador chega a zero, a estação transmite o quadro. De forma similar ao padrão IEEE 802.11, o procedimento de *backoff* é responsável pelo aumento do tamanho da janela de contenção. O valor de CW depende do número de vezes que a função de *backoff* é chamada para o quadro a ser transmitido. Para as classes CA3 e CA2, os valores da janela de contenção são 7, 15, 15 e 31, para zero, uma, duas e mais do que duas chamadas da função de *backoff*, respectivamente. Para as classes CA1 e CA0, os valores são 7, 15, 31 e 63. O procedimento de *backoff* é chamado toda vez que uma transmissão não é bem-sucedida ou quando durante o *backoff* um contador denominado contador de adiamento (*Deferral Counter* - DC) chega a zero e a estação sente que há outra transmissão de mesma prioridade ocorrendo. Esse contador é utilizado para evitar colisões através do aumento do número de vezes que a função de *backoff* é chamada para o quadro a ser transmitido. O mecanismo empregado indica alta probabilidade de colisão quando o contador de adiamentos chega a zero. Nesse caso, o nó assume que há um grande número de estações querendo transmitir com a mesma prioridade, aumentando assim a probabilidade de colisão. Por isso, a estação chama novamente a função de *backoff* quando sente que o meio foi capturado novamente. O uso do contador de adiamento pode ter um efeito melhor do que deixar a colisão acontecer, o temporizador criado no transmissor estourar e só depois escolher um novo valor para a janela de contenção. Como o contador de *backoff*, o DC também depende do número de vezes que a função de *backoff* é chamada para o quadro a ser transmitido. Os valores de DC são 0, 1, 3 e 15 para zero, uma, duas e mais do que duas chamadas da função de *backoff*, respectivamente. O DC é decrementado cada vez que outra estação captura o meio para transmitir um quadro de mesma prioridade.

Através do mecanismo de detecção virtual, outras estações (Figura 5.19) obtêm a informação de quando a transmissão irá terminar e se uma resposta é esperada. Com essas informações, os ouvintes adiam suas transmissões pelo período necessário para o envio do quadro e de sua resposta. Em relação à resposta, é utilizada uma solicitação de repetição automática (*Automatic Repeat reQuest* - ARQ) do tipo para-e-espera. Caso uma resposta seja esperada e o quadro tenha sido corretamente entregue, a estação receptora envia um ACK se o meio estiver livre por um tempo denominado espaçamento de resposta entre quadros (*Response Distributed Inter-Frame Space* - RIFS). Como RIFS é o menor dos espaçamentos entre quadros (26,0 μs), isso garante uma prioridade no envio das respostas em relação ao envio de dados. Além do ACK, existem dois outros quadros de resposta: NACK e FAIL, também enviados após RIFS. O NACK está associado a uma entrega malsucedida e o FAIL indica que o receptor não pôde armazenar o quadro, seja porque não há *buffer* para a remontagem do quadro completo ou porque o quadro foi recebido fora de ordem. Somente quadros de alta prioridade podem ser enviados pela estação transmissora à estação que respondeu com um quadro FAIL. Se o segmento do quadro associado à resposta FAIL não for o primeiro, então toda a tentativa de envio do quadro completo é abortada e a estação transmissora recomeça. A estação tenta transmitir o quadro até que o limite de retransmissões seja ultrapassado ou o tempo máximo de transmissão seja excedido. Caso o quadro recebido pela estação transmissora seja um NACK ou caso a estação transmissora não receba um quadro de reconhecimento dentro de um determinado tempo, deduzindo que houve uma colisão, a estação transmissora escalonará uma retransmissão e entrará no processo de *backoff*. Se o número máximo de tentativas é alcançado, a estação passa para um modo de transmissão mais robusto e novas tentativas são realizadas. Caso, ainda assim, não haja sucesso na transmissão, então o quadro é descartado e uma falha é reportada para a camada superior. Opcionalmente ACKs parciais estão disponíveis para quadros em *multicast* e em difusão. Nesse caso, a estação transmissora pode saber que pelo menos uma estação recebeu o quadro corretamente.

Segmentação e remontagem são utilizadas para aumentar a justiça e diminuir o erro na transmissão dos dados. A segmentação é realizada em função do tamanho do quadro e da taxa de transmissão, uma vez que a carga útil não pode ultrapassar 160 símbolos. Todos os segmentos de um quadro são enviados em rajada, sem a necessidade da disputa pelo meio para a transmissão de cada segmento. No entanto, estações com fluxos de maior prioridade podem acessar o canal entre os segmentos de uma rajada, pois após o envio de um segmento e de sua resposta, é aberto um novo período de determinação de prioridade.

Uma das características das redes através da fiação elétrica é o compartilhamento do meio entre todas as residências servidas pelo mesmo transformador, sendo possível "bisbilhotar" transmissões alheias. Ao invés de usar filtros passa-baixa que aumentam o custo, o HomePlug utiliza o padrão de criptografia DES (*Data Encryption Standard*) de 56 bits no modo CBC (*Cipher Block Chaining*). Sub-redes lógicas são formadas por estações que compartilham uma mesma chave de encriptação de rede uma vez que apenas as estações que possuem a mesma chave secreta podem decriptar as mensagens encriptadas. As estações armazenam uma chave padrão utilizada para a obtenção de novas chaves e as chaves de encriptação de rede, pois uma estação pode fazer parte de mais de uma rede lógica. É importante ressaltar que os quadros de gerenciamento da subcamada MAC são enviados em claro, ou seja, não criptografados, para poderem ser recebidos por todas as estações.

O DES utiliza blocos de dados de 64 bits como entrada e, através de permutações e substituições utilizando chaves derivadas da chave de 56 bits (no caso do HomePlug, a chave de encriptação de rede), gera uma saída de 64 bits. No modo CBC, os dados do quadro são divididos em blocos de 64 bits e a saída do bloco i e o bloco $i + 1$ são passados por um ou-exclusivo antes do bloco $i + 1$ ser criptografado.

A Camada Física

As características da rede elétrica tornam muito difícil a tarefa de utilizá-la para comunicação de dados. Para vencer as dificuldades encontradas nesse canal considerado hostil, o padrão HomePlug [74, 76] possui uma camada física robusta, que combina várias técnicas de modulação, processamento de sinais e correção de erros. Todas essas técnicas devem ser utilizadas em conjunto, para alcançar o desempenho desejado. Ainda assim, não é possível determinar com precisão um alcance máximo para a rede, pois este valor está diretamente relacionado às características do meio físico. Desta forma, o alcance de uma rede HomePlug pode variar de acordo com os horários do dia e dias da semana. Usualmente, os valores típicos estão entre 200 e 300 m.

A técnica básica de transmissão adotada é a OFDM (*Orthogonal Frequency Division Multiplexing*). A técnica OFDM é bem conhecida na literatura e na indústria, já sendo utilizada em outras tecnologias, como no DSL [77] e no padrão de redes locais sem fio IEEE 802.11.

Todos os nós ativos em uma rede HomePlug fazem uma estimativa do canal, em média a cada 5 minutos, para cada nó destino a fim de detectar as condições do canal para aquele nó. Com isto, avaliam-se quais subportadoras estão sujeitas a ruídos e interferências que impossibilitem o seu uso. Essas subportadoras são então descartadas, utilizando-se apenas as subportadoras restantes que foram avaliadas como em boas condições para uma transmissão. Devido ao problema da propagação através de múltiplos caminhos, um símbolo e suas respectivas reflexões podem chegar ao receptor defasados no tempo. Com isso, pode haver interferência entre símbolos. Assim, utiliza-se a técnica de prefixo cíclico (*cyclic prefix*), que consiste na replicação dos últimos microssegundos do símbolo OFDM precedendo o próprio símbolo, de modo a diminuir a interferência entre símbolos ocasionada por esse atraso variável. O uso do prefixo cíclico minimiza os efeitos da interferência entre símbolos, pois a reflexão de um símbolo deve afetar somente o início do símbolo seguinte que corresponde ao prefixo cíclico. Desta forma, tenta-se evitar que a parte útil do símbolo sofra interferência. Na recepção, essa parte replicada é simplesmente descartada. Com um tempo de prefixo cíclico suficientemente grande em relação ao maior atraso do canal, consegue-se praticamente eliminar o efeito da interferência entre símbolos.

Para a modulação das subportadoras, podem ser utilizadas três diferentes técnicas de modulação em fase: a modulação binária de fase (*Binary Phase Shift Keying* - BPSK), a modulação diferencial binária de fase (*Diferential Binary Phase Shift Keying* - DBPSK) e a modulação diferencial de fase em quadratura (*Differential Quadrature Phase Shift Keying* - DQPSK). As duas primeiras têm uma eficiência de 1 bit por símbolo por portadora, enquanto o DQPSK transmite 2 bits por símbolo por portadora, mas, em contrapartida, é menos imune a ruídos, necessitando que o canal esteja em melhores condições.

O padrão HomePlug utiliza uma faixa espectral que vai de 4,49 a 20,7 MHz. O OFDM divide a banda de 0 a 25 MHz em 128 subportadoras igualmente espaçadas, das quais apenas 84 estão dentro da banda do HomePlug de 4,49 a 20,7 MHz. Além disso, outras oito subportadoras podem ser desabilitadas para evitar interferência com as frequências de radioamadores de 17, 20, 30 e 40 metros. A densidade espectral de potência é de -50 dBm/Hz. Este valor atende às regulamentações para dispositivos de RF dos EUA, contidas nas regras do FCC parte 15. Essa potência é bem inferior à utilizada em tecnologias sem fio.

A técnica OFDM é efetuada através da transformada inversa rápida de Fourier (*Inverse Fast Fourier Transform* - IFFT), compondo símbolos de 256 amostras, das quais as 172 últimas são repetidas para formar o prefixo cíclico. Isso é equivalente a uma duração de 5,12 μs, mais 3,28 μs para o prefixo cíclico, resultando em um símbolo de duração 8,4 μs.

A carga útil do quadro do HomePlug consiste em um número de blocos de 20 ou 40 símbolos OFDM, utilizando embaralhamento, códigos de erro convolucional e *Reed-Solomon* concatenados. A divisão em blocos deste tamanho é feita para se combater o ruído impulsivo, que pode danificar uma sequência de símbolos, principalmente quando se utiliza modulação diferencial, onde pelo menos dois símbolos são perdidos por vez. No embaralhamento, os bits de dados passam por um ou-exclusivo com o seguinte polinômio

$$P(x) = x^7 + x^4 + 1. \tag{5.3}$$

No codificador convolucional, utiliza-se um comprimento 7 e taxas de código de $\frac{1}{2}$ ou $\frac{3}{4}$. Já o código *Reed-Solomon*, que é usado em seguida, utiliza taxas quc variam dc $\frac{23}{39}$ a $\frac{238}{254}$.

Considerando todas essas opções para os parâmetros de transmissão, a camada física do HomePlug pode oferecer até 139 combinações diferentes de taxas, variando de 1 até 14 Mbps. A taxa máxima de 14 Mbps é obtida através do uso de todas as 84 subportadoras com modulação DQPSK (2 bits por símbolo por portadora) e de eficiência de códigos Reed-Solomon de $\frac{238}{254}$ e convolucional de $\frac{3}{4}$, considerando-se a duração de um símbolo OFDM de 8,4 μs. Contudo, essa é a taxa oferecida pela camada física à camada de enlace, somente para a transmissão da carga útil, não sendo a taxa efetiva real de dados úteis transmitidos. Ao levarem-se em consideração os cabeçalhos, os espaçamentos entre quadros e o tempo de *backoff*, a vazão máxima cai para 8 Mbps quando são utilizados quadros de 1500 octetos [78].

Além desses modos de transmissão, há um modo de transmissão especial, denominado modo ROBO (*ROBust* OFDM). Esse é um modo mais robusto, com maior redundância para suportar condições de muito ruído. Ele é utilizado nos seguintes casos:

- quando duas estações querem iniciar uma comunicação, mas ainda não foi feita uma estimativa do canal e elas não sabem que parâmetros de transmissão utilizar;
- quando a transmissão com os parâmetros estimados falha;
- para transmissão em difusão e *multicast*, onde não se podem determinar parâmetros ideais para todas as estações da rede;
- quando há mais de 16 dispositivos na rede. A especificação do HomePlug suporta até 16 dispositivos na sua taxa de transmissão normal. Caso sejam conectados à rede mais de 16 dispositivos, todos mudam automaticamente para o modo ROBO.

O modo ROBO utiliza a modulação DBPSK com um nível de redundância que reduz a sua taxa de símbolos para $\frac{1}{4}$ bit por símbolo por portadora. Ele também utiliza um código *Reed-Solomon* com taxas de código diferentes, que variam de $\frac{31}{39}$ a $\frac{43}{51}$, o que reduz a sua taxa de transmissão máxima para 0,9 Mbps.

Existem dois tipos de quadros no HomePlug. O quadro que carrega os dados é denominado quadro longo, enquanto o quadro curto é utilizado para o envio do reconhecimento dos quadros de dados. Um quadro longo é composto por um delimitador de início de quadro, seguido da carga útil (*payload*), de um espaçamento de 1,5 μs denominado EFG (*End-of-Frame Gap*), que é utilizado para processamento, e de um delimitador de fim de quadro. O quadro curto compreende apenas um delimitador de resposta, para fazer o reconhecimento da chegada dos quadros. O formato dos quadros é apresentado na Figura 5.20.

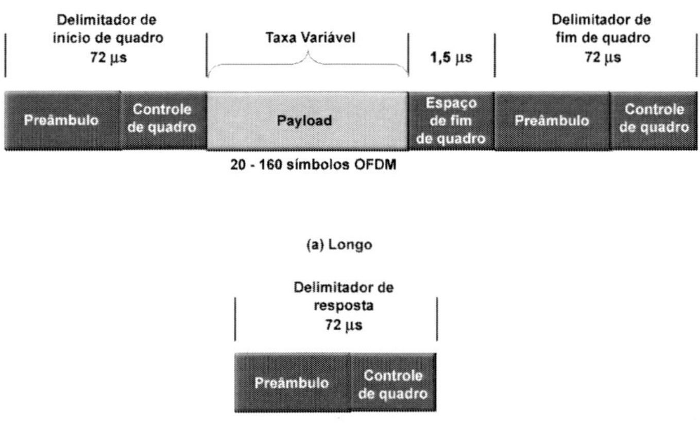

Figura 5.20: Formato dos quadros HomePlug.

Os delimitadores e sinais de determinação de prioridade devem ser recebidos corretamente por todas as estações, por isso eles são enviados utilizando todas as subportadoras, com a mesma modulação e mesma codificação, independente de quem está enviando ou recebendo os dados. Já a carga útil é adaptada às condições do canal, utilizando os parâmetros determinados na estimativa do canal. Mapas de tons são usados pelos transmissores e receptores para se adaptarem às condições do canal, indicando as subportadoras, a modulação e a taxa de códigos a serem utilizadas após a fase de adaptação do canal.

O preâmbulo é formado por 7,5 símbolos OFDM especiais, sem o prefixo cíclico, com uma duração de 38,4 μs. Ele é utilizado para sincronismo, controle automático de ganho e detecção física de portadora.

O campo controle de quadro (*Frame Control* - FC) possui 25 bits, codificados em quatro símbolos OFDM. Esse campo utiliza um código corretor de erro especialmente projetado, além de um entrelaçamento diferente de bits e modulação BPSK, com uma duração de 33,6 μs. O campo controle de quadro é constituído por um bit para controle de disputa, 3 bits do tipo do delimitador, 13 bits do campo variante e 8 bits de sequência de verificação. Durante uma rajada de quadros, o bit controle de disputa é igual a 1 até o último segmento. O campo tipo de delimitador indica se o delimitador é de início de quadro, de fim de quadro ou de resposta. Além disso, este campo nos delimitadores de início e fim de quadro indica se uma resposta é esperada. A função do campo variante depende do tipo do delimitador. Para o delimitador de início de quadro são usados 8 bits de comprimento de quadro e 5 bits de índice de mapa de tons. Para o delimitador de fim de quadro são usados dois bits de prioridade de acesso ao canal para o quadro, úteis durante transmissões em rajada. Os outros 11 bits não têm função definida. Para o delimitador de resposta, o campo depende do tipo da resposta. No caso do ACK, existem dois bits que repetem a prioridade do quadro para o qual a resposta foi gerada. Os outros bits são os 11 bits menos significativos do campo sequência de verificação do quadro reconhecido. Para o NACK, existem os dois bits de prioridade, um bit 0 (indica o tipo de resposta NACK) e 10 bits de sequência de verificação. Para o FAIL, a única diferença é no terceiro bit que tem valor um para indicar uma resposta do tipo FAIL. Por último, a sequência de verificação é um CRC (*Cyclic Redundancy Check*) calculado sobre os outros 17 bits.

As unidades de dados de serviço da subcamada MAC (MSDUs) incluem os campos endereço de destino, endereço de origem, rótulo de VLAN, tipo ou comprimento e dados, todos idênticos aos campos do quadro da subcamada MAC do padrão IEEE 802.1Q (Ethernet com suporte a VLANs) [79]. O campo controle de encriptação é enviado em texto claro, porém os campos restantes são encriptados com a chave de encriptação de rede. Os campos controle de encriptação, enchimento de encriptação e valor de verificação de integridade são obrigatórios. O campo controle de encriptação contém um octeto de seleção de chave de encriptação e oito octetos de um vetor de inicialização usado pelo algoritmo de encriptação. O campo enchimento de encriptação adiciona de 0 a 7 zeros a fim de tornar a parte encriptada do corpo do quadro um múltiplo de 8 bits que é o tamanho de bloco utilizado pelo algoritmo de encriptação. Um CRC de 32 bits é calculado sobre os bits entre o campo rótulo de VLAN e o campo enchimento de encriptação. Com isso, o receptor pode confirmar a correta recepção e decriptação do quadro completo. Os campos enchimento de encriptação e valor de verificação de integridade são necessários mesmo sem o uso de encriptação. O rótulo de VLAN, o tipo/comprimento de carga útil (*payload*) são informações vindas da camada superior. A informação de gerenciamento da subcamada MAC é opcional. Caso seja necessário utilizar segmentação, cada segmento é colocado no campo corpo de quadro de um quadro longo (Figura 5.21).

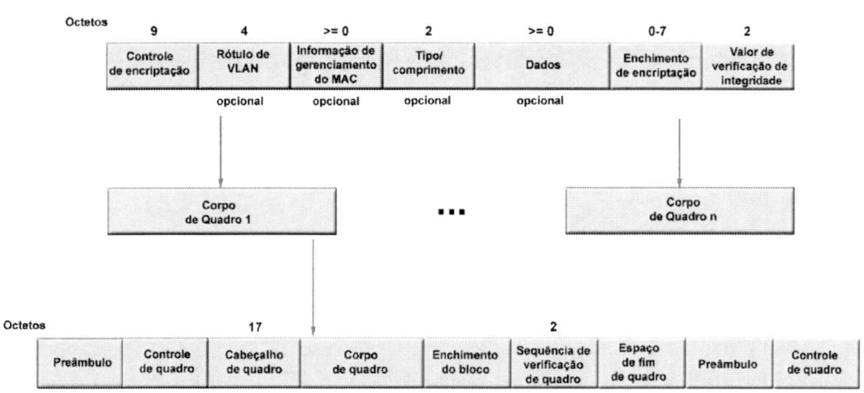

Figura 5.21: Formato do quadro longo do HomePlug.

Além do delimitador de início de quadro, o quadro longo (Figura 5.21) é formado, ainda, pelo cabeçalho, pelos dados, pelo enchimento de bloco, pela sequência de verificação de quadro, pelo espaçamento de fim de quadro e pelo delimitador de fim de quadro.

O cabeçalho do quadro contém um controle de segmento e os endereços de destino e de origem de 48 bits do formato IEEE 802.1Q. O controle de segmento consiste em 3 bits de controle de versão, 2 bits reservados, um *flag* de *multicast* usado para sinalizar o envio de quadros em *multicast* ou em difusão, 2 bits de prioridade de acesso ao canal, 15 bits de comprimento de segmento (em octetos, sem incluir o enchimento de encriptação e o valor de verificação de integridade), 1 bit de indicação de último segmento, 6 bits de contagem de segmento e 10 bits de número de sequência. Os campos contagem de segmento e número de sequência são utilizados para segmentação e remontagem. O número de sequência é o mesmo para todos os segmentos do mesmo quadro e a contagem de segmento indica um segmento dentro do quadro. Cada origem mantém um número de sequência por classe de prioridade.

O enchimento de bloco preenche o bloco físico de transmissão com zeros para formar 20 a 160 símbolos, sendo somente utilizado no último segmento de um quadro. O campo sequência de verificação de quadro contém um CRC de 16 bits calculado do cabeçalho de quadro até o enchimento de bloco.

5.2.2 O HomePlug AV

A aliança HomePlug também desenvolveu em 2005 um padrão denominado HomePlug AV (Áudio e Vídeo), cujo objetivo principal é a distribuição de áudio e vídeo de alta definição (HDTV) em redes domiciliares. Desta forma aparelhos de som e televisores, equipados com dispositivos HomePlug AV, precisam apenas ser conectados à tomada elétrica para funcionarem em rede a alta velocidade e com qualidade de serviço. O padrão HomePlug AV foi projetado por algumas das empresas diretoras da aliança. Uma tecnologia denominada HD-PLC (*High Definition ready high speed Power Line Communication*) é a base para o padrão, que é compatível com o padrão anterior e alcança taxas de até 200 Mbps. Enquanto o HomePlug 1.0 se baseia em prioridades, o HomePlug AV especifica garantia de serviço determinística. De modo a fornecer garantia de qualidade de serviço, a subcamada MAC do HomePlug AV especifica o método de acesso TDMA (*Time Division Multiple Access*) que permite reserva de banda passante além de atraso e variação de atraso (*jitter*) limitados. O CSMA/CA também pode ser usado ao se alocar fatias de tempo do TDMA para este tipo de acesso. Assim, uma das estações da rede terá a função de coordenador central que controla o acesso e as transmissões na rede, alocando fatias de tempo para serem usadas pelas estações que se servem de aplicações que requerem garantia de qualidade de serviço e fatias de tempo para as estações que disputarão o meio através da técnica de acesso CSMA/CA.

O padrão HomePlug AV também utiliza a técnica OFDM. No entanto, para aumentar a taxa de transmissão, o HomePlug AV aumentou a faixa de frequências utilizada, que era de 4,49 a 20,7 MHz, no HomePlug 1.0, e passou para a faixa de 2 a 28 MHz [80]. Além disso, cada subportadora do OFDM pode utilizar modulações que vão do BPSK até o 1024-QAM que codifica 10 bits em cada símbolo. No que se refere à privacidade das mensagens trocadas, o padrão HomePlug AV também introduz uma melhora significativa ao adotar o algoritmo AES (*Advanced Encription Standard*) de chaves simétricas e trocas dinâmicas de chaves. O AES usa chaves de 128 bits ao invés das chaves de 56 bits usadas pelo DES que eram consideradas fracas para a capacidade de processamento atual. Os primeiros produtos chegaram ao mercado em 2006.

5.2.3 O HomePlug AV2

No início de 2012, a aliança HomePlug apresentou o padrão HomePlug AV2 [81], compatível com a versão anterior. O padrão usa uma banda adicional de 30 a 86 MHz, além da já utilizada pelo Homeplug AV. Além disso, existe a possibilidade de uso de múltiplos transmissores (MIMO) em uma configuração $2 \times n$, *n* entre 2 e 4. Nesse caso, ao invés de usar somente o par fase-neutro, o HomePlug AV2 transmite dados em dois dos pares fase-neutro, fase-terra e neutro-terra, exigindo o uso dos três fios. O padrão também permite o uso de uma modulação 4096-QAM, de uma taxa de código de $\frac{8}{9}$ e de um menor intervalo de guarda. Possui taambém uma estrutura de PPDU mais eficiente e alguns modos de economia de energia. Com essas modificações, a taxa física pode chegar a 1,256 Gbps. Produtos começaram a surgir em 2012.

Capítulo 6

O Acesso à Internet

As infraestruturas de TV a cabo, de telefonia e da rede elétrica podem ser utilizadas também para prover acesso à Internet. Outra forma de acesso à Internet é através da comunicação sem fio. A Internet via cabo é um dos principais tipos de conexões de banda larga utilizados hoje em dia. Em relação ao acesso sem fio, o IEEE 802.16 é uma alternativa às redes cabeadas nos lugares onde não há acesso da banda larga. No caso específico da rede telefônica, a utilização como forma de acesso à Internet se estabeleceu antes do crescimento das redes domiciliares. Este processo se iniciou com a utilização de modens com baixa taxa de transmissão e se intensificou na década de 1980 com o desenvolvimento da Rede Digital de Serviços Integrados. Com o desenvolvimento da tecnologia DSL (*Digital Subscriber Line*) é possível, atualmente, o acesso 24 horas por dia a altas taxas. O uso da tecnologia PLC para rede de acesso já é mais recente, e vem ganhando espaço, se mostrando como uma boa alternativa em lugares onde não haja outras tecnologias, e a um baixo custo. Com as tecnologias atuais em PLC, podem ser obtidas taxas desde alguns Mbps até centenas de Mbps. Esse capítulo descreve os principais padrões para o acesso à Internet.

6.1 A Rede de Acesso via Cabo Coaxial e Fibra Óptica (HFC)

Apesar de a iniciativa da HomeCNA e do consórcio CableLabs de criar um padrão para redes domiciliares reutilizando o cabo coaxial de televisão não ter alcançado sucesso comercial até o momento, essa infraestrutura está sendo utilizada em redes de acesso. Essas redes evoluíram das antigas redes de televisão a cabo que somente utilizavam cabos coaxiais para prover o serviço de televisão analógica. Com o passar do tempo, redes híbridas de fibra óptica com cabo coaxial (*Hybrid Fiber Coax* - HFC), nas quais aproveitam-se a maior banda da fibra óptica e a menor atenuação, começaram a ser utilizadas.

Uma rede HFC utiliza fibras ópticas em linhas principais e cabos coaxiais nas ligações com os assinantes. A topologia de uma rede HFC é uma combinação de estrela com barramento, conforme ilustra a Figura 6.1. A arquitetura de uma rede HFC é composta pelo *head-end*, por *hubs* ópticos e por modens a cabo (*cable modens*). Dentro do *head-end*, o CMTS (*Cable Modem Termination System*) interconecta a rede de TV a cabo HFC à rede de telefonia convencional e à Internet. O sinal multiplexado é transmitido através de fibras ópticas para um *hub* óptico que converte os sinais ópticos para sinais de radiofrequência. Esse *hub*, também denominado de nó da fibra, tipicamente pode ser capaz de prover serviço para até 2000 assinantes. Um *hub* óptico concentra múltiplos segmentos de cabos coaxiais. Cada segmento conecta vários domicílios em uma topologia em barramento. Dentro da casa do assinante, o modem a cabo tipicamente possui duas conexões, uma através de um cabo coaxial e outra para um computador. O cabo coaxial pode ser proveniente da saída de um *splitter* ou pode ser o cabo que vem da operadora. A conexão com o computador é feita através de Ethernet ou USB.

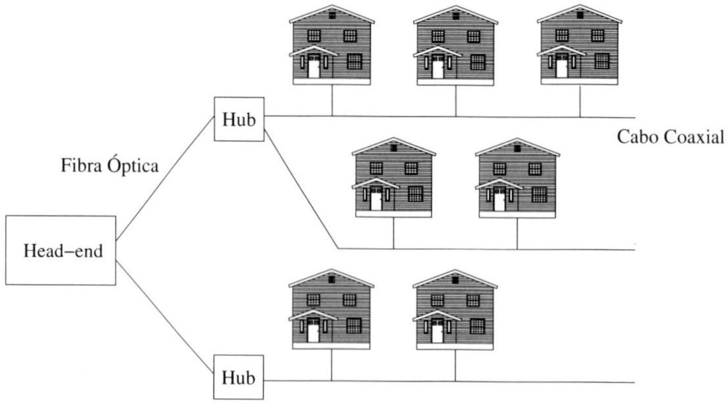

Figura 6.1: Uma rede híbrida de fibra óptica e cabo coaxial.

Os cabos coaxiais possuem uma melhor blindagem do que os cabos de pares trançados utilizados no Ethernet. Com isso, os sinais transmitidos nesses cabos podem alcançar maiores distâncias a velocidades mais altas. A largura de banda de um cabo coaxial depende de determinadas características como a qualidade do cabo, o tamanho do cabo e a relação sinal/ruído dos dados, podendo chegar a larguras de 1 GHz. Em comparação com os cabos coaxiais, as fibras ópticas possuem maior largura de banda, menor atenuação e maior imunidade a interferências eletromagnéticas, porém a um custo mais alto.

Diversas organizações, dentre as quais o IEEE, através da norma IEEE 802.14, tentaram sem êxito criar um padrão para a transmissão de dados em redes HFC. O consórcio CableLabs [6] foi quem conseguiu criar um padrão "de facto" que é amplamente utilizado. Esse padrão é denominado DOCSIS (*Data Over Cable Service Interface Specification*). O padrão DOCSIS trata da comunicação entre o modem a cabo e o CMTS, ou seja, para acesso a redes fora do domicílio do assinante como a Internet.

6.1.1 O DOCSIS

O CableLabs é um consórcio de pesquisa e desenvolvimento sem fins lucrativos criado em 1998 por membros da indústria de televisão a cabo. Seus objetivos são desenvolver novas tecnologias de telecomunicações a cabo e facilitar a implementação dessas novas tecnologias.

A primeira especificação, a DOCSIS 1.0, foi publicada em 1997. Um dos objetivos do consórcio era criar um padrão simples sem usar tecnologias do estado da arte da época [82]. Essa versão provê suporte a um serviço de melhor esforço. A versão 1.1 de 1999, compatível com a versão 1.0, melhorou a funcionalidade de segurança e incluiu suporte a qualidade de serviço. O DOCSIS 1.1 define classes de qualidade de serviço para atender a diferentes tipos de aplicações, incluindo aplicações de tempo real. No final de 2001 foi concluída a especificação DOCSIS 2.0. Um dos principais objetivos dessa especificação foi aumentar a taxa de transmissão no *upstream*, de modo a melhor atender a serviços simétricos como telefonia, videofone, videoconferência e outros. O DOCSIS 2.0 provê até 30 Mbps no *upstream* e 40 Mbps no *downstream* e também é compatível com as versões anteriores. Esse padrão começou a ser utilizado em meados de 2005 pela principal empresa de Internet via cabo do Brasil. A especificação do DOCSIS é dividida em diversos documentos, entre os quais a especificação da interface de radiofrequência [83] contém a subcamada MAC e a camada física do padrão.

Duas opções para a camada física estão disponíveis, uma voltada para os EUA e outra voltada para a Europa, em função da diferente ocupação do espectro de frequências. Para obter informações sobre o padrão europeu, consulte [83][1]. Como as redes HFC foram originalmente projetadas utilizando meios de transmissão em um único sentido, a utilização da rede para o acesso à Internet exigiu a modificação de amplificadores que só trabalhavam no sentido do *head-end* para o assinante. Esse era um dos principais motivos para que a principal empresa de TV a cabo do Brasil não fornecesse o serviço de acesso de banda larga em determinadas regiões. Além disso, devido a não necessidade de um canal de retorno nas redes HFC originais, a alocação do espectro para o *downstream* e para o *upstream* é assimétrica. A banda do *upstream* é bem menor em comparação à banda do *downstream*. O esquema robusto de modulação usado no *upstream* faz com que essa assimetria seja ainda mais pronunciada [82]. O *upstream* vai de 5 a 42 MHz, com canais de até 6,4 MHz. O *downstream* opera em uma faixa inferior entre 50 e 54 MHz e em uma faixa superior de 300 a 864 MHz, usando canais de 6 MHz. Essas faixas de frequências não interferem no serviço de TV analógica. Tipicamente, algumas centenas de usuários podem compartilhar um canal *downstream* e um ou mais canais *upstream*.

A Subcamada de Acesso ao Meio

Como o CMTS é o único a transmitir no *downstream*, um método de acesso múltiplo somente é necessário no *uplink*. As especificações DOCSIS 1.0 e 1.1 usam o TDMA (*Time Division Multiple Access*) para transmitirem para o *head-end*. Já a especificação DOCSIS 2.0 incluiu um outro método de acesso denominado S-CDMA (*Synchronous-Code Division Multiple Access*). Na realidade, são utilizados FDMA/TDMA (*Frequency Division Multiple Access*/TDMA) ou FDMA/TDMA/S-CDMA. O FDMA é empregado pois múltiplos canais de RadioFrequência (RF) são atribuídos na banda do *upstream*. Um modem transmite em um único canal de RF a não ser que seja reconfigurado para mudar de canal. No TDMA, um canal de RF é compartilhado por múltiplos modens através da atribuição dinâmica de *slots* de tempo. O S-CDMA indica que múltiplos modens podem transmitir simultaneamente em um mesmo canal de RF e durante um mesmo *slot* de tempo TDMA, sendo separados por diferentes códigos ortogonais[2]. Os modos TDMA e S-CDMA podem operar simultaneamente em um mesmo canal físico. Com isso, os mo-

[1]Exceto quando não explicitamente especificado, o texto refere-se ao padrão americano.

[2]De modo a simplificar a notação, o texto irá se referir aos métodos de acesso como TDMA ou S-CDMA.

dens DOCSIS 1.0, 1.1 e 2.0 podem coexistir em um mesmo canal físico sem degradação significativa de desempenho [82].

O CMTS faz a alocação de banda no *upstream* baseada nos pedidos dos modens e nos requisitos de qualidade de serviço. O canal *upstream* é dividido em mini-*slots*, que, em função de configurações do sistema, contêm de 8 a 32 octetos de dados. Os mini-*slots* podem ser utilizados para solicitar oportunidades de transmissão ou para enviar dados [84]. No caso da solicitação, podem ocorrer colisões de pedidos resolvidas através do uso de um *backoff* exponencial binário. O CMTS escalona os pedidos e informa às estações através do *downstream* os instantes para a transmissão de seus dados no *upstream*. Para o TDMA, um mini-*slot* é uma potência de 2, entre 2 e 128, multiplicada por 6,25 μs. Para o S-CDMA, um mini-*slot* é a unidade de capacidade que depende da taxa de modulação, do número de códigos de espalhamento e do número de intervalos de espalhamento configurado para o canal *upstream*. O CMTS periodicamente envia mensagens de alocação de banda denominadas mensagens MAP para alocar as oportunidades de transmissão para os modens. Essas mensagens são enviadas a todos os modens em um canal *downstream* e indicam a alocação de banda no *upstream* para o próximo "ciclo MAP". Através do MAP, um modem a cabo pode obter permissão para transmitir através da atribuição de *slots* ou pode explicitamente solicitar banda usando o processo baseado em disputa.

Serviços de escalonamento são utilizados para melhorar a eficiência do processo de pedido/oferta. Através da especificação de um serviço de escalonamento e de seus parâmetros de qualidade de serviço, o CMTS pode antecipar as necessidades de vazão e de atraso do tráfego *upstream* e prover pedidos e/ou ofertas em tempos apropriados [83]. O DOCSIS define um conjunto de serviços de escalonamento de *upstream* que operam em função do identificador do fluxo a ser transmitido: *Unsolicited Grant Service* (UGS), o *real-time Polling Service* (rtPS), o *Unsolicited Grant Service with Activity Detection* (UGS-AD), o *non-real-time Polling Service* (nrtPS) e o *Best Effort Service* (BE). O UGS é usado com fluxos de serviços de tempo real que geram pacotes de dados de tamanho fixo a intervalos regulares, equivalente a fluxos CBR (*Constant Bit Rate*). O serviço provê ofertas periódicas, sem a necessidade de solicitação, as quais eliminam a sobrecarga e o atraso de pedidos dos modens e asseguram que as ofertas estarão disponíveis de modo a atender aos requisitos do fluxo de tempo real. O rtPS é usado para fluxos de tempo real que geram pacotes de dados de tamanho variável, como em um vídeo MPEG. O serviço oferece oportunidades de pedidos *unicast* periódicos e de tempo real, ou seja, o CMTS consulta periodicamente os modens quanto à necessidade de transmissão. Essas oportunidades de transmissão devem atender às necessidades do fluxo de tempo real e também permitem ao modem especificar o tamanho da oferta desejada. Esse serviço requer mais sobrecarga do que o UGS, mas suporta tamanhos de ofertas variáveis para um melhor transporte de dados. O UGS-AD é usado para fluxos UGS que podem se tornar inativos por quantidades de tempo substanciais, isto é, por dezenas de milissegundos ou mais, tais como voz sobre IP com supressão de silêncio. O serviço provê ofertas não solicitadas quando o fluxo está ativo e pedidos em *unicast* quando o fluxo está inativo. Isso combina a baixa sobrecarga e o pequeno atraso do UGS com a eficiência do rtPS. Embora o UGS-AD combine o UGS com o rtPS, somente um serviço de escalonamento está ativo por vez. O nrtPS é usado com fluxos de serviços não-tempo real que requisitam ofertas de dados de tamanho variável com frequência, como um FTP de alta taxa. O serviço oferece pedidos *unicast* em uma frequência que assegura que o fluxo recebe oportunidades de pedidos mesmo durante congestionamento da rede. O CMTS tipicamente oferece pedidos a fluxos nrtPS a intervalos periódicos ou não periódicos da ordem de um segundo ou menos. No BE, o objetivo é prover um serviço eficiente para o tráfego de melhor esforço. Nesse caso, uma estação pode obter oportunidades de transmissão através do processo baseado em disputa.

Um quadro MAC típico contém um cabeçalho e uma parte de dados de tamanho variável que depende do tipo do quadro. Uma PDU MAC pode ser fragmentada em pedaços menores e um cabeçalho MAC pode encapsular múltiplos quadros MAC através do uso de concatenação. O formato do quadro de dados é apresentado na Figura 6.2. O cabeçalho é composto de controle de quadro (1 octeto), MAC_PARM (1 octeto), comprimento (2 octetos), EHDR (0 a 240 octetos) e HCS (2 octetos).

Octetos					
1	1	2	0–240	2	>=0
Controle de Quadro	MAC_PARM	Comprimento	EHDR	HCS	Dados

Figura 6.2: Formato do quadro de dados do DOCSIS.

O controle de quadro é dividido em três campos: tipo (2 bits), parâmetros de controle de quadro (5 bits) e EHDR_ON (*Extended Header_ON*), de 1 bit. O tipo indica qual o tipo de PDU que segue o cabeçalho (pacote, célula ATM (*Asynchronous Transfer Mode*), reservado ou controle). Os parâmetros de controle de quadro (FC_PARM) são dependentes do tipo de quadro. Para os quadros do tipo controle, os parâmetros indicam funcionalidades de temporização, gerenciamento, pedido, fragmentação ou concatenação. O campo EHDR_ON indica se é utilizado um cabeçalho estendido.

O campo MAC_PARM serve para vários propósitos dependendo do campo controle de quadro. Se EHDR_ON é igual a 1, então o MAC_PARM deve ser usado como um tamanho de cabeçalho estendido, pois o EHDR pode variar entre 0 e 240 octetos. Se o cabeçalho MAC é de concatenação, então o MAC_PARM representa o número de quadros MAC na concatenação. Se é um cabeçalho MAC de pedido, representa a quantidade de banda sendo requisitada. Em todos os outros casos, o MAC_PARM está reservado para usos futuros.

O campo comprimento indica o tamanho do quadro MAC através da soma do número de octetos no cabeçalho estendido (se presente) com o número de octetos que seguem o campo HCS.

O campo EHDR corresponde ao cabeçalho estendido do MAC, quando presente. É utilizado para implementar segurança de enlace de dados, fragmentação de quadros, solicitação de banda através de *piggyback* e pode ser estendido para usos futuros. No caso de solicitação de banda, esses quadros têm a vantagem de não disputarem o meio como os pedidos explícitos de solicitação de banda apresentados a seguir.

O campo HCS consiste de 2 octetos de verificação de cabeçalho. Para o cálculo do HCS, é usado o mesmo polinômio gerador do HomePNA 2.0 (Seção 5.1.1).

A parte dos dados depende do campo tipo do cabeçalho. Os dados podem ser do tipo pacote, do tipo ATM, do tipo específico ou do tipo reservado para futuras extensões. Por exemplo, para o tipo pacote, os campos são endereço de destino, endereço de origem, tipo, dados e sequência de verificação de quadro, todos obtidos do quadro Ethernet (Seção 3.2).

O quadro de solicitação (explícita) de banda possui um cabeçalho (modificado em relação ao do quadro de dados), mas não possui um campo de dados. O quadro é composto do controle de quadro (1 octeto), do MAC_PARM (1 octeto), de SID (2 octetos) e do HCS (2 octetos). O campo MAC_PARM contém o número de mini-*slots* sendo requisitados e o campo SID (*Service Identifier*) contém o identificador de serviço usado para a requisição de banda.

O DOCSIS provê segurança através de autenticação, criptografia e de gerenciamento de chaves [85]. O algoritmo de criptografia utilizado é o modo CBC (*Cipher-Block Chaining*) do DES (*Data Encryption Standard*) de 56 bits (obrigatório) ou 40 bits (opcional). O cabeçalho do quadro não é encriptado.

A Camada Física

A camada física é composta de duas subcamadas: a subcamada de convergência de transmissão (somente na direção *downstream*) e a subcamada física dependente do meio. A subcamada de convergência de transmissão torna possível a oferta de novos serviços como por exemplo o vídeo digital.

Na subcamada de convergência de transmissão, o formato de um quadro MPEG de 188 octetos carregando dados DOCSIS contém um cabeçalho MPEG de 4 octetos, um campo ponteiro de 1 octeto (não presente em todos os quadros) e a carga útil do DOCSIS de 183 ou 184 octetos.

A subcamada física dependente do meio usa na direção *upstream* o método de acesso TDMA ou o S-CDMA. As modulações QPSK e 16-QAM são usadas no TDMA. Para o S-CDMA podem ser usadas as modulações QPSK, 8-QAM, 16-QAM, 32-QAM, 64-QAM e 128-QAM (TCM). Pode ser usado Reed-Solomon. As taxas de símbolos são 160, 320, 640, 1280, 2560 e 5120 kbaud para o TDMA e 1280, 2560 e 5120 kbaud para o S-CDMA. A taxa máxima no *upstream* é de aproximadamente 30 Mbps. No *downstream*, o único canal de RF usa as modulações de *stream* de transporte MPEG 64-QAM ou 256-QAM. A taxa máxima é de 40 Mbps.

6.1.2 O DOCSIS 3.0

A especificação 3.0 do DOCSIS, compatível com as versões anteriores, foi publicada em 2006 [86]. Dentre as principais modificações, destacam-se taxas de 160 Mbps no *downstream* e de 120 Mbps no *upstream*, além do suporte a IPv6, do uso de criptografia AES (*Advanced Encryption Stardard*) e do aumento da banda usada no *upstream*, de 5 a 88 MHz [87]. As taxas mais altas de transmissão são obtidas através da junção de vários canais *downstream* e *upstream*. Produtos compatíveis com o padrão DOCSIS 3.0 já foram certificados pelo CableLabs. A principal empresa de TV a cabo do Brasil utiliza esse padrão para disponibilizar acesso à Internet de até 240 Mbps.

6.2 O IEEE 802.16

A partir da privatização dos sistemas de telefonia nos EUA, as operadoras concorrentes obtiveram o direito de prover serviços de voz e de acesso de alta velocidade à Internet. O grande problema era o custo de implantação da rede, principalmente o custo de extensão de cabos (de fibra óptica, coaxiais ou de par trançado). Uma das soluções mais simples e barata corresponde ao uso de redes sem fio de banda larga.

O serviço de distribuição multiponto local (*Local Multipoint Distribution Service* - LMDS) foi criado para esse fim. O LMDS usa um *loop* local sem fio (*Wireless Local Loop* - WLL) na faixa de 27,5 a 31,3 GHz. Nessa faixa de frequências, as ondas são altamente direcionais. O alcance do LMDS é de 2 a 5 km, forçando o uso de muitas torres com várias antenas para cobrir uma cidade.

Cada operadora de telecomunicações possuía o seu próprio sistema LMDS. De modo a habilitar o rápido desenvolvimento em todo o mundo de produtos interoperáveis e ainda de modo a diminuir o custo desses produtos, o IEEE definiu o padrão 802.16 de redes metropolitanas sem fio [88]. O padrão IEEE 802.16 serve como alternativa a redes de acesso cabeadas, como por exemplo às redes baseadas em fibras ópticas, em cabo coaxial e em DSL, principalmente em áreas rurais e remotas onde não há serviço de acesso de banda larga.

O padrão de interface aérea para sistemas fixos de acesso sem fio de banda larga (*Air Interface for Fixed Broadband Wireless Access Systems*) foi apresentado inicialmente em 2001. O padrão original utilizava somente a banda de 10 a 66 GHz, sendo voltado para aplicações de SOHO (*Small Office/Home Office*), de médias e de grandes empresas. Em 2003, foi criada uma extensão denominada IEEE 802.16a que usa a banda de 2 a 11 GHz, voltada para usuários domiciliares e SOHO [89]. A versão de 2004 do padrão IEEE 802.16 [90] incluiu a extensão IEEE 802.16a no próprio padrão. Com isso, o IEEE 802.16 divide-se atualmente nas faixas de 2 a 11 GHz, na qual pode-se usar tanto bandas licenciadas quanto bandas não licenciadas, e de 10 a 66 GHz na qual é exigida licença para operação.

De forma análoga a outras tecnologias de redes, em 2001 foi criada uma aliança denominada WiMAX (*Worldwide Interoperability for Microwave Access*) [91]. Os objetivos dessa aliança são promover o uso de redes de acesso sem fio de banda larga através de um padrão global e prover a interoperabilidade entre produtos através da realização de testes. O WiMAX conta atualmente com mais de 40 membros, dentre os quais Samsung, Siemens e outros. Há alguns anos a aliança realizou testes com produtos na faixa de 2 a 11 GHz, utilizando a subcamada MAC e a camada física WirelessMAN-OFDM do padrão IEEE 802.16 de 2004. Os primeiros equipamentos certificados começaram a chegar ao mercado em 2006. Em 2008 surgiram os primeiros computadores portáteis com WiMAX integrado. Ainda há alguns anos, cidades como Brasília e Ouro Preto iniciaram projetos pilotos em WiMAX.

Uma das faixas de frequências utilizadas pelo IEEE 802.16 vai de 10 a 66 MHz, onde se encontra uma grande fração do espectro disponível parcialmente no mundo todo. Nesse caso, cada antena define um setor independente e deve haver uma visada direta entre as antenas. Contudo, a perda no espaço livre é bem maior do que em sistemas que utilizam faixas de frequências mais baixas. Além disso, os efeitos de atenuação devido a chuvas e absorção atmosférica ou de oxigênio são mais pronunciados e as perdas por múltiplos caminhos podem ser grandes em função da ocorrência de reflexões. O custo maior de componentes eletrônicos que trabalham nesta faixa também é uma desvantagem. Já na faixa de 2 a 11 GHz, as antenas são geralmente omnidirecionais, não sendo mais obrigatória a visada direta entre as antenas. O efeito dos múltiplos caminhos também é pronunciado.

A arquitetura do IEEE 802.16 pode usar topologias ponto-a-multiponto (PMP) ou em malha. No caso da topologia PMP (Figura 6.3), a infraestrutura é composta por uma estação base (*Base Station* - BS), que pode estar conectada a uma outra rede como por exemplo a Internet, e pelas estações dos assinantes (*Subscriber Stations* - SSs). A topologia possui esse nome, pois a comunicação entre a BS e as SSs é ponto-a-multiponto. A BS coordena toda a comunicação entre a BS e as SSs e não existe comunicação direta entre as SSs. A topologia em malha (Figura 6.4) é opcional no padrão e usa a faixa de frequências de 2 a 11 GHz. Nesse caso, uma SS pode se comunicar com outra diretamente. Além disso, pode haver comunicação entre as estações da rede em malha com outras redes através de uma estação denominada Mesh BS.

A arquitetura de protocolos do IEEE 802.16 é apresentada na Figura 6.5. O IEEE 802.16 está dividido em: subcamada de convergência específica de serviços, subcamada MAC, subcamada de segurança e camada física.

A Subcamada de Convergência Específica de Serviços

A Subcamada de Convergência Específica de Serviços é análoga à subcamada de enlace lógico nos outros protocolos IEEE 802. Essa subcamada mapeia os tráfegos em um MAC flexível que pode eficientemente carregar qualquer tipo de tráfego. Atualmente existem duas especificações da Subcamada de Convergência: uma baseada no ATM e outra baseada em pacotes (Ethernet, IP e outros).

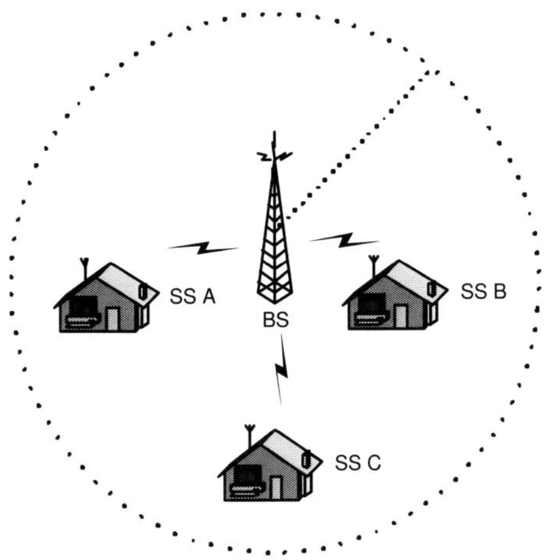

Figura 6.3: Uma rede IEEE 802.16 com topologia PMP.

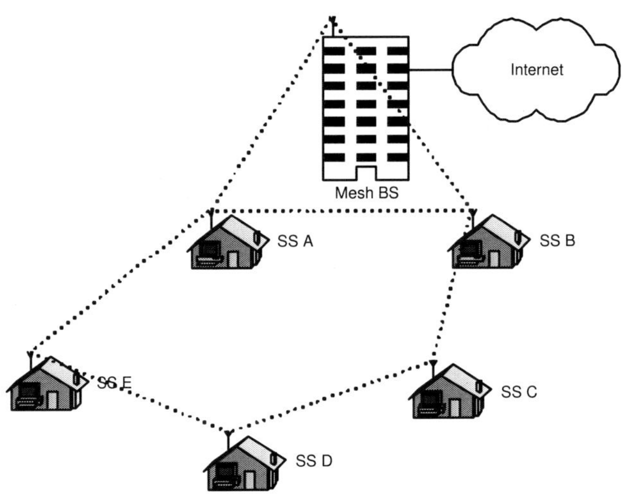

Figura 6.4: Uma rede IEEE 802.16 com topologia em malha e conexão com a Internet.

A Subcamada de Acesso ao Meio

A subcamada MAC é responsável pelo gerenciamento dos canais utilizados para transmissão e recepção de dados. A subcamada MAC do IEEE 802.16 é orientada à conexão de modo a facilitar o oferecimento de qualidade de

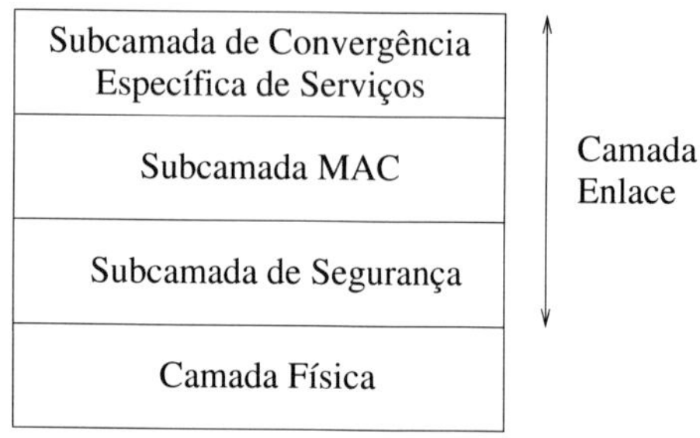

Figura 6.5: Arquitetura de protocolos do IEEE 802.16.

serviço e difere-se de acordo com a topologia utilizada.

No caso da topologia PMP, as comunicações entre a BS e as SSs são divididas em *downlink* e *uplink*. O *downlink* corresponde às comunicações da BS para as SSs e o *uplink* corresponde às transmissões das SSs para a BS. Essas transmissões no *downlink* e no *uplink* podem ocorrer simultaneamente ou não em função do tipo de duplexação usado na camada física: FDD (*Frequency Division Duplexing*) ou TDD (*Time Division Duplexing*).

A BS usa TDM (*Time Division Multiplexing*) no *downlink* para multiplexar os dados para as estações dos assinantes. O TDMA (*Time Division Multiple Access*) também pode ser usado na duplexação FDD. Como o *uplink* está associado a assinantes não coordenados, é necessário um método de acesso ao meio compartilhado. Nesse caso é utilizado o TDMA, exceto para a técnica de transmissão WirelessMAN-OFDMA que usa uma mistura de TDMA e OFDMA. No TDMA usado no IEEE 802.16, a alocação dos *slots* às múltiplas estações varia dinamicamente.

O subquadro *downlink* no TDD (Figura 6.6) começa com uma parte de controle que contém o preâmbulo (PRE), o mapa *downlink* (DL-MAP) para o subquadro *downlink* atual e o mapa *uplink* (UL-MAP) para transmissões futuras. Esses mapas, enviados em difusão, informam quais são as transmissões previstas em cada *slot* de tempo e quais *slots* estão livres. No caso do *downlink*, a estação base decide o que inserir em cada quadro. As transmissões de dados podem ser feitas em difusão ou em *unicast*. No último caso, o DL-MAP indica para qual estação é o quadro através de um identificador de conexão de 16 bits. O UL-MAP indica as oportunidades de transmissão nas quais as estações podem transmitir (As estações podem enviar solicitações de banda para a BS pedindo oportunidades de transmissão.). A parte TDM do subquadro *downlink* contém os dados organizados em rajadas com diferentes perfis, consequentemente com diferentes graus de robustez de transmissão em termos de modulação, FEC, comprimento do preâmbulo e outros. As rajadas são transmitidas em ordem decrescente de robustez; por exemplo para uma mesma taxa do FEC, os dados seriam transmitidos em QPSK, em 16-QAM e por último em 64-QAM. Desse modo, uma estação consegue receber os dados antes de uma rajada que não possa ser decodificada, pois isso poderia gerar perda de sincronismo com o *downlink*. Cada SS recebe e decodifica a informação de controle do *downlink* e procura por cabeçalhos MAC indicando dados endereçados à SS no resto do subquadro *downlink*.

PRE	DL-MAP	UL-MAP	TDM

Figura 6.6: Estrutura do subquadro *downlink* no TDD.

No subquadro *downlink* no FDD (Figura 6.7), após a parte do TDM pode ser utilizado o TDMA, de forma a dar suporte a estações que operam em *half-duplex*. Nesse caso, cada rajada começa com um preâmbulo, pois pode ocorrer perda de sincronismo com o subquadro *downlink* devido à natureza *half-duplex* de algumas estações [89].

PRE	DL-MAP	UL-MAP	TDM	TDMA

Figura 6.7: Estrutura do subquadro *downlink* no FDD.

A estrutura do subquadro *uplink* é apresentada na Figura 6.8. Três classes de rajadas podem ser transmitidas pela SS: rajadas transmitidas em oportunidades de disputa reservadas para o acesso (*ranging*) inicial, rajadas transmitidas em oportunidades de disputa definidas por intervalos de pedidos reservados para resposta a convites em *multicast* e em difusão e rajadas transmitidas em intervalos definidos por oportunidades de transmissão especificamente alocadas para SSs individuais. Qualquer uma dessas classes pode estar presente em um determinado quadro. Elas podem ocorrer em qualquer ordem e em qualquer quantidade (limitada pelo número de *slots*) dentro do quadro. Além disso, as bandas alocadas para o acesso inicial e a disputa de pedidos podem ser agrupadas. Os pedidos de banda são realizados durante a disputa de pedidos (Figura 6.8). Como o acesso nessa fase é aleatório, podem ocorrer colisões de pedidos. Essas colisões são inferidas através do não recebimento de uma oportunidade de transmissão em um determinado número de UL-MAPs. Neste caso utiliza-se o algoritmo de *backoff* exponencial binário da Ethernet para a resolução dessas colisões. Os *slots* restantes são agrupados por estação. Durante sua banda escalonada, a SS transmite de acordo com o perfil de rajada especificado pela BS no UL-MAP.

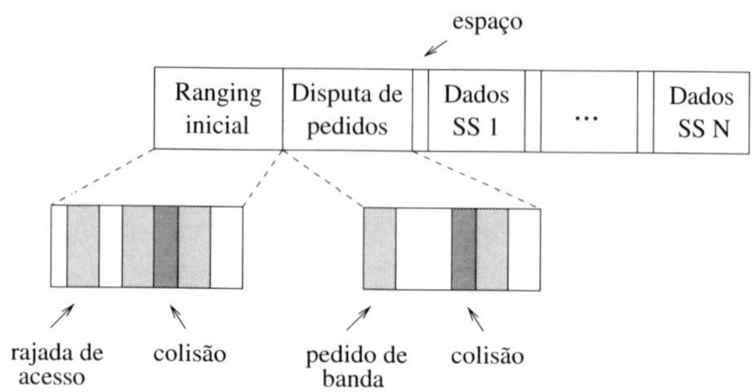

Figura 6.8: Estrutura do subquadro *uplink*.

O protocolo de transmissão do *uplink* está associado aos requisitos de banda e atraso para cada aplicação do usuário. Isso é realizado através de quatro tipos de mecanismos de escalonamento no *uplink*. Os mecanismos estão associados a classes de serviço determinadas na fase de estabelecimento de conexão. Quatro classes de serviços estão disponíveis e formam um subconjunto das classes do DOCSIS 1.1: a *Unsolicited Grant Service* (UGS), a *Real-Time Polling Service* (rtPS), o *Non-Real-Time Polling Service* (nrtPS) e o *Best Effort Service* (BE). As solicitações de banda para as classes podem ser feitas de quatro formas diferentes. Um pedido implícito é utilizado no serviço UGS, onde nenhum quadro de solicitação é enviado e as alocações são negociadas durante a fase de conexão. Quadros de solicitação de banda podem ser usados para todas as classes. Pedidos também podem "pegar carona" (*piggyback*) em quadros de dados de todas as classes exceto a UGS. Por último, o bit *poll-me* do subcabeçalho MAC de gerenciamento de ofertas pode ser usado para pedir uma consulta (*polling*) também para serviços diferentes do UGS.

Para a topologia em malha, o TDD e o FDD podem ser usados na modulação WirelessMAN-OFDM, enquanto que somente o TDD é usado na WirelessHUMAN. O *downlink* e o *uplink* são definidos em função da Mesh BS, porém não existe uma separação clara entre o subquadro *downlink* e o subquadro *uplink*. O escalonamento pode ser distribuído, centralizado ou uma combinação dos dois. O escalonamento distribuído parte do princípio que a probabilidade de interferência de nós que não pertencem à vizinhança de dois saltos é muito baixa [92]. Para coordenar a transmissão de um nó por seus vizinhos de até dois saltos, os recursos disponíveis, pedidos e ofertas são enviados em difusão aos seus vizinhos. Opcionalmente o escalonamento também pode ser estabelecido através de pedidos e oferecimentos diretos e não coordenados entre duas estações. Os nós devem garantir que as transmissões resultantes não causem colisão com os tráfegos de dados e de controle escalonados por cada outro nó na vizinhança de dois saltos. Não existe diferença no mecanismo usado no escalonamento do *downlink* e do *uplink*. Já o escalonamento centralizado é baseado no fato que a maioria do tráfego passa pela Mesh BS [92]. Em função disso, a Mesh BS recebe pedidos de SSs dentro de um raio de saltos, determina a quantidade de recursos para cada enlace da rede tanto no *downlink* quanto no *uplink* e comunica as ofertas para as SSs dentro do raio de saltos.

Alguns mecanismos do IEEE 802.16 são implementados em função da faixa de frequências utilizada. Na faixa de 2 a 11 GHz, pode-se usar ARQ (*Automatic Repeat reQuest*). Para a faixa de 2 a 11 GHz (não licenciada), caso haja interferência, pode-se trocar de canal de acordo com os parâmetros da rede. O mecanismo utilizado para esse fim chama-se DFS (*Dynamic Frequency Selection*). Em toda a faixa de 2 a 11 GHz (com ou sem licença) pode-se usar também um sistema de antenas adaptativas (*Adaptive Antenna System* - AAS), no qual utiliza-se mais de uma antena. O AAS pode aumentar o alcance e a capacidade do sistema através da adaptação do padrão da antena e da concentração da sua irradiação para cada assinante individual.

Um quadro TDD ou FDD pode conter diversos quadros MAC das estações BS e SSs através de concatenação, tanto no *uplink* quanto no *downlink*. Além disso, fragmentação pode ser utilizada para permitir o uso eficiente da banda passante disponível em relação aos requisitos de QoS do fluxo em questão. O suporte à fragmentação e à remontagem é obrigatório pelo padrão.

O formato do quadro MAC genérico é apresentado na Figura 6.9. O quadro é formado pelos campos cabeçalho, dados e CRC.

Octetos	6	>=0	4
	Cabeçalho	Dados	FCS

Figura 6.9: Formato do quadro genérico do IEEE 802.16.

O campo cabeçalho contém vários subcampos. O campo HT (*Header Type*) de 1 bit quando igual a 0 indica o cabeçalho genérico. O campo EC

(1 bit) informa se os dados estão criptografados. O campo tipo (6 bits) indica os subcabeçalhos e os tipos especiais de dados presentes no campo dados. O campo Rsv (1 bit) é reservado. O campo CI (1 bit) quando igual a 1 indica o uso do CRC final. O campo EKS (2 bits) é um índice para a chave de encriptação de tráfego e para o vetor de inicialização usados para encriptar a carga útil. Após esse campo, existe mais um campo Rsv de 1 bit. O campo comprimento (11 bits) indica o tamanho total do quadro incluindo o cabeçalho e o CRC, se presente. Diferente de outros padrões IEEE 802, o identificador de conexão (16 bits) é usado como identificador dos quadros no lugar do endereço MAC de 48 bits[3]. Com isso obtém-se uma redução da sobrecarga do cabeçalho. O CRC de cabeçalho (8 bits) utiliza o polinômio

$$x^8 + x^2 + x + 1. \tag{6.1}$$

O campo dados pode incluir também subcabeçalhos MAC relativos à fragmentação, ARQ e outros. O campo dados não é utilizado em quadros de controle, como por exemplo na solicitação de *slots* de canais.

O campo CRC é opcional, pois há correção de erros na camada física através de FEC. Não se usa o CRC no caso de quadros de tempo real que não são retransmitidos. O CRC é obrigatório no caso do uso das camadas físicas WirelessMAN-SCa, WirelessMAN-OFDM e WirelessMAN-OFDMA. O CRC é igual ao do Ethernet e cobre os campos cabeçalho e dados após a encriptação.

O formato de um quadro de solicitação de banda é semelhante ao do quadro genérico, com modificações no cabeçalho e sem a parte de dados e de CRC. O campo HT igual a 1 indica o cabeçalho de solicitação de banda. O campo EC igual a 0 indica que não é usada criptografia para esse tipo de quadro. O campo tipo possui 3 bits que indicam se o pedido de banda é incremental (000) ou agregado (001). O pedido de banda incremental indica a quantidade de banda que deve ser somada à banda solicitada anteriormente, enquanto que um pedido agregado corresponde a um novo pedido, substituindo o pedido anterior. O campo quantidade de largura de banda de 19 bits indica o número de octetos requisitados. O campo identificador de conexão (16 bits) indica a conexão para a qual está sendo requisitada banda no *uplink*. O campo CRC de cabeçalho é o mesmo do quadro genérico.

[3] O endereço MAC de 48 bits somente é utilizado nas fases de registro inicial, autenticação e em algumas mensagens de gerenciamento [92].

A Subcamada de Segurança

A Subcamada de Segurança provê autenticação, troca segura de chaves e criptografia. Como a subcamada MAC, a segurança do IEEE 802.16 também é baseada no padrão DOCSIS 1.1.

A autenticação de um assinante na estação-base usa criptografia RSA de chave pública com certificados X.509. A privacidade é realizada através da troca de chaves e de criptografia. Os cabeçalhos não são criptografados e usa-se DES, 3DES ou AES. A verificação de integridade usa o SHA-1 (*Secure Hash Algorithm-1*).

A Camada Física

Existem várias camadas físicas em função do espectro e de regulamentações. O IEEE 802.16 pode agrupar vários quadros MAC em uma única transmissão física, o que aumenta a eficiência espectral através da redução do número de preâmbulos e de cabeçalhos da camada física. Os canais são múltiplos de 1,25, 1,5 ou 1,75 MHz.

Existem dois esquemas para alocação de banda: FDD e TDD. No caso do FDD, os subquadros *downlink* e *uplink* estão em diferentes faixas de frequências e os dados do *downlink* podem ser transmitidos em rajada (Figura 6.10). Um quadro FDD de duração fixa é utilizado para as transmissões do *downlink* e do *uplink*. No exemplo da Figura 6.10, são mostradas transmissões em difusão, em *unicast* de uma estação *full-duplex* e em *unicast* de duas outras *half-duplex*. Já no TDD, as transmissões no *downlink* e no *uplink* ocorrem em tempos diferentes e geralmente usam uma mesma faixa de frequências. O quadro TDD também possui uma duração fixa, um subquadro *downlink* e um subquadro *uplink* (Figura 6.11). A Figura 6.11 contém espaços (representados pela cor cinza) que são utilizados para uma estação poder comutar de receptora para transmissora e vice-versa. Cada quadro contém *slots* de tempo cuja quantidade pode ser modificada dinamicamente, variando-se com isso a largura de banda.

Na faixa de 10 a 66 MHz, utiliza-se uma modulação com uma só portadora (*Single-Carrier* - SC) denominada WirelessMAN-SC. São usadas três técnicas diferentes de modulação em função do aumento da atenuação com a distância. Os esquemas de modulação e de codificação usados na faixa de 10 a 66 GHz são ajustados individualmente para cada estação, quadro-a-quadro. As técnicas de modulação utilizadas são a QPSK, a 16-QAM e a 64-QAM. A

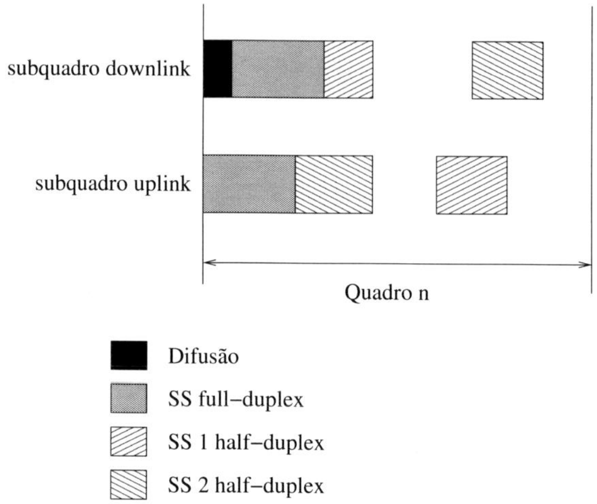

Figura 6.10: Exemplo de FDD no IEEE 802.16.

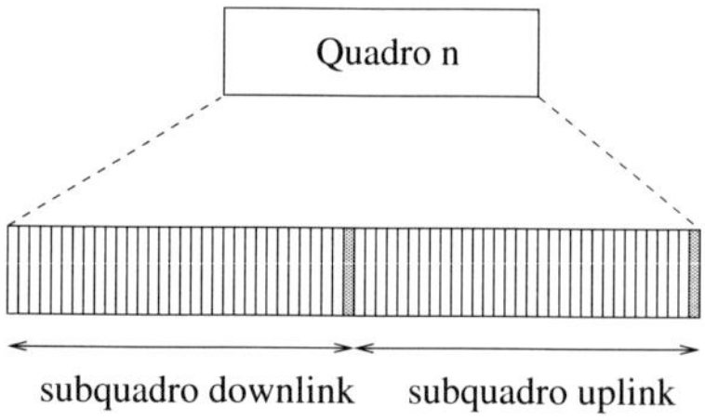

Figura 6.11: Exemplo de TDD no IEEE 802.16.

Tabela 6.1 apresenta a taxa de símbolos e a taxa de transmissão para alguns tamanhos de canais. Para um canal típico de 25 MHz e uma taxa de símbolos de 20 Mbaud, pode-se enviar 40 Mbps usando QPSK, 80 Mbps com o 16-QAM e 120 Mbps no caso do 64-QAM. Outro valor típico de canal é 28 MHz. Essas taxas de transmissão podem ser menores no caso do uso de FEC com código de Hamming.

Já na faixa de 2 a 11 GHz, o custo é menor e as taxas de transmissão são mais baixas. Esse serviço é orientado a casas e pequenas ou médias empresas. As técnicas de transmissão utilizadas na faixa de 2 a 11 GHz diferem-se em função da necessidade de licença ou não. Quando há a necessidade de licença são usadas modulação de única portadora, OFDM e OFDMA. Na modulação de única portadora denominada WirelessMAN-SCa, pode-se usar

Tabela 6.1: Taxas do IEEE 802.16 com modulação SC e *roll-off* de 0,25.

Canal (MHz)	**Taxa de símbolos (Msps)**	**Taxa de tx QPSK (Mbps)**	**Taxa de tx 16-QAM (Mbps)**	**Taxa de tx 64-QAM (Mbps)**
20	16	32	64	96
25	20	40	80	120
28	22,4	44,8	89,6	134,4

FDD ou TDD, FEC ou ARQ, e modulação BPSK, QPSK, 16-QAM, 64-QAM ou 256-QAM. A Tabela 6.2 apresenta a taxa de transmissão para alguns tamanhos de canais e taxas de códigos TCM, com código Reed-Solomon de $\frac{239}{255}$.

No OFDM, usa-se a WirelessMAN-OFDM, onde todas as 256 portadoras são dedicadas a uma única fonte, FDD ou TDD, FEC e modulação BPSK, QPSK, 16-QAM ou 64-QAM.

A Tabela 6.3 apresenta a taxa de transmissão para alguns tamanhos de canais e taxas de códigos, com tempos mínimos de prefixo cíclico[4].

Já no OFDMA, a modulação é a WirelessMAN-OFDMA, com FDD ou TDD, FEC e QPSK, 16-QAM ou 64-QAM. Nesse caso, as 2048 portadoras são divididas entre as fontes.

A Tabela 6.4 apresenta a taxa de transmissão para alguns tamanhos de canais e taxas de códigos, com tempos mínimos de prefixo cíclico iguais a $\frac{1}{32}$ do tempo relativo à parte útil do símbolo.

A técnica usada quando não há necessidade de licença é denominada WirelessHUMAN, onde HUMAN vem de *High-speed Unlicensed Metropolitan Area Network*. A WirelessHUMAN utiliza uma das três técnicas usadas na faixa de 2 a 11 GHz quando há necessidade de licença, porém somente com duplexação TDD.

6.2.1 O IEEE 802.16e

A extensão IEEE 802.16e foi aprovada em dezembro de 2005 [93] e provê suporte à mobilidade de usuários na faixa de 2 a 6 GHz, além de conter algumas correções ao padrão IEEE 802.16 de 2004. Uma nova classe de serviço

[4]Tempo de prefixo igual a $\frac{1}{32}$ do tempo relativo à parte útil do símbolo, exceto para o canal de 20 MHz que utiliza uma razão de $\frac{1}{16}$.

Tabela 6.2: Taxas do IEEE 802.16 com modulação SCa e *roll-off* de 0,25.

Modulação	**Taxa de código**	**Taxa de tx 6 MHz (Mbps)**	**Taxa de tx 7 MHz (Mbps)**	**Taxa de tx 20 MHz (Mbps)**
BPSK	1/2	2,22	2,59	7,47
BPSK	3/4	3,32	3,89	11,20
QPSK	1/2	4,43	5,18	14,93
QPSK	2/3	5,91	6,91	19,91
QPSK	3/4	6,65	7,77	22,40
QPSK	5/6	7,39	8,64	24,88
QPSK	7/8	7,76	9,07	26,13
16-QAM	1/2	8,87	10,37	29,86
16-QAM	3/4	13,30	15,55	44,79
64-QAM	2/3	17,73	20,73	59,72
64-QAM	5/6	22,16	25,91	74,65
256-QAM	3/4	26,60	31,10	89,58
256-QAM	7/8	31,03	36,28	104,51

Tabela 6.3: Taxas do IEEE 802.16 com OFDM.

Modulação	**Taxa de código**	**Taxa de tx 6 MHz (Mbps)**	**Taxa de tx 7 MHz (Mbps)**	**Taxa de tx 20 MHz (Mbps)**
BPSK	1/2	2,50	2,92	8,13
QPSK	1/2	5,00	5,82	16,26
QPSK	3/4	7,51	8,73	24,40
16-QAM	1/2	10,01	11,64	32,53
16-QAM	3/4	15,01	17,45	48,79
64-QAM	2/3	20,01	23,27	65,05
64-QAM	3/4	22,52	26,18	73,19

denominada *extended real-time Polling Service* (ertPS) foi criada. O ertPS é usado para fluxos de tempo real que geram pacotes de dados de tamanho

Tabela 6.4: Taxas do IEEE 802.16 com OFDMA.

Modulação	**Taxa de código**	**Taxa de tx 6 MHz (Mbps)**	**Taxa de tx 7 MHz (Mbps)**
QPSK	1/2	4,99	5,82
QPSK	3/4	7,48	8,73
16-QAM	1/2	9,97	11,64
16-QAM	3/4	14,96	17,45
64-QAM	2/3	19,95	23,27
64-QAM	3/4	22,44	26,18

variável a intervalos periódicos, como na voz sobre IP com supressão de silêncio. Para esta classe, a BS deve prover ofertas *unicast* sem solicitação explícita, como na classe UGS. Contudo, no ertPS as alocações podem ter tamanhos diferentes. As três técnicas que podem ser utilizadas na faixa de 2 a 11 GHz são empregadas no IEEE 802.16e. Além disso, a técnica OFDMA foi estendida através da adição de novas quantidades de subportadoras: 128, 512 e 1024, e o padrão provê suporte a MIMO. Através desse padrão é possível o *handoff* com veículos em velocidade de até 130 km/h. O padrão também permite que uma SS seja incorporada a computadores portáteis e outros dispositivos [94]. Produtos certificados surgiram em 2008.

6.2.2 O IEEE 802.16m

A extensão IEEE 802.16m [95], aprovada em março de 2011, especifica uma interface aérea avançada que chega a 100 Mbps com mobilidade e 1 Gbps no caso fixo. As principais modificações do padrão são uma operação com múltiplos canais podendo chegar a uma largura de banda de 100 MHz, suporte a MIMO até configurações de 8×8 e o suporte a superquadros [96].

6.3 O Acesso Através da Rede de Telefonia

As tecnologias de acesso através da rede de telefonia utilizam diferentes padrões da camada física. Nos últimos anos assiste-se um crescimento enorme do acesso em banda larga. As opções para banda larga são a Rede Digital de Serviços Integrados (RDSI) e o DSL.

6.3.1 O Modem Analógico

O acesso domiciliar à Internet através de linhas telefônicas discadas ainda é utilizado no Brasil. A arquitetura geral para esse tipo de acesso é composta de diversos modens no provedor de serviço de Internet e de um modem no assinante. O usuário disca o número do provedor e após uma negociação entre os modens para a escolha dos parâmetros de comunicação, é realizada a troca de dados. Os modens usam uma faixa de frequências de 0 a 4000 Hz para a transmissão dos dados.

A Camada Enlace

O protocolo ponto-a-ponto (*Point-to-Point Protocol* - PPP) é um dos principais protocolos utilizados em enlaces ponto-a-ponto na Internet. A maior parte dos provedores de acesso de Internet via linha discada utiliza o protocolo PPP. Apesar de ser mais conhecido como um único protocolo, o PPP é um conjunto de protocolos. O PPP é definido nas RFCs 1661 a 1663 [97, 98, 99] e em várias outras como a RFC 2153 [100].

O PPP possui diversas funcionalidades. Como outros protocolos de enlace, o PPP realiza enquadramento e detecção de erros. O protocolo de controle de enlace (*Link Control Protocol* - LCP) trata da ativação, teste, negociação e desativação de linhas. Os quadros LCP são encapsulados em quadros PPP. Em um acesso via modem, os quadros LCP são enviados após a conexão física do modem do usuário com um modem do provedor de acesso. Já o protocolo de controle de rede (*Network Control Protocol* - NCP) realiza a negociação de opções da camada rede independente do protocolo de rede utilizado. Os quadros NCP também são encapsulados em quadros PPP. Nesta fase, o provedor de acesso fornece um endereço IP a ser utilizado pelo usuário.

O protocolo PPP é orientado a caracteres e usa a técnica de inserção de octetos de *flags*. O PPP possui dois modos de transmissão: um não confiável, que não utiliza números de sequência e confirmações, e um confiável, raramente utilizado.

O formato do quadro não numerado (não confiável) do protocolo PPP é apresentado na Figura 6.12.

O campo *flag* de início contém a sequência 01111110. Os campos

Octetos	1	1	1	1 ou 2	>=0	2 ou 4	1
	Flag	Endereço	Controle	Protocolo	Dados	Verificação	Flag

Figura 6.12: Formato do quadro não numerado do PPP.

endereço (1 octeto) e controle (1 octeto) contêm os valores fixos 11111111 e 00000011. Por serem fixos, esses campos podem não ser enviados, mas isso depende de negociação. O campo protocolo de 1 ou 2 octetos indica o protocolo encapsulado no campo dados do quadro PPP. Os dados possuem um tamanho máximo negociado, cujo valor padrão é 1500 octetos. O octeto de escape utilizado nos dados é 01111101, ou seja, se a sequência de *flag* aparecer nos dados, será inserido o octeto de escape antes da sequência e na recepção, esse octeto de escape será retirado. O campo de verificação contém um CRC de 2 ou 4 octetos (CRC-CCITT, o mesmo utilizado para o IEEE 802.11b de 11 Mbps HR-DSSS, ou CRC-32, usado no Ethernet). Por último, o *flag* de fim contém a mesma sequência do início.

A Camada Física

Existem diversos padrões utilizados nos modens. A seguir são descritos os padrões mais importantes.

Um dos primeiros modens comercializados usava um padrão denominado V.32. Esse padrão usa a modulação codificada por treliças (*Trellis Coded Modulation* - TCM), na qual é utilizada uma modulação 32-QAM para transmitir 4 bits de dados e 1 bit de paridade por símbolo. A uma taxa de 2400 bauds, chega-se a 9600 bps com detecção de erros.

Posteriormente, o padrão V.32 bis aumentou a taxa para 14400 bps através do uso da modulação 128-QAM com 6 bits de dados e 1 bit de detecção por símbolo.

O padrão V.34 utiliza a taxa de 2400 a 3429 bauds com modulação TCM com 14 bits de dados por símbolo e alcança a taxa máxima de 33600 bps (a 2400 bauds). Nesse ponto chega-se perto de um limite dado pelo teorema de Shannon. Com uma relação sinal/ruído de 30 dB, a capacidade máxima do canal é de aproximadamente 40 kbps, sendo difícil alcançar esse limite na prática. O valor de 30 dB está associado principalmente aos *loops* analógicos do assinante e do provedor de serviço.

De modo a aumentar a taxa de dados, o padrão V.90 exige que o modem no provedor de serviço de Internet esteja ligado diretamente a um tronco digital de uma estação telefônica. Desse modo, elimina-se o *loop* do provedor de serviço e com isso a taxa poderia chegar até 70 kbps. O padrão V.90 é assimétrico. Utiliza-se a mesma modulação do V.34 no *upstream* e uma codificação PCM (*Pulse Code Modulation*) no *downstream*. Com isso, a taxa máxima no *upsteam* é de 33,6 kbps e no *downstream* é de 56 kbps, refletindo o comportamento da boa parte dos usuários e aplicações, como a Web, por exemplo. O limite de 56 kbps é dado pelo teorema de Nyquist com 8000 amostras por segundo e 7 bits por amostra. Contudo, a maioria dos usuários não consegue alcançar taxas tão altas em função da qualidade do *loop* local.

Em seguida foi criado o padrão de modem analógico denominado V.92. Os modens V.92 podem transmitir 48 kbps no *upstream* e 56 kbps no *downstream*. A maior taxa no *upstream* é obtida através do uso do PCM com 6 bits por amostra. Outra característica do padrão V.92 é permitir que o usuário interrompa o acesso à Internet para atender ou realizar uma ligação telefônica.

Um usuário de modem analógico não pode acessar a Internet e falar no telefone ao mesmo tempo. Além disso, as taxas obtidas através desses modens são bem baixas em relação às taxas obtidas com o uso de tecnologias mais modernas. Em função disso, os modens discados estão perdendo espaço para as tecnologias de acesso de banda larga, principalmente o DSL.

6.3.2 A Rede Digital de Serviços Integrados

Há mais de duas décadas, a Rede Digital de Serviços Integrados (*Integrated Services Digital Network* - ISDN) prometia comunicação digital de voz e dados simultânea para substituir o sistema POTS (*Plain Old Telephone Service*) usando o mesmo par trançado do *loop* do assinante. Diferente do acesso com modem analógico, na RDSI a linha passa a ser digital, mas o acesso continua sendo discado.

O protocolo PPP é geralmente utilizado no enlace entre o usuário e a operadora de serviço de Internet.

A RDSI opera em banda básica e utiliza a faixa do espectro até 80 kHz com uma codificação denominada 2B1Q (*2 Binary, 1 Quaternary*) ou 4-PAM (*4-Pulse Amplitude Modulation*). Nesse caso, os quatro níveis de tensão (+2,5, +0,833, -0,833 e -2,5 V) são representados por dois bits e pode-se alcançar 160 kbps.

A RDSI em seu serviço básico voltado para usuários domiciliares e pequenas empresas provê dois canais de 64 kbps, denominados canais B, e um canal de 16 kbps, denominado canal D, usado geralmente para sinalização. Essa configuração é conhecida como 2B+D. Cada um dos canais B pode ser usado para transmitir voz ou dados. Um usuário pode utilizar 128 kbps para acesso à Internet (os dois canais B) e ao atender ou realizar uma ligação telefônica, o acesso então passaria a usar somente um dos canais, à taxa de 64 kbps.

Algumas funcionalidades foram introduzidas para o usuário de RDSI, como qualidade de voz digital, discagem rápida, retorno de chamada, identificação de chamada e portabilidade de número local. Atualmente várias dessas funcionalidades estão disponíveis aos usuários da telefonia convencional.

Uma das grandes desvantagens da RDSI como acesso residencial provém do uso de duas linhas telefônicas para realizar o acesso discado. São necessários dois números de telefone que geralmente substituem o número antigo e consequentemente são pagas duas assinaturas. Além disso, a forma de cobrança da telefonia convencional é utilizada, o que encarece bastante o serviço. Uma das principais empresas de telefonia do Brasil investiu nessa tecnologia no final da década de 1990, porém atualmente a RDSI como acesso residencial caiu em desuso em função da diminuição do custo da tecnologia DSL.

6.3.3 A Tecnologia DSL

A tecnologia DSL (*Digital Subscriber Line* - linha digital do assinante) permite o acesso à Internet através do par de fios metálicos utilizados para telefonia a taxas relativamente altas se comparadas às taxas de acesso alcançadas através de modens analógicos. Enquanto os padrões de comunicação por modens na banda de voz mais modernos permitem taxas de até 56 kbps, a tecnologia DSL pode alcançar dezenas de megabits por segundo. Esta diferença se deve principalmente à banda utilizada. Os modens em banda de voz utilizam a faixa de frequências até 4000 Hz, enquanto que a tecnologia DSL pode utilizar bandas com largura de alguns megahertz.

A utilização de frequências mais altas, no entanto, agrava os dois principais problemas da utilização da rede de telefonia para a transmissão de dados: a diafonia e a atenuação dos sinais com a distância. O trançado utilizado nos pares metálicos é capaz de manter a diafonia a níveis baixos na banda de voz, mas à medida que a faixa de frequências aumenta, a eficácia do trançado diminui. A atenuação dos sinais é um sério problema pois, diferentemente do caso das redes domiciliares onde as distâncias a serem transpostas são curtas, os sinais DSL devem atravessar todo o *loop* do assinante, que pode chegar a alguns quilômetros.

A arquitetura mais comum presente nas centrais telefônicas consiste em um comutador POTS, *splitters* e uma DSLAM [101] (Figura 6.13). O comutador POTS está associado à telefonia convencional. Na central telefônica, os *splitters* separam a telefonia tradicional da transmissão de dados. A voz é filtrada e passada para um equipamento comutador de voz enquanto que o sinal acima da faixa de voz é roteado para um dispositivo denominado DSLAM (*Digital Subscriber Line Access Multiplexer*). Esse dispositivo converte o sinal no formato de saída do modem DSL em uma cadeia de bits que vai para o provedor de serviço de Internet. Além disso, a DSLAM também pode atribuir endereços IP para modens dos assinantes. Geralmente uma DSLAM provê suporte a diferentes tipos de DSLs.

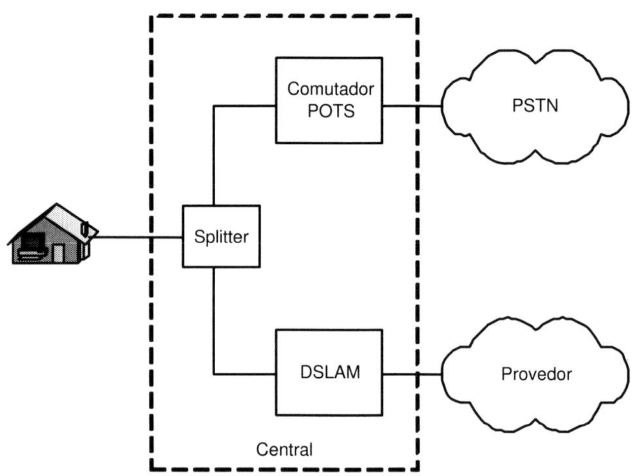

Figura 6.13: Arquitetura comum nas centrais telefônicas com DSL.

Do lado do assinante, um modem é necessário para se comunicar com a DSLAM. A ligação do modem ao computador geralmente é feita através de Ethernet ou USB. Filtros podem ser necessários no caso do uso de voz e dados ao mesmo tempo.

De modo análogo a outras tecnologias de redes domiciliares, foi criada uma aliança de desenvolvedores de equipamentos DSL. O Broadband Forum [77] é um consórcio sem fins lucrativos cujo objetivo é criar guias para o desenvolvimento e a implementação de sistemas DSL. Mais de 100 empresas fazem parte do Broadband Forum. O consórcio lida com os aspectos fim-a-fim do sistema, tipicamente nas camadas acima da camada física [102].

Na camada de enlace, atualmente a maioria das operadoras no Brasil utiliza o protocolo PPP sobre Ethernet (*PPP over Ethernet* - PPPoE) [103]. Através do protocolo PPPoE, um quadro PPP é encapsulado em um quadro Ethernet. Esse protocolo é utilizado inicialmente para obter o endereço Ethernet de um concentrador de acesso DSL (parte da DSLAM). Um ou mais concentradores podem responder ao pedido do usuário. Após, a máquina do usuário envia um pedido de sessão para um dos concentradores, que deve ser respondido pelo concentrador. A partir daí, os quadros PPP são encapsulados no PPPoE que por consequência são encapsulados em quadros Ethernet. O PPP sobre ATM (*PPP over ATM* - PPPoA) [104] é outro protocolo de enlace utilizado pelas operadoras.

O DSL é composto de diversos padrões da camada física. O ITU-T desenvolve normas de camadas físicas DSL dentro do grupo de estudos 15. Características regionais e serviços específicos são especificados em anexos. Os EUA e a Europa também possuem normas desenvolvidas pelo ATIS (*Alliance for Telecommunications Industry Solutions*) [105] e pelo ETSI (*European Telecommunications Stantards Institute*) [106], sendo essas normas alinhadas com os anexos do ITU.

Os DSLs Simétricos

No início da década de 1990, foi desenvolvida a técnica *High-bit-rate Digital Subscriber Line* ou HDSL. O principal objetivo desta tecnologia era a substituição dos serviços de canais T1 e E1 utilizados na época, que devido, principalmente, à largura de banda da codificação utilizada necessitavam da instalação de repetidores ao longo da linha, aumentando, desta forma, o custo de instalação do serviço. O HDSL utiliza o mesmo código de linha (codificação) adotado na Rede Digital de Serviços Integrados de Taxa Básica [107]. A banda utilizada pelo HDSL é de aproximadamente 370 kHz. Desta forma, o HDSL possibilita, então, a transmissão dos 1544 kbps equivalentes a um canal T1 dividindo o serviço em dois pares metálicos (quatro fios), cada par transmitindo a 784 kbps. Assim, é possível oferecer o serviço equivalente a um canal T1 sem a utilização de repetidores em *loops* de até 3,6 km. O HDSL foi padronizado pela ITU-T através da norma G.991.1 [108].

Com a melhoria dos transceptores empregados e o avanço das técnicas de codificação, foi possível implementar sistemas DSL equivalentes a canais T1 ou E1 em apenas um par metálico. A implementação do HDSL usando um único par é denominada DSL simétrico (*Symmetric Digital Subscriber Line* - SDSL)[5]. Nesse caso, o serviço equivalente ao canal T1 ou E1 fica reduzido a uma distância de 3,4 km usando a mesma codificação do HDSL. A norma ETSI TS 101 524 padronizou o SDSL.

Melhorias e o desenvolvimento de novos códigos de linha para serviços DSL simétricos criaram novos padrões. O G.shdsl [109], também denominado SHDSL (*Symmetric* HDSL), é o substituto do SDSL e oferece taxas de 192 a 2320 kbps através do uso da 16-PAM com codificação com treliças (*16-level trellis coded PAM*) [102]. A segunda versão do SHDSL, conhecida por G.shdsl.bis [109], lançada no fim de 2003 pelo ITU-T, dobrou a taxa da primeira geração para 5,7 Mbps. Esse padrão era mais voltado para empresas. O HDSL2 [109] é o substituto do HDSL e oferece os mesmos 1544 kbps do HDSL em um único par. Já o HDSL4 [109] também provê 1544 kbps ocupando uma faixa de frequências menor. Ambos usam a mesma codificação do G.shdsl.

Os DSLs Assimétricos

A evolução dos sistemas HDSL e SDSL se baseou em técnicas que utilizavam a transmissão em banda básica, ou seja, incluindo a frequência de 0 Hz. Estes sistemas utilizam, portanto, a banda usada na transmissão de voz pelo sistema telefônico tradicional e impedem a utilização simultânea do serviço de telefonia com a transmissão de dados. Visando o uso residencial, onde a utilização contínua do serviço telefônico é importante, foram desenvolvidos serviços DSL capazes de coexistir com a telefonia. Para isto, estes sistemas são multiplexados em frequência com o sistema telefônico tradicional, evitando interferências. Outra característica levada em conta pelos sistemas DSL mais modernos é a assimetria do canal utilizado. Devido ao maior número de pares metálicos agrupados na área próxima às centrais telefônicas, o efeito da diafonia é mais forte no sentido assinante-central, *upstream*, do que no sentido central-assinante, *downstream*. Com isto, um sinal enviado no sentido central-assinante pode ser corretamente recebido a distâncias maiores do que se ele for enviado no sentido oposto.

Desta forma, foram desenvolvidos serviços DSL denominados *Asymmetric DSL*, ou ADSL, que transmitem dados a taxas mais altas no sentido central-

[5]Posteriormente, a sigla SDSL passou a ser usada para identificar todos os padrões DSLs simétricos, de modo a diferenciá-los dos padrões assimétricos.

assinante. Na prática, além de se adequar às características do canal utilizado, este modelo de comunicação assimétrico reflete o comportamento de boa parte dos usuários e aplicações. Os padrões ADSL são os mais utilizados nos serviços para usuários domiciliares.

Embora os canais *upstream* e *downstream* dos sistemas ADSL sejam multiplexados em frequência com os sinais telefônicos tradicionais, os sinais ADSL ainda podem causar interferência nas frequências mais altas utilizadas na comunicação telefônica. Além disso, a comunicação telefônica pode interferir nas frequências mais baixas do DSL. Por estes motivos, a implantação dos sistemas ADSL pode exigir a utilização de dispositivos capazes de filtrar os sinais DSL que interferem com a comunicação telefônica e os sinais da telefonia que interferem com os sinais ADSL.

Existe uma grande guerra entre os provedores de acesso via ADSL e os provedores de acesso via cabo em relação a qual seria a melhor tecnologia. O par trançado do assinante ADSL faz com que o usuário seja o único a utilizar o meio de comunicação. Já no acesso via cabo, existe um compartilhamento no cabo coaxial, ou seja, a vazão obtida pode depender do consumo de banda dos outros usuários conectados ao mesmo cabo. Porém, se a rede for bem dimensionada esse problema não ocorre. Outra característica que diferencia as duas tecnologias é a segurança. O ADSL é inerentemente mais seguro em função do par trançado exclusivo do assinante.

A técnica DMT (*Discrete MultiTone*) foi a primeira a suportar transmissões a 6 Mbps e, por este motivo, foi selecionada para o padrão oficial ADSL, denominado G.dmt [110] aprovado pela ITU-T e pela ANSI, que tinha como objetivo a utilização de serviços envolvendo vídeo. Esse padrão utiliza uma modulação discreta de múltiplos tons para subdividir uma banda de 1,1 MHz em 256 canais (subportadoras ou tons) ortogonais de banda estreita de 4,3125 kHz, como no OFDM. O canal 0 é usado pela telefonia convencional, os canais 1 a 5 não são usados para evitar interferência com a telefonia convencional e os outros canais são usados para o *downstream* e para o *upstream*, sendo que o número de canais para o *downstream* é maior do que o número de canais para o *upstream*. A separação entre o *downstream* e o *upstream* é realizada através de FDM ou de cancelamento de eco, no qual o espectro é sobreposto. Em cada canal é usada uma modulação a 4000 bauds com codificação por treliças. São realizadas estimativas dos canais de modo a ajustar a taxa de bits por símbolo de cada canal de acordo com a qualidade do canal. A modulação utilizada é a QAM com até 15 bits por símbolo. Na inicialização, o modem estima características do *loop*, como a relação sinal/ruído em cada canal, para determinar qual o número de bits a ser usado em cada subportadora. Durante a operação, uma adaptação dinâmica da taxa também pode ser realizada. O padrão G.dmt pode oferecer as taxas máximas de 8 Mbps no *downstream* e 1 Mbps no *upstream* a distâncias de até aproximadamente 2 km [101].

No G.dmt, a instalação de um dispositivo para filtrar os sinais DSL denominado *splitter* requer a presença de profissionais treinados, pois é necessário um reroteamento da fiação telefônica na residência, elevando o custo de implantação do sistema. Assim, foi desenvolvida uma variação de baixo custo do ADSL que possibilita a instalação pelo próprio usuário por dispensar a utilização de *splitters*. A variação do ADSL denominada G.lite [111] não utiliza *splitters*, só necessitando de filtros mais simples denominados microfiltros. Um microfiltro é um filtro passa-baixa usado entre um telefone e uma tomada. O G.lite é uma das principais tecnologias de acesso DSL usadas no Brasil. Além do microfiltro, outra solução adotada neste sistema para diminuir a interferência causada pelo sinal DSL consiste em limitar a potência utilizada no canal *upstream* quando algum aparelho telefônico é utilizado. Nos momentos em que nenhum aparelho telefônico está em uso, a potência utilizada é elevada. O padrão G.lite utiliza a mesma modulação DMT do G.dmt e pode oferecer até 1500 kbps no *downstream* e até 512 kbps no *upstream*, em uma banda de aproximadamente 500 kHz. No G.lite, somente o FDM pode ser usado para separar o *downstream* do *upstream*.

Nos últimos anos, com o uso de aplicações como videoconferências, há uma maior demanda por simetria nos acessos [112]. Uma das soluções seria utilizar padrões simétricos como o G.shdsl, porém a um custo alto para o usuário domiciliar. O ADSL padrão também seria uma alternativa, porém limitada em função da baixa taxa do *upstream*. Outras soluções envolvem o uso de novas versões do ADSL, que mesmo não provendo simetria, aumentam a taxa do upstream.

O padrão ADSL2 [113], também conhecido como G.dmt.bis, é uma evolução do ADSL padrão. O ADSL2 foi especificamente projetado para aumentar a taxa e o alcance em relação ao ADSL. O ADSL2 alcança até 12 Mbps no *downstream* e até 1 Mbps no *upstream* através de melhorias na eficiência da modulação, redução da sobrecarga do enquadramento, aumento no ganho do código e outros. Diferente da primeira geração do ADSL que possuía uma sobrecarga binária fixa por quadro e consumia 32 kbps da carga útil real, no ADSL2 a sobrecarga pode variar entre 4 a 32 kbps. É atingido também um maior ganho em função do uso de um código Reed-Solomon. A banda utilizada é a mesma do ADSL.

O padrão ADSL2 sem *splitter* [114], também conhecido com G.lite.bis, é uma evolução do ADSL sem *splitter*, com as características do ADSL2.

O ADSL2plus ou ADSL2+ [115] dobra a banda do *downstream* para 2,2 MHz e pode usar constelações de mais alta ordem para alcançar maiores taxas [116]. Com isso, pode-se atingir as taxas máximas de 24 Mbps no *downstream* e de 1 Mbps no *upstream* a distâncias de até 1,5 km. Existem atualmente *chipsets* que trabalham com o ADSL, o ADSL2 e o ADSL2+.

O VDSL

Um sistema DSL mais moderno é o *Very High Speed DSL*, ou VDSL [117], que utiliza uma banda passante de até 12 MHz para alcançar taxas de transmissão de até 52 Mbps. Esse padrão pode ser simétrico ou assimétrico. A utilização de uma banda maior por este sistema limita sensivelmente seu alcance e pode causar interferência com serviços como o HomePNA. A arquitetura do VDSL difere-se da arquitetura comum do DSL por mover a DSLAM da central telefônica para a vizinhança do assinante, usando fibras ópticas para fazer a ligação entre a DSLAM e a rede dorsal da operadora, ou seja, passa a ser um híbrido de fibra óptica com cabo de par trançado. A modulação utilizada pode ser a DMT ou a QAM (em uma única portadora).

Uma nova variação do VDSL denominada VDSL2 foi aprovada em fevereiro de 2006 pela ITU-T, através do padrão G.993.2 [118]. Um dos objetivos do padrão é possibilitar a transmissão de áudio e vídeo de alta definição (HDTV). O padrão divide-se em dois tipos de VDSL2, um para longo alcance (até 3 km) e outro para curto alcance (até 500 m). Para o longo alcance as taxas podem chegar a 55 Mbps no *downstream* e 15 Mbps no *upstream*. Já para o curto alcance, as taxas podem chegar a 100 Mbps simétricos. O padrão VDSL2 utiliza a mesma modulação DMT do ADSL, mas aumenta a banda para 30 MHz, provendo até 4096 tons [119]. Diferente do VDSL, o VDSL2 é compatível com o ADSL, com o ADSL2 e com o ADSL2+.

A Tabela 6.5 resume as principais características dos sistemas DSL apresentadas nesta seção.

6.4 O PLC como Rede de Acesso

A utilização da rede elétrica como meio para se criar redes domiciliares de computadores é viável, como apresentada anteriormente. No entanto, a

Tabela 6.5: Principais características dos sistemas DSL.

Acrônimo	**Padrões**	**Taxa (Mbps)**	**Banda**
HDSL	ITU G.991.1 ETSI TS 101 135 ANSI T1.TR.28	1,544 simétrico	0-370 kHz
SDSL	ETSI TS 101 524	até 2,320 simétrico	0-700 kHz
G.shdsl	ITU G.991.2 ANSI T1.422	até 2,320 simétrico	0-400 kHz
G.shdsl.bis	ITU G.991.2	até 5,7 simétrico	0-400 kHz
HDSL2	ITU G.991.2 ANSI T1.418	1,544 simétrico	0-300 kHz *up*, 0-440 kHz *down*
HDSL4	ITU G.991.2 ANSI T1.418	1,544 simétrico	0-130 kHz *up*, 0-400 kHz *down*
ADSL G.dmt	ANSI T1.413 ITU G.992.1	até ∼1 *up*, até ∼8 *down*	25-138 kHz *up*, 25-1104 kHz *down*
ADSL G.lite	ANSI T1.419 ITU G.992.2	até ∼0,512 *up*, até ∼1,5 *down*	25-138 kHz *up*, 25-552 kHz *down*
ADSL2 G.dmt.bis	ITU G.992.3	até ∼1 *up*, até ∼12 *down*	25-138 kHz *up*, 25-1104 kHz *down*
ADSL2 G.lite.bis	ITU G.992.4	até ∼1 *up*, até ∼8 *down*	25-138 kHz *up*, 25-552 kHz *down*
ADSL2plus	ITU G.992.5	até ∼1 *up*, até ∼24 *down*	25-138 kHz *up*, 25-2200 kHz *down*
VDSL	ITU G.993.1	até ∼15 *up*, até ∼52 *down*	25 kHz-12 MHz
VDSL2 longo alcance	ITU G.993.2	até ∼15 *up*, até ∼55 *down*	25 kHz-30 MHz
VDSL2 curto alcance	ITU G.993.2	até ∼100 simétrico	25 kHz-30 MHz

utilidade das técnicas de PLC não está limitada somente ao interior da casa. Podem-se empregar essas mesmas técnicas para fornecer a residências o acesso a uma rede externa, como por exemplo a Internet.

Com a grande demanda atual pelo acesso à Internet em alta velocidade, essa se torna uma alternativa atraente para a solução da última milha. Como praticamente toda casa possui ligação com a rede elétrica, a solução de PLC como rede de acesso pode chegar a regiões inalcançáveis por outras tecnologias.

Uma primeira alternativa para a criação de uma rede PLC de acesso é a expansão da rede domiciliar para fora de casa, utilizando a infraestrutura das linhas de baixa tensão para conectá-la a um modem localizado no transformador de média para baixa tensão (Figura 5.16 apresentada anteriormente).

Esse modem funciona como um *gateway* de acesso à Internet para todas as casas conectadas a ele. Como o acesso é compartilhado, a banda disponível pelo modem é dividida por todas as casas que estiverem utilizando a rede. Assim, nas redes onde o transformador esteja servindo muitas casas, pode haver uma degradação do desempenho devido ao grande número de usuários que estiverem utilizando este acesso.

Outro aspecto importante é a distância dos transformadores até as casas. Há lugares onde essas distâncias são pequenas e não há grandes problemas. Mas conforme essa distância aumenta, faz-se necessário o uso de um modem repetidor, que irá regenerar o sinal e retransmiti-lo para que ele alcance uma cobertura adequada em todas as tomadas das casas. Distâncias típicas alcançadas por um modem estão entre 250 e 300 metros.

Uma segunda alternativa para a criação da rede PLC de acesso é uma maior extensão dessa rede, utilizando também as linhas de média tensão para a transmissão de dados. As linhas de média tensão ligam uma subestação aos transformadores da rua e utilizam valores de tensões entre 1 e 69 kV (como exemplo típico, 13,8 kV). Neste caso, os modens localizados nos transformadores também seriam ligados às linhas de média tensão, conectando então os diversos modens à subestação, conforme a Figura 6.14. O provedor de serviço de Internet estaria ligado na subestação, de onde o acesso seria distribuído para todos os seus transformadores através das linhas de média tensão, para que esses transformadores o distribuam para as casas. Com isso, consegue-se uma redução maior de custos, já que a subestação será a porta de acesso para todos os modens, não necessitando mais de uma conexão à Internet individual para cada um deles. Porém, neste caso há um maior grau de compartilhamento do acesso se comparado à solução que somente utiliza a rede de baixa tensão, o que poderia causar uma maior degradação do desempenho da rede.

As linhas de média tensão possuem características diferentes das linhas

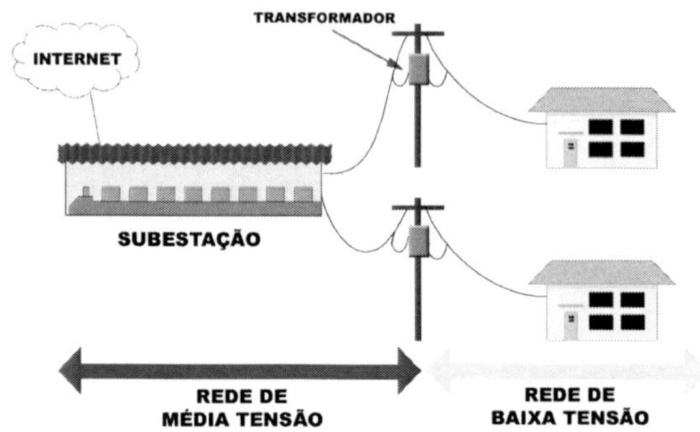

Figura 6.14: Rede PLC de acesso utilizando as linhas de média e baixa tensões.

de baixa tensão. Essas linhas possuem menos ruído e menos derivações, o que as torna um meio um pouco menos hostil para a transmissão de dados, possibilitando o alcance de distâncias maiores. Porém, um dos problemas na utilização das linhas de média tensão é a necessidade de se utilizar acopladores especiais, capacitivos ou indutivos, para injetar o sinal na linha, de forma que a alta voltagem não danifique os equipamentos de PLC.

O IEEE formou um grupo de trabalho denominado P1901 [120] para criar um padrão de redes BPLs. Este grupo trabalhou com versões baseadas no padrão BPL (*Broadband over Powerline*) da aliança HomePlug desde 2005. O padrão 1901 foi publicado em dezembro de 2010.

Referências Bibliográficas

[1] https://www.cetic.br/pesquisa/domicilios/, 2018.

[2] http://www.cgi.br, 2020.

[3] https://www.ibge.gov.br/estatisticas/multidominio/ciencia-tecnologia-e-inovacao/17270-pnad-continua.html, 2018.

[4] M. Weiser, "The computer for the 21st century", *Scientific American*, vol. 265, pp. 94–104, setembro de 1991.

[5] A. Dutta-Roy, "Networks for home", *IEEE Spectrum*, vol. 36, no. 12, pp. 26–33, dezembro de 1999.

[6] http://www.cablelabs.com, 2020.

[7] http://grouper.ieee.org/groups/802/, 2020.

[8] IEEE, "Logical link control". IEEE Standard 802.2, 1998.

[9] M. G. Rubinstein, I. M. Moraes, M. E. M. Campista, L. H. M. K. Costa e O. C. M. B. Duarte, *Mobile and Wireless Communication Networks*, ch. A Survey on Wireless Ad Hoc Networks, pp. 1–33. ISBN 0387346341, Springer Verlag, 2006.

[10] N. Abramson, "The ALOHA system - another alternative for computer communications", in *Proceedings of the Fall Joint Computer Conference*, Houston, EUA, pp. 281–285, maio de 1970.

[11] L. Kleinrock e F. A. Tobagi, "Packet switching in radio channels: Part I-carrier sense multiple-access modes and their throughput-delay characteristics", *IEEE Transactions on Communications*, vol. 23, no. 12, pp. 1400–1416, dezembro de 1975.

[12] P. Karn, "MACA - a new channel access protocol for packet radio", in *ARRL/CRRL Amateur Radio Computer Networking Conference*, Ontario, Canadá, pp. 134–140, setembro de 1990.

[13] L. Kleinrock e F. A. Tobagi, "Packet switching in radio channels: Part II-the hidden terminal problem in carrier sense multiple access and busy tone solution", *IEEE Transactions on Communications*, vol. 23, no. 12, pp. 1417–1433, dezembro de 1975.

[14] V. Bharghavan, A. J. Demers, S. Shenker e L. Zhang, "MACAW: A media access protocol for wireless LAN's", in *ACM Special Interest Group on Data Communication (SIGCOMM)*, Londres, Inglaterra, pp. 212–225, agosto de 1994.

[15] C. L. Fullmer e J. J. Garcia-Luna-Aceves, "Floor acquisition multiple access (FAMA) for packet-radio networks", in *ACM Special Interest Group on Data Communication (SIGCOMM)*, Massachusetts, EUA, pp. 262–273, agosto de 1995.

[16] W. Stallings, *Wireless Communications and Networks*. Prentice-Hall, 2^a ed., 2005. ISBN 0131918354.

[17] http://www.tiaonline.org/, 2020.

[18] IEEE, "Carrier sense multiple access with collision detection (CSMA/CD) access method and physical layer specifications". IEEE Standard 802.3, 2005.

[19] IEEE, "Physical layer and management parameters for 10 Gb/s, type 10GBASE-T". IEEE Standard 802.3an, 2006.

[20] http://www.wi-fi.org, 2020.

[21] IEEE, "Wireless LAN medium access control (MAC) and physical layer (PHY) specifications". IEEE Standard 802.11, 1999.

[22] J. Schiller, *Mobile Communications*. Addison-Wesley, 2^a ed., 2003. ISBN 0321123816.

[23] S. Xu e T. Saadawi, "Does the IEEE 802.11 MAC protocol work well in multihop wireless ad hoc networks?", *IEEE Communications Magazine*, vol. 39, no. 6, pp. 130–137, junho de 2001.

[24] B. P. Crow, I. W. Fujitsu, J. G. Kim e P. T. Sakai, "IEEE 802.11 wireless local area networks", *IEEE Communications Magazine*, vol. 35, no. 9, pp. 116–26, setembro de 1997.

[25] J. Weinmiller, H. Woesner e A. Wolisz, "Analyzing the RTS/CTS mechanism in the DFWMAC media access protocol for wireless LANs", in *IFIP TC6 Workshop on Personal Wireless Communications*, abril de 1995.

[26] J. Weinmiller, H. Woesner e A. Wolisz, "Analyzing and improving the IEEE 802.11-MAC protocol for wireless LANs", in *International Workshop on Modeling, Analysis, and Simulation of Computer and Telecommunications Systems (MASCOTS)*, San Jose, EUA, fevereiro de 1996.

[27] N. Borisov, I. Goldberg e D. Wagner, "(In)security of the WEP algorithm", Relatório Técnico, Berkeley University, EUA, 2001. http://www.isaac.cs.berkeley.edu/isaac/wep-faq.html.

[28] IEEE, "Wireless LAN medium access control (MAC) and physical layer (PHY) specifications: Higher-speed physical layer extension in the 2.4 GHz band". IEEE Standard 802.11b, 1999.

[29] IEEE, "Wireless LAN medium access control (MAC) and physical layer (PHY) specifications: High-speed physical layer in the 5 GHz band". IEEE Standard 802.11a, 1999.

[30] IEEE, "Wireless LAN medium access control (MAC) and physical layer (PHY) specifications: High-speed physical layer in the 2.4 GHz band". IEEE Standard 802.11g, 2003.

[31] S. Chung e K. Piechota, "Understanding the MAC impact of 802.11e: Part 1", *Communication Systems Design Magazine*, outubro de 2003. http://www.commsdesign.com/design_corner/OEG20031029S0009.

[32] IEEE, "Wireless LAN medium access control (MAC) and physical layer (PHY) specifications: Medium access control (MAC) quality of service enhancements". IEEE Standard 802.11e, 2005.

[33] S. Chung e K. Piechota, "Understanding the MAC impact of 802.11e: Part 2", *Communication Systems Design Magazine*, outubro de 2003. http://www.commsdesign.com/design_corner/OEG20031030S0005.

[34] IEEE, "Media access control (MAC) bridges". IEEE Standard 802.1D, 2004.

[35] IEEE, "Wireless LAN medium access control (MAC) and physical layer (PHY) specifications: Medium access control (MAC) security enhancements". IEEE Standard 802.11i, 2004.

[36] M. S. Gast, *802.11 Wireless Networks: The Definitive Guide*. O'Reilly, 2^a ed., 2005. ISBN 0596100523.

[37] IEEE, "Wireless LAN medium access control (MAC) and physical layer (PHY) specifications amendment 5: Enhancements for higher throughput". IEEE Standard 802.11n, 2009.

[38] "802.11n primer", Relatório Técnico, AirMagnet, 2008.

[39] IEEE, "Wireless LAN medium access control (MAC) and physical layer (PHY) specifications amendment 4: Enhancements for very high throughput for operation in bands below 6 GHz". IEEE Standard 802.11ac, 2013.

[40] http://www.bluetooth.com, 2020.

[41] Bluetooth SIG, "Specification of the Bluetooth system". Core Specification Version 1.1, fevereiro de 2001.

[42] IEEE, "Part 15.1: Wireless medium access control (MAC) and physical layer (PHY) specifications for wireless personal area networks (WPANs)". IEEE Standard 802.15.1, 2002.

[43] Bluetooth SIG, "Specification of the Bluetooth system". Profiles Specification Version 1.1, fevereiro de 2001.

[44] J. C. Haartsen, "The Bluetooth radio system", *IEEE Personal Communications*, vol. 7, no. 1, pp. 28–36, fevereiro de 2000.

[45] Bluetooth SIG, "Specification of the Bluetooth system". Core Specification Version 1.2, novembro de 2003.

[46] Bluetooth SIG, "Specification of the Bluetooth system". Core Specification Version 2.0, novembro de 2004.

[47] Bluetooth SIG, "Specification of the Bluetooth system". Core Specification Version 3.0, abril de 2009.

[48] Bluetooth SIG, "Specification of the Bluetooth system". Core Specification Version 4.0, junho de 2010.

[49] Bluetooth SIG, "Specification of the Bluetooth system". Core Specification Version 4.1, dezembro de 2013.

[50] Bluetooth SIG, "Specification of the Bluetooth system". Core Specification Version 4.2, dezembro de 2014.

[51] Bluetooth SIG, "Specification of the Bluetooth system". Core Specification Version 5.0, dezembro de 2016.

[52] J. A. Gutierrez, M. Naeve, E. Callaway, M. Bourgeois, V. Mitter e B. Heile, "IEEE 802.15.4: A developing standard for low-power low-cost wireless personal area networks", *IEEE Network*, vol. 15, no. 5, pp. 12–19, setembro de 2001.

[53] https://zigbeealliance.org, 2020.

[54] http://www.ieee802.org/15/pub/TG4.html, 2020.

[55] IEEE, "Wireless medium access control (MAC) and physical layer (PHY) specifications for low-rate wireless personal area networks (WPANs)". IEEE Standard 802.15.4, setembro de 2006.

[56] J. Zheng e M. J. Lee, "Will IEEE 802.15.4 make ubiquitous networking a reality?: A discussion on a potential low power, low bit rate standard", *IEEE Communications Magazine*, vol. 42, no. 6, pp. 140–146, junho de 2004.

[57] NIST, "Announcing the advanced encription standard (AES)". Federal Information Processing Standards (FIPS) Publication 197, novembro de 2001.

[58] IEEE, "Wireless medium access control (MAC) and physical layer (PHY) specifications for low-rate wireless personal area networks (WPANs): Amendment 1: Add alternate PHYs". IEEE Standard 802.15.4a, 2007.

[59] P. Bisaglia, R. Castle e S. H. Baynham, "Channel modeling and system performance for HomePNA 2.0", *IEEE Journal on Selected Areas in Communications*, vol. 20, no. 5, pp. 913–922, junho de 2002.

[60] https://homegridforum.org/, 2020.

[61] W. Y. Chen, *Home Networking Basis: Transmission Environments and Wired/Wireless Protocols.* Prentice-Hall, 1^a ed., 2004. ISBN 0130165115.

[62] ITU-T, "G.989.1: Phoneline networking transceivers - foundation", fevereiro de 2001.

[63] ITU-T, "G.989.2: Phoneline networking transceivers - payload format and link layer requirements", novembro de 2001.

[64] ITU-T, "G.989.3: Phoneline networking transceivers - isolation function", março de 2003.

[65] E. H. Frank e J. Holloway, "Connecting the home with a phone line network chip set", *IEEE Micro*, vol. 20, no. 2, pp. 27–38, abril de 2000.

[66] P. Bisaglia e R. Castle, "Receiver architectures for HomePNA 2.0", Relatório Técnico, Hewlett-Packard Laboratories, 2001.

[67] ITU-T, "G.9954: Phoneline networking transceivers - enhanced physical, media access, and link layer specifications", fevereiro de 2005.

[68] ITU-T, "The proposed MAC for PNT3". Documento temporário PF-042, agosto de 2003.

[69] ITU-T, "G.pnt: Revisions to existing G.989.x recommendations". Draft PO-032, julho de 2003.

[70] R. Sterenson, "Guaranteed QoS in the home network environment", Relatório Técnico, CopperGate Communications, 2003.

[71] M. Zimmermann e K. Dostert, "An analysis of the broadband noise scenario in powerline networks", in *International Symposium on Power-Line Communications and its Applications (ISPLC)*, Limerick, Irlanda, abril de 2000.

[72] K. H. Zuberi, "Powerline carrier (PLC) communications systems", Dissertação de Mestrado, IT-Universitetet, Suécia, setembro de 2003.

[73] P. Sutterlin e W. Downey, "A power line communication tutorial - challenges and technologies", Relatório Técnico, Echelon Corporation, 1999.

[74] M. K. Lee, R. E. Newman, H. A. Latchman, S. Katar e L. Yonge, "Homeplug 1.0 powerline communications LANs - protocol description and performance results", *International Journal of Communication Systems*, vol. 16, no. 5, pp. 447–473, junho de 2003.

[75] Y.-J. Lin, H. A. Latchman, M. Lee e S. Katar, "A power line communication network infrastructure for the smart home", *IEEE Wireless Communications*, vol. 9, no. 6, pp. 104–111, dezembro de 2002.

[76] S. Gardner, B. Markwalter e L. Yonge, "Homeplug standard brings networking to the home", *Communication Systems Design Magazine*, dezembro de 2000. http://www.commsdesign.com/main/2000/12/0012feat5.htm.

[77] http://www.broadband-forum.org, 2020.

[78] M. E. M. Campista, P. B. Velloso, L. H. M. K. Costa e O. C. M. B. Duarte, "Uma análise da capacidade de transmissão na rede de energia elétrica domiciliar", in *XXI Simpósio Brasileiro de Telecomunicações (SBT)*, Belém, Brasil, setembro de 2004.

[79] IEEE, "Virtual bridged local area networks". IEEE Standard 802.1Q, 2003.

[80] "Homeplug AV white paper", Relatório Técnico, HomePlug Powerline Alliance, 2005.

[81] "Homeplug AV2 technology", Relatório Técnico, HomePlug Powerline Alliance, 2012.

[82] M. Kar e G. White, "DOCSIS 2.0 - The next revolution in cable modem technology", in *International Conference on Consumer Electronics (ICCE)*, pp. 152–153, junho de 2002.

[83] Cable Television Laboratories, "Radio frequency interface specification". Data-Over-Cable Service Interface Specifications - DOCSIS 2.0, 2005.

[84] Y.-D. Lin, W.-M. Yin e C.-Y. Huang, "An investigation into HFC MAC protocols: Mechanisms, implementation, and research issues", *IEEE Communications Surveys & Tutorials*, vol. 3, pp. 1–13, 2000.

[85] Cable Television Laboratories, "Baseline privacy plus interface specification". Data-Over-Cable Service Interface Specifications - DOCSIS 1.1, 2005.

[86] Cable Television Laboratories, "MAC and upper layer protocols interface specification". Data-Over-Cable Service Interface Specifications - DOCSIS 3.0, 2006.

[87] J. Baumgartner, "Inside DOCSIS 3.0", *Communications Engineering & Design Magazine*, outubro de 2006. http://www.cedmagazine.com/article/CA6375646.html.

[88] http://grouper.ieee.org/groups/802/16/, 2020.

[89] C. Eklund, R. B. Marks, K. L. Stanwood e S. Wang, "IEEE standard 802.16: A technical overview of the wirelessman air interface for broadband wireless access", *IEEE Communications Magazine*, vol. 40, no. 6, pp. 98–107, junho de 2002.

[90] IEEE, "Air interface for fixed broadband wireless access systems". IEEE Standard 802.16, 2004.

[91] http://www.wimaxforum.org, 2020.

[92] C. Eklund, R. B. Marks, S. Ponnuswamy, K. L. Satnwood e N. J. van Waes, *WirelessMAN: Inside the IEEE 802.16 Standard for Wireless Metropolitan Networks*. IEEE Press, 1^a ed., 2006. ISBN 0738148423.

[93] IEEE, "Air interface for fixed and mobile broadband wireless access systems - amendment for physical and medium access control layers for combined fixed and mobile operation in licensed bands". IEEE Standard 802.16e, 2005.

[94] A. Ghosh, D. R. Wolter, J. G. Andrews e R. Chen, "Broadband wireless access with WiMax/802.16: Current performance benchmarks and future potential", *IEEE Communications Magazine*, vol. 43, no. 2, pp. 129–136, fevereiro de 2005.

[95] IEEE, "Air interface for broadband wireless access systems - advanced air interface". IEEE Standard 802.16m, 2011.

[96] "IEEE 802.16m technology introduction", Relatório Técnico, Rohde & Schwarz, 2010.

[97] W. Simpson, "The point-to-point protocol", *Internet RFC 1661*, julho de 1994.

[98] W. Simpson, "PPP in HDLC-like framing", *Internet RFC 1662*, julho de 1994.

[99] D. Rand, "PPP reliable transmission", *Internet RFC 1663*, julho de 1994.

[100] W. Simpson, "PPP vendor extensions", *Internet RFC 2153*, maio de 1997.

[101] "DSL anywhere - issue 2", Relatório Técnico, DSL Forum, setembro de 2004.

[102] K. Kerpez, "DSL spectrum management standard", *IEEE Communications Magazine*, vol. 40, no. 11, pp. 116–123, novembro de 2002.

[103] L. Mamakos, K. Lidl, J. Evarts, D. Carrel, D. Simone e R. Wheeler, "A method for transmitting PPP over Ethernet (PPPoE)", *Internet RFC 2516*, fevereiro de 1999.

[104] G. Gross, M. Kaycee, A. Lin, A. Malis e J. Stephens, "PPP over AAL5", *Internet RFC 2364*, julho de 1998.

[105] http://www.atis.org, 2020.

[106] http://www.etsi.org, 2020.

[107] Paradyne Corporation, "The DSL sourcebook: The comprehensive resource on digital subscriber line technology". http://www.paradyne.com, 2000.

[108] ITU-T, "G.991.1: High bit rate digital subscriber line (HDSL) transceivers", outubro de 1998.

[109] ITU-T, "G.991.2: Single-pair high-speed digital subscriber line (SHDSL) transceivers", dezembro de 2003.

[110] ITU-T, "G.992.1: Asymmetric digital subscriber line (ADSL) transceivers", junho de 1999.

[111] ITU-T, "G.992.2: Splitterless asymmetric digital subscriber line (ADSL) transceivers", junho de 1999.

[112] S. Androulidakis, D. Kagklis, T. Doukoglou e S. Skenter, "ADSL2 against SHDSL for symmetric broadband access networking", *IEE Electronics Letters*, vol. 40, no. 16, pp. 1027–1028, agosto de 2004.

[113] ITU-T, "G.992.3: Asymmetric digital subscriber line transceivers 2 (ADSL2)", janeiro de 2005.

[114] ITU-T, "G.992.4: Splitterless asymmetric digital subscriber line transceivers 2 (splitterless ADSL2)", julho de 2002.

[115] ITU-T, "G.992.5: Asymmetric digital subscriber line (ADSL) transceivers - extended bandwidth ADSL2 (ADSL2+)", janeiro de 2005.

[116] K. J. Kerpez, D. L. Waring, S. Galli, J. Dixon e P. Madon, "Advanced DSL management", *IEEE Communications Magazine*, vol. 41, no. 9, pp. 116–123, setembro de 2003.

[117] ITU-T, "G.993.1: Very high speed digital subscriber line transceivers", junho de 2004.

[118] ITU-T, "G.993.2: Very high speed digital subscriber line transceivers 2 (VDSL2)", fevereiro de 2006.

[119] S. Lindecke, "DSL technology and deployment - VDSL2", Relatório Técnico, DSL Forum, 2005.

[120] http://grouper.ieee.org/groups/1901, 2020.

Índice Remissivo

Impressão e acabamento
Gráfica da Editora Ciência Moderna Ltda.
Tel: (21) 2201-6662